犯罪論

甘糟勇雄著

大正元年再版

犯罪論

日本立法資料全集 別巻 1181

信山社

法學士甘糟勇雄著

犯罪論

東京　巖松堂書店藏版

序論

神意應報說其極點ニ達シ神ト法律トノ區別ヲ無視シ刑罰制裁ハ一ニ僧侶ノ自由裁斷ニ委セラルルノ時、當時二十七歲ノ青年哲學者一度ヒ死ヲ賭シテ犯罪及刑罰論ヲ公刊スルヤ歐洲大陸ノ學界ヲ震盪セシメ茲所ニ刑法學ノ新光明ヲ顯揚シタリキ、爾來封建制度ノ覆沒ト共ニ自由民權ノ思潮ハ社會ノ根柢トナリ自由ヲ以テ哲學トシ自由ヲ以テ詩歌トシ宇宙萬有一切ノ現象ハ個人ヲ中心トシテ創成セラレタルモノ、從テ人ハ之ニ依テ至善ニ至ルヘキ最强大ノ鼓動力ナリトシ之レニ依リテ感激發奮スル最有力ノ動機ナリトシ刑法學ニ於テモ亦自由意思ト個人中心トノ觀念ヲ以テ千古不可拔ノ眞理トスルニ至リキ。

雖然、自然科學ノ進步ハ駸々トシテ止マス遂ニ目的論的哲學ノ興起トナリ宇宙渾一觀ノ生起トナリ從來ノ傳說的理想ヲ打破スルニ至リテ從來ノ刑法學ノ基礎觀念ハ名殘リナク掃蕩セラレ遂ニ犯罪的人類學ト犯罪的社會學トノ左右翼ヲ生スルニ至レリ。

犯罪學ハ科學ナリ從ツテ其頭ハ哲學ニ接シ其尾ハ社會一切ノ現象ニ連結ス然ルニ一度個人絕對自由ノ傳說的理想ニ浸染シタル結果、社會現象ノ複雜ト民衆無限ノ慾望トノ關係ヲ究盡スルコトナク唯漫然舊派ノ其理想ニヨリテ抽出セシ共通原素ノミヲ根柢トシテ訓古疏註以テ刑法學ノ解明、玆ニ盡キタリトナシ其弊ヤ遂ニ形式法ヲシテ佛壇ニ端座セル偶像視セシムルニ至レリ陸離ノ御光、尊嚴ハ即チ之レアリ、實勢力ニ至リテハ即チ皆無ナリ

日東ノ帝國、世界最新ノ刑法ヲ有シ、學界ノ耆宿亦星ノ如シ、而シテ法條ノ可否、刑罰適用ノ是非ヲ斷スル者ハ即チ之レアリ、全篇ヲ通シテ犯罪及刑罰ノ是非ヲ論スル者ハ即チ之レアリ、而カモ未タ最新科學ヲ根據トシテ刑法ノ原理ト刑法典例トヲ比較シ犯罪鎭壓ノ方法ヲ指示スルモノ之レ在ラサルハ何ソヤ學界ノ耆宿、夫レ其說ヲ惜シム歟、抑モ亦最新科學ト刑法典トノ融

合ヲ試ムル能ハサル歟
著者少時ヨリ社會學特ニ社會心理學ニ興趣ヲ有ス、刑法ノ研鑽ニ從事セルハ僅カニ數年前ニ過キス而シテ之ヲ社會學ノ一種トシテ觀察スルトキハ刑罰ハ實ニ社會共存ノ自衞的一手段タルニ過キス而シテ之ヲ實在ノ制度組織ニ囚ハレタル社會學ヨリスレハ現在ノ法制亦止ムヲ得サルモノアルヘシト雖モ、實在ノ制度組織ヨリ放タレタル社會學ノ根本原理ヨリスレハ現在ノ法制ニヨリテ犯罪ノ豫防若シクハ鎭壓ノ効ヲ擧ケントスルハ緣木、求魚ノ類ノミ、於此乎犯罪ノ原因ヲ探究シテ豫防鎭壓ノ法ヲ策スルハ吾人ノ權利ニシテ又義務ナリ
犯罪學ヲ考究スルハ一面ニ於テ社會自衞ノ手段タル刑罰ノ是非ヲ策スルモノナリ犯罪ハ原因ニシテ刑罰ハ末ナリ犯罪ノ原因ヲ知ルニ非スンハ刑罰適用ノ方策得テ知ル可カラス、於此純理的犯罪學ノ考究ハ實ニ焦眉ノ急務タルヲ失ハスト雖モ亦他面實在法制ト比較對照スルニ非スンハ畢竟徒勞ニ屬ス之レ著者カ先ツ新刑法ノ第一編トシテ其犯罪論ヲ述作セシ所以

ナリ

思フニ著者、當時ノ青年哲學者ベッカリヤト年齒相若ク、相若クト雖モ學淺ク識乏シ本著ノ公刊豈ニ學界ヲ震盪セシムルカ如キ野望ヲ抱クモノナランヤ、特ニ本著ノ執筆ハ病中而カモ短日月ニ成リタルモノ、論旨ノ矛盾、撞着尠ナカラサルヘシ偏ヘニ識者ノ示敎ヲ仰ク

明治四十二年四月廿日

著者誌

例言

一本著ハ自然科學特ニ社會學社會心理學ノ根蔕ニ立チ前編ニ於テハ犯罪學ヲ論シ後編ニ於テ新刑法犯罪論ヲ論シタリ從テ從來ノ著書ト稍々其趣キヲ異ニス特ニ前編ニ於テ然リ

一本著前編ニ於テハ哲學上ノ論議ヲ試ミタル點尠カラサルカ故ニ初學者ハ後編ヲ讀了シタル後ニ於テ前編ヲ讀了アリタシ

一本著ハ或點ニ詳ニシテ或點ニ粗ナルカ如キ弊ヲ避ケ全編ヲ通シテ偏重偏輕ノ譏リ勿カラシメンコトニ黽メタリ

一舊刑法ノ規定ニ關スル大審院ノ判例中特ニ新刑法ノ解釋上注意スヘキモノハ勉メテ採錄シ以テ講學家並ニ實務家ノ便ニ供シタリ

一高等文官判檢事辯護士並ニ各官私立大學ノ試驗問題中刑法總論ニ關スル分ハ一々詳細ナル解答ヲ付シ以テ初學者ニ便シタリ

一著者一月來病褥ニ横ハリ僅カニ靜思省慮ノ閑ヲ得二月下浣起稿シ四月

上旬脱稿シ病癒ユルニ至ツテ業務多忙ヲ極メ訂正ノ遑ヲ有セス從テ論理ノ矛盾尠カラサルヘシ再版ニ於テ訂正ヲ期ス

一本著ノ公刊ニ就テハ畏友家入經晴君ノ盡力ヲ煩ハシタル點尠カラス特ニ材料ノ集取按配、幷ニ文章ノ修飾等ニ於テ然リ玆ニ謹テ其厚意ヲ謝ス

犯罪論目次

第二卷　後編

目次終

犯罪論

法學士　甘糟勇雄著

第一卷　前編

第一章　犯罪論ノ範圍

無名ハ天地ノ始メニシテ有名ハ萬物ノ母ナリトハ老子カ其道德敎開卷第一ニ道破セシ所ナリ、借問ス、宇宙ノ森羅萬象ハ有カ無カ、其究極スル所果シテ如何。

事物ノ二面觀

思フニ一切ノ事物ハ常ニ二面ノ立論ヲ含ム、哲學上ニ於ケル有無ノ論既ニ然リ、人性ノ善惡說既ニ然リ、而シテ吾人ハ吾人ノ實在ヲ疑フ能ハサルカ如ク又哲學上ノ虛無論ヲ論破スルコトヲ得サルナリ然レ共哲學ハ衆妙ノ門ニシテ萬學ノ淙流カ等シク朝宗歸向スル所ナリ、從テ宇宙ノ萬象ヲ「無」ト解スルニ於テハ一切ノ科學ハ俄然其根底ヲ失フヘク哲學理論ハ根底ナキ空想タルニ終ルヘシ、蓋シ哲學ハ科學ノ總和ニシテ科學ハ哲學ノ一分派ナレハナリ、

科學ノ出發點

換言。科學ハ吾人ノ經驗ヲ基トシ「有」ナル假定ノ下ニ出發スルモノニシテ多數ノ複雜ナル現象中ヨリ同性質ノ現象ヲ抽出シ之レニ共通スル原素ヲ發見シ之ヲ統一シ、以テ特種ノ標準的智識ヲ領解スルモノニシテ哲學ハ此等特種ノ諸科學ヲ湊合シ此等諸科學ノ論定シ及ヒ假定シタル原理原則ヲ一層整備シ統一シ以テ宇宙ノ森羅萬象ヲ一元的大原理ノ下ニ統一シ說明スルモノナリ。

犯罪學ハ科學ナリ

犯罪學ハ一種ノ科學ナリ從テ其頭ハ哲學ニ連接シ其尾ハ宇宙ノ複雜ナル一切ノ現象ニ連結ス故ニ犯罪學ヲ考究スルモノハ一面ニ哲學的思想ヲ

有セサル可カラサルト同時ニ犯罪ナル一ノ現象ハ人類界通有ノ現象ニシテ人類界以外ノ現象ニアラサルカ故ニ他面ニ於テ人的科學特ニ社會學ノ智識ヲ有セサル可カラス之レ吾人カ次章ニ於テ犯罪學ノ基礎ト題シ哲學ト科學及科學的社會觀ヲ論スル所以ナリ。

犯罪學ノ首尾

犯罪學ハ一種ノ科學ナルカ故ニ一切人類界ノ現象中ヨリ同種類ノ現象ヲ抽出シ同時ニ之ヲ統一シ之ニ共通スル原素ヲ發見シ以テ如何ナルモノカ犯罪ナリヤヲ論定セサル可カラサル結果、諸種ノ科學的智識ノ補助ヲ俟タサル可カラス、物理學生理學心理學論理學等即チ然リ。

社會現象トシテノ犯罪

法律現象トシテノ犯罪

犯罪ハ之ヲ觀察スル方面ヲ異ニスルニ從ッテ二種ノ分科ヲ生ス一ハ社會現象トシテノ犯罪ナリ二ハ法律現象トシテノ犯罪ナリ犯罪學ハ即チ此ノ分科ニ從ッテ觀察シタル所ヲ綜合シ以テ統一的觀念ヲ得ルニ在リ然レ共本著ノ目的トスル所ハ專ラ新刑法總則中ノ犯罪論ニアリ蓋シ刑法ハ犯罪ト刑罰トノ二編ヨリ成ルモノニシテ之ヲ系統的ニ說明スル科學ヲ刑法學ト稱ス本著ハ即チ刑法學中ノ犯罪論ニ關スルモノニシテ只タ實在刑法

本著ノ範圍

ヲ基本トシテ犯罪ヲ說明スルカ爲メニハ勢ヒ犯罪ノ純理的性質ヲ知ラサル可カラス於此本著ハ前編ニ於テ社會ト犯罪トノ關係、犯罪ト法律トノ關係ヲ論シ純理的ニ犯罪學ヲ說明シ後編ニ於テ新刑法ノ犯罪論ヲ叙述ス、斯クノ如ク本著ノ範圍ハ犯罪ニ關スル刑法ノ條規ヲ分析綜合シ統一的智識ヲ與フルト同時ニ之ヲ純理的犯罪學ニ照合シテ其是非ヲ斷論セントスルニ在リ從テ時ニ刑法ノ沿革ヲ叙述シ時ニ各國刑法ヲ比照スルコトアルモソハ只タ說明ノ便宜ニ供スルノミ特ニ各種ノ犯罪ノ說明ニ至リテハ刑法各論ノ領域ニ屬スルモノニシテ本著ノ範圍ニ屬セス。

第二章 犯罪學ノ基礎

第一節 哲學ト科學

哲學ノ起原

仰テ星斗ノ燦然タルヲ望ミ俯シテ河海ノ汪洋タルヲ見レハ誰レカ宇宙ノ雄大崇高ナル設計ニ驚カサランヤ山自ラ高ク水自カラ流ル春來レハ柳綠花紅秋來レハ風物蕭條暑往キ寒來リ寒往キ暑來ル森羅萬象何物カ吾人

自然ノ法則

ヲシテ不可思議ノ感、怪議ノ念ヲ發セシメサランヤアリストテレス曰ク人ハ怪議ノ念ニヨリテ其哲學的思辨ヲ開始ス哲學ハ即チ自然界ノ變幻極リナキ客觀的現象ヲ研究シ其理解ヲ得ントシテ生レ來リタルモノ也即哲學ハ內界精神ノ理論的驚愕ノ情ニ發動シ理論的怪議ノ念ヲ追フテ事物ノ研究ニ從事シ疑團氷解セサルヤ遂ニ人事ノ吉凶禍福日月ノ出沒雲霧ノ變幻皆之レ人間以上ノ存在者アリテ之レヲ然ラシムルモノト想像スルニ至リ遂ニ「神」ノ存在ヲ想像シ神話ト歷史的事實トヲ混和スル思想家出ツルニ至リテ秩序整然タル宇宙開闢說トナリ或ハ天孫ノ降臨トナル、然レ共自然科學漸ク進步シ天文學數學等ノ學問開クルニ及ンテ外界ノ自然現象ハ彼ノ神話カ肯定セルカ如キ不可思議原因ヨリナルニアラスシテ宇宙ヲ一貫スル原理原則ノ存スルアルコトヲ意識シ來ルニ及ヒ此ノ自然的理論ニヨリテ宇宙人生ヲ說明セントスル哲學ヲ生スルニ至レリ。

斯クノ如ク一度ヒ秩序アル自然法則ノ存在ヲ認識スルヤ從來神佛ニ對シテ寫象セシ觀念ハ之ト衝突スルト共ニ奎運開ケテ人智進ミ諸外國トノ交

通密接ヲ加ヘ來ルヤ己レト異ナル風俗習慣宗敎道德ヲ有スル異人種ニ接シ茲所ニ益々智識ノ開發ト道德ノ變轉ヲ生起シ是等ノ事實ノ上ニ哲學的思辨ヲ回ラスニ至リテ或ハ唯物論トナリ唯心論トナリ或ハ機械論トナリ明極論トナリ或ハ唯一神敎トナリ或ハ萬有神敎トナリ經驗論ハ先天論ヲ排シ實證論ハ超自然論ヲ排シ快樂論ト嚴肅論トハ上下ヲ轉倒シ利己主義ト愛他主義トハ對角線的反對ヲ現スニ至リテ哲學トハ遂ニ茫洋思議ス可カラサルカ如キ觀ヲ呈セシムルニ至レリ。

哲學トハ何ソヤ

從テ哲學トハ何ソヤノ疑問ニ對シテハ諸家ノ答フル所一ナラス或ハ認識論ナリト云ヒ或ハ形而上學ナリト云ヒ或ハ倫理哲學ナリト云ヒ或ハ經驗的科學ノ總和ナリト云フモ而モ之ヲ以テ哲學ノ十全ナル見解ナリト稱ス可カラス、蓋シ哲學ヲ以テ形而上學ナリト云フ說ハプラトーン、アリストテレス、ヨリ近代ニ至リテハヘーゲル、ショッペンハウエル等ノ偉大ナル哲學者ニヨリテ唱導セラレ認識ノ研究ハ特ニカントニヨリテ哲學ノ重要ナル部分ト爲サルヽニ至レリ倫理哲學モ亦近世ニ至ルマテ哲學ノ部門ニ屬

哲學ト科學トノ分化

シタルモノニシテ一ヲ採リテ一ヲ排スルハ哲學ノ範圍ヲ狹隘ニスルノ嫌ヒアリ從テ科學ノ總和ヲ以テ哲學ナリトスルニ至ル、此說ハ素ヨリ哲學其モノニ何等ノ定義ヲ與ヘタルモノニ非スト雖モ科學ハ哲學ノ必須ナル根底トナリ基礎トナルモノニシテ哲學ハ科學ノ研究ヲ度外視シテ到底成立ス可キモノニ非ラス斯ノ如ク考察シ來レハ哲學ハ認識論ヲ以テ道程ト定メ形而上學ヲ以テ其眞髓トナシ之レニ到達スルニ說明的科學ト規範的科學トノ事實研究ヨリ出發セサル可カラサルモノ也從テ哲學ヲ定義スルトキハ各特種科學ヨリ出發シテ認識及實在ノ根本原理ヲ推究シ以テ實在ニ統一的說明ヲ與フル學問ナリト云フヲ得シカ。

然ラハ科學トハ何ゾヤ。

哲學ノ研究ハ遂ニアリストテレスニ至リテ科學トノ區別ヲ認ムルニ至リシモ全然兩者ノ區域判明スルニ至リシハ十九世紀以後ノ事ニ屬シ夫レ迄ハ判然タル區劃ナカリキ蓋シ科學ハ之ヲ常識ト比較スルトキハ常識カ亂雜無統一ナルニ反シテ科學ハ統一アル知識ナリ科學ト哲學トヲ比較ス

ルトキハ哲學ハ各特種科學ノ論定スル各原理ノ統一ヲ謀リ一貫セル大原理ノ下ニ人生宇宙ノ組織ヲ説明シ解釋スル學問ニシテ科學ハ其一部分統一セラレタル智識也換言セハ哲學ト科學ノ差ハ十全ノ統一的智識ト一部分ノ統一的智識トノ差アル也。

總テノ科學ハ假定ヲ出發點トス物理學者カ物質ノ存在ヲ假定シ化學者カ原子ノ存在ヲ假定スルカ如シ即チ一切ノ科學ハ先ツ主觀ト客觀ノ存在ヲ假定ス從テ知ル所ノ意志(主觀ト知ラル、所ノ物質(客觀)トノ存在ヲ假定シ其兩者ノ間ニハ一定ノ秩序法則ノ儼存スル所以ヲ假定ス之ヲ詳言スレハ吾人ノ眼ニ映セル客觀ハ獨リ雜然タル亂調子ノ世界ニアラスシテ次第アリ秩序アリ一定ノ法則アルコスモスタルコトヲ假定セサル可カラス科學ハ是等諸假定ノ上ニ成立スルモノニシテ最終研究ノ智識ハ之ヲ哲學ノ研究ニ俟タサル可カラス然ラサレハ最終至極ノ公準タル深遠ナル説明ヲ附與スル能ハサル也。

要之科學ハ一部分ノ智識ナルカ故ニ又幾多ノ種類ヲ存スルコトヲ得而

犯罪學ハ説明的心的科學也

シテ其分類ノ方法ニ至リテハ學者ノ視ル所大ニ異ナルモノアリト雖モ今ヴント氏ノ分類法ニヨレハ科學ヲ區別シテ説明的科學ト規範的科學トノ二トシ説明的科學ヲ小分シテ物的科學心的科學ノ二トナシ、物的科學ヲ更ニ分チテ無生活的科學有生活的科學ノ二トナス。

而シテ余輩カ本書ニ於テ論セントスル所ノ犯罪學ハ説明的科學ニシテ心的科學ニ屬スルモノ也、然レ共余輩ハ犯罪ヲ以テ一ノ社會現象トシテ觀シ社會ノ生存目的ヲ害スル者ヲ豫防スルノ目的ニ出ツルモノヲ以テ犯罪ニ對スル刑罰ナリト觀ス從テ社會ヲ論シ他方ニ個人ヲ論セサル可カラス而シテ社會ト個人トハ互ニ相反スルモノナリヤ否ヤ個人ノ究意理想ト社會ノ究意理想トハ相調和セサルモノナリヤ否ヤヲ科學的ニ説明セサル可カラス。

第二節　科學的社會觀

個人ハ實在ニシテ社會モ又實在ナリ、實在ハ一方ヨリ之ヲ見レハ現實ニシテ他方ヨリ之ヲ見レハ理想ナリ物理學ヤ心理學ハ實在ノ現實的方面ニ關スル科學ニシテ美學ヤ倫理學ハ實在ノ理想的方面ヲ研究スル科學ナリ、之ヲヴントノ科學ノ分類ニ適合シテ云ヘハ規範的科學ハ主トシテ實在ノ理想的方面ヲ研究シタルカ爲メニ生シタルモノニシテ説明的科學ハ主トシテ實在ノ現實的方面ヲ研究センカ爲メニ生シタルモノ也、物的科學ニ偏スルトキハ宇宙ノ物理的研究ノ方面ニ於テハ精緻其極ニ達シ細微ノ學理ニ富ムモノアリト雖モ宇宙ヲ以テ何等理想ナク目的ナク只タ單ニ死スル物質カ雜然トシテ羅列サレアルノミトナリ人間ノ智性ハ滿足セシメ得ヘキモ情意ノ兩性ヲ滿足セシムルコト能ハサルニ至ル、於此、物的科學以外ニ心的科學ヲ加味シ更ラニ規範的科學研究ノ結果ヲ參照スルニ非ラサレハ個人ノ本質ヲ解ス可カラス社會ノ本質モ亦解スヘカラサルニ至ル。

然ラハ哲學的ニ考案スルトキハ現實的實在ヲ如何ニ觀察スヘキカ、哲學者ノ序説ニヨレハ現實的實在ヲ双面ヨリ觀察ス即チ其靜的方面ト其動的方面ト之レ也、靜的觀察ニ於テハ唯物論ト唯心論トノ相容レサル説アリ哲學上ニ於ケル上下二千年ノ歴史ハ兩說ノ爭鬪ヲ以テ其大部分ヲ占ム而シテ其結局セサルヤ遂ニ二元論多元論ノ成立トナリ、近時ノ通說トシテ一元二面說ニ歸着セルモノ、如シ曰ク二者元來別體ニ非ス相即是一、平等無差別ノ一如ナリ即チ本體トシテハ平等的一如的ナルモ其ノ現象トシテ發現スルニ當リテハ直チニ差別相ヲ顯現シ來リ以テ茲ニ物トナリ心トナル圓融實在論ト稱スルモノ之レ也或ハ精神物理的平行論トモ稱ス。

現實ノ動的方面

本書ノ内容事項ト關係アルハ現實ノ靜的方面ニアラスシテ動的方面也、動的方面モ亦機械論ト明極論トニ分ル。

機械論

宇宙一切ノ現象ハ總テ原因結果ノ法網ニヨリテ支配セラレ、前因後果互ニ無限ノ連鎖ヲ爲シテ次第ニ聯貫相續シ行クモノニシテ盡過去際ヨリ盡未來際ニ至ルマテ因果連續シテ次第無窮ニ至ルモノ也、彼ノ進化論ノ敎ユル所ニ依レハ强者ハ强キ子孫ヲ後世ニ遺シ父祖ノ强ハ子孫ノ强ヲ致ス原因トナリ强キ父祖ニハ强キ子孫ヲ生シ因果ハ宛もあざなへる繩ニシテ因果律ノ大法ハ何人ノ力ヲ以テスルモ之ヲ破却スルコトヲ得ストハ機械論ノ骨子也。

明極論

明極論者ハ曰ク生物進化ノ方則ヨリ觀スレハ強者タル父祖カ強者タル子孫ヲ生シ因果必然ノ關係ニヨリテ全然支配サレツヽアルノ現象ヲ存スト雖モ又同時ニ種族保存ト稱スル大目的ニ向ツテ進行シツヽアル所ノ行動也、之ヲ進化論ニ徵スルニ生物競爭ハ自然淘汰ヲ生シ自然淘汰ハ適者生存ノ理法ヲ顯ハスノミナラス宇宙ニ於ケル事物ノ發達進程ヲ見ルニ無機界ヨリ有機界ニ進ミ有機界ハ更ニ無意識界ヨリ有意識界ニ臻達セルモノニシテ苟クモ有機界ノ現象ヲ說明セントスルニハ明極論ニ因ルニアラサレハ說明スルコトヲ得ス。

宇宙目的說

近時ニ至リテ兩者ヲ折衷シ宇宙ハ一ノ目的ニ向ツテ進轉變化スルモノニシテ進化方則ヲ踏ミ因果律ノ指示スル所ニ從フトノ說ヲ生スルニ至レリ。然ラハ宇宙ノ一象タル個人若クハ社會ニモ斯ノ如キ目的ト此ノ如キ因果律トアルハ必然ノ論結也。蓋シ社會終局ノ目的ハ個人終局ノ至善ニシテ個性終局ノ發展ハ即チ社會究竟ノ目的ニ到達スルモノ也。

社會究竟ノ理想

蓋シ社會ト個人トハ楯ノ兩面ナリ社會ナクシテ個人ノ存在ヲ認ムル能ハス個人ナクシテ社會ノ成立ヲ認ムル能ハス兩者其一ヲ離レテ人生ナルモノヲ想像スル能ハス故ニ近世ノ科學ニ於テハ一ニ社會ト個人トノ調和如何ヲ圖ル、犯罪ハ即チ社會ト個人トノ衝突ナリ刑罰ハ之ニ對スル調劑ナリ蓋シ過渡的生物タル人類ニアリテハ時ニ社會ノ利益ト反撥スルコトナキニ非ス例ヘハ個人カ自己ノ利ヲ圖ルノ時ハ即チ他ノ個人ハ多ク其利ヲ失フトキニシテ社會ノ損失也個人カ自己ノ利益ヲ犧牲ニ供シテ社會ノ爲メニ盡ストキハ即チ其個人ノ不利益ニシテ社會ノ利益ナリ、斯ノ如キ現象ハ進化發展ノ過渡ニ存スル已ムヲ得サル現象ニシテ社會究竟ノ理想境ニ於テハ個人ノ利益ト社會ノ利益トハ相一致スルモノナリ其目的同シケレハ也。

生物學的根據

生物學者カ動物若クハ植物ノ生活狀態ヲ點檢スルノ時、彼等ハ一人ノ人間一個ノ樹木トシテノ個體ヲ認メスシテ無量無數ノ極少分子ノ集合體トシテ觀察ス換言スレハ總テノ生物ハ微細ナル單細胞ノ集合ニシテ其消化作用モ機能作用モ其感能作用モ皆之レ其內部ニ於ケル聯結サレタル各細胞ノ集合作用ニシテ各細胞ハ又個々ニ獨立シテ互ニ衝突シ互ニ競合シ以テ其存在ノ爲メニ活動シツヽアルモノニシテ其完全ナル集合カ即一個ノ人類トシテ一個ノ樹木トシテ吾人ノ目前ニ現ハルヽモノナリ。

若シ夫レ此ノ見地ニ於テ個人ト社會トヲ觀察スルトキハ又個人ハ極少微分ノ單細胞ニシテ社會ハ一團ノ個體ト云フコトヲ得ヘキニアラサル歟。

心理學的根據

心理學者カ人間ヲ觀察スルトキ、近世ニ至ル迄一個ノ人間ヲ對象トシテ研究シ一個ノ人間ニヨリテ善惡邪正ヲ分チ中心ニ靈魂若クハ良心ヲ認メテ以テ其支配ヲ受ケツヽアルモノト觀シタルモ近時ニ至リテ人心ノ各部分各組織ハ個々ニ獨立シ無數ニ分離シ各其能力ト腦細胞ト血脈細胞トハ互ニ密接ナル關係ヲ有シ渾然トシテ相融和シ圓滿ナル活動ヲナシツヽアルコトヲ證明シ群集心理ニ於テハ更ラニ驚クヘキ學理ヲ發見スルニ至レリ即チ一團ノ人類茲所ニ群集スルトキハ心理ノ均勢ヲ得平衡ヲ得、調和ヲ得ルコト之レ也、而シテ此等ノ實證ハ吾人カ小學校舍若クハ各種集合所ニ於テ親シク實驗シ得ル所ナリ此理ヲ推シテ個人ト社會トニ及フ又個人箇箇ノ活動ハ即チ社會共同ノ目的ノ爲メニ存スルモノニ非ラサル歟。

斯ノ如ク考察シ來ルトキハ宇宙ノ究竟目的ハ經過的生物タル人類カ實現スルコトヲ得サル永遠ノ目的アリ相對的存在物タル人類カ考フ可カラサル絶對ノ理想アリ斯ノ如クシテ機械的宇宙觀及唯物論ハ漸ク萬有進化ノ附隨條件タルニ止マルモノニシテ宇宙ハ一定ノ目的ニ進化スルモノナルコトハ生物學ノ指示スル所ニシテ嚴肅ナル事實ノ上ニ確立セラレタリ而シテ人類モ亦生物ノ一種トシテ進化ノ過程ニアルモノニシテ未タ完全ニ究竟目的ニ到達セシモノニアラス從テ社會ト個人トカ一體トナリ密接ナル關係、有機的關係例ヘハ一細胞ノ損傷ハ全細胞ノ損傷ナルカ如キ關係ニ於テ一體トナリテ進化スル所ノモノナリ然レトモ過程的生物タル以上時ニ宇宙究竟ノ目的換言スレハ社會ノ目的利益ヲ阻害スルコトナキニアラス此ノ阻害行爲カ即チ不正ナルモノナリ、去レト刑法學上ニ於テ犯罪ト稱スルトキハ必ラス刑罰制裁ノ負擔アルコトヲ要ス、換言スレハ之レヲ哲學上ヨリ判斷スルトキハ苟クモ宇宙ノ大法ヲ阻害スル行爲ハ(若クハ事實ハ)之レヲ犯罪ト稱スルコトヲ得レトモ法律學上ノ議論トシテハ刑罰制裁ナケレハ犯罪ニアラス從テ如何ナル行爲ニ就テ刑罰ノ負擔アルカヲ定メサル可カラス而シテ一定ノ行爲ニ對シテ或ハ科罰シ或ハ科罰セサルハ偏ヘニ其各時代ニ於ケル社會觀念ニヨリテ定マルモノナリ從テ犯罪ハ之ヲ法律的現象トシテ研究スルト共ニ一面ニ於テ社會的現象トシテ研究スルコトヲ要ス。

犯罪ヲ法律的現象トシテ研究スル場合ニ於テハ實在法規ヲ基本トスルト共ニ時ニ沿革ヲ參酌シ時ニ法制ヲ比較スルコトヲ要シ社會的現象トシテ研究スル場合ニ於テハ時ノ古今ニ從ヒ各時代ニ於ケル文野ノ程度ヲ考量スルコトヲ忘ル可カラス之レ予輩カ次章以下ニ於テ社會ト犯罪トノ關係幷ニ法律ト犯罪トノ關係ヲ叙述シ以テ犯罪ノ眞意義ヲ闡明セントスル所以ナリ。

第三章　社會ト犯罪

社會進化ノ歷史的考察

群族時代

社會ノ進化ヲ歷史的ニ考察スルトキハ水草ヲ逐フテ轉々スル時代ヲ經テ狩獵時代ニ入リ狩獵時代ヨリ牧畜時代ニ入ル此ノ時代ハ即チ國家成形ノ最初ノ原因タル群族生活ニシテ更ラニ農業時代ニ入ルニ及ンテ所謂民族生活ヲ形成スルニ至ルモノニシテ群族時代ニ於テハ血緣ヲ以テ聯合シ祖先ノ家系ニヨリテ統一セラレ其首領ハ戰時ノ指揮者ニシテ内部ニアリテハ即チ平和ト規律ニ就テ無限ノ權力ヲ有スルモノ也、此時代ニ於ケル犯罪ハ一ニ首領ノ意思如何ニヨリテ決定サル、モノニシテ一定ノ規矩準繩ヲ有スルモノニアラス下テ民族時代ニ入ルニ及ンテ氏族ト民族トノ二階級ニ分タレ同時ニ牧畜若シクハ農業ヲ爲サンカ爲メニ各人其住所ヲ確定スルニ至ル住所ヲ確定スルカ爲メニ又更ニ民族制度ヲ鞏固ニスルニ至リ互ニ因トナリ果トナリ相依リ相俟チテ共同生活ヲ形成スルニ至ル換言スレハ氏族相集マリテ民族ヲナシ各家族ノ家父カ相合シテ總體ヲ以テ氏族ノ主權ヲ作リ一家内ニアリテハ家父ハ其家族ニ對シ生殺與奪ノ權ヲ有ス。

人智更ニ開發シテ農業ニ加フルニ物々交換ノ商業時代ヲ來スニ及ヒ茲所ニ都會的國家ヲ形成スルニ至ル希臘及羅馬ノ古代ハ即チ都會國家ノ一例ニシテ此國家ハ數多ノ民族ノ衆合ヨリ成ルモノニシテ尙ホ民族時代ニ於ケルカ如ク國家ト禮拜トノ統一ヲ有ス而シテ此ノ國家ノ特長トスル所ハ政治上ノ統一ノ基礎カ從來ノ人身主義ヨリ領地主義ニ移轉セル點也、換言スレハ群族時代民族時代ニ於テハ全タク人ト人トノ聯合即チ人身主義ナリシモ都會國家ニ於テハ定住ト財產トハ政治ノ中心ニシテ一步ヲ轉スレハ即チ近世ノ國家トナルモノナリ斯ノ如クシテ近世ノ國家ニ至リテ都會ト小國トハ併合サレ統一サレ國家ト國民トノ觀念生シ官吏ト非官吏トノ別起リ君臣主從ノ關係ハ變シ官吏ハ俸給ヲ以テ其職ヲ奉シ法律特權ハ皆學理ニ基テ之ヲ制定シ國家之ヲ裁可シテ一般ニ均一ナル効力ヲ有スル法律ニヨリテ國民ヲ指揮スルニ至ル從テ近世ノ國家ニ至リテ漸ク犯罪ノ觀念モ亦明瞭ナルニ至リシモノニシテ都會國家ニ於ケル犯罪ハ例ヘ法ア

国家ノ成形

ルモ多クハ個人ノ自由裁斷ニヨリ均一公平ノ負擔ヲ缺クノ恐レアリキ、而シテ國家ノ組織モ亦自由國ト專制國トニ分ル專制主義ヲ主張セシホッブス曰ク無政府ノ狀態ニ於テハ人々互ニ相爭ヒ遂ニ間斷ナキ輿衆ノ戰爭ヲ惹起スルモノナルカ故ニ此ノ戰爭ヲ防キ平和ト安全トヲ圖リ文明ノ發達ヲ圖ル爲メニ一切ノ事物ハ總テ國家ノ權力ニ服從セシメ個人ハ何等ノ抗爭ヲモ爲ズ能ハサラシムヘシト。目的主義ヲ主張セシロックハ曰ク國家ハ個人ノ契約ニヨリテ組織サレタルモノナルカ故ニ國家ト稱スル會社ノ目的ハ之ニ加入シタル者ノ權利ト利益トヲ保護セサル可カラス而シテ此ノ目的ハ之ヲ三個ニ分ツコトヲ得、生命、自由、財產是レ也ト此ノ自由ノ見解ハ遂ニ佛國ノ人權宣言トナリ其後發布シタル佛國憲法ニ於テモ左ノ如キ宣言ヲ附加セルヲ見ル（千七百九十三年公布セル憲法）

佛國憲法ニ附加セシ宣言

佛國人ハ從來世界ノ不幸ト云フ唯一ノ原因ニヨリテ人間ノ自然ノ權利カ忘却セラレ且輕侮セラレシコトヲ覺知シ茲ニ神聖ニシテ犯ス可カラサル權利ヲ宣言ス權利トハ即チ平等自由安全及ヒ財產之レ也ト。

社會ノ進化ト犯罪

今佛大革命ヲ中心トシテ社會ノ進化ト犯罪トノ關係ヲ敍述スレハ佛大革命以前ハ報復時代ヨリ溯リテ戰慄時代ニ至リ以後ハ博愛時代ヨリ今日ノ科學時代ニ進メリ。

第一　報復時代

報復時代

社會カ未タ都會國家ニアルマテハ所謂混沌タル時期ニシテ分業尚ホ未タ微々タリ事物ノ分化尚ホ未タ明カナラス例ヘハ小學中學ノ如シ專門的ナラサリシナリ從テ此ノ時代ニ於テハ未タ民事上ノ不法行爲ト刑事上ノ不法行爲ト分岐セス刑罰制裁ト稱スヘキモノハ民事ト刑事トノ區別ナカリキ即チ古代ニ於テハ慣習ニ違反スルトキハ之ヲ害惡ト稱シ此ノ害惡ニ對シテ反擊ヲ加ヘタリキ換言スレハ當時ニアリテハ犯罪人ヲ被害者又ハ

復讎

其被害者ノ親族ノ復讎スルニ任カセ殺人ニ報ユルニ殺人ヲ　テシタリシ

賠償金

カ後ニ至リ此慘劇ヲ緩和シ復讎感情ノ滿足ヲ得ルカ爲メ遂ニ金錢的和解即賠償金ヲ以テシタリ其後中央權力ノ漸ク增加スルニ及ヒ從來各人カ自己ノ意思ニ基キテ私鬪セシ欲望ヲ箝制シ復讎權ヲ剝奪シテ調和ヲ奬勵シ

被害者ヲシテ和解金ヲ承諾セシムルニ至レリ即チ此ノ時代ニ於テハ未タ民法ト刑法トノ原始的混同時代ナリシナリ此ノ時代ヲ報復時代ト云フ。

第二　封建時代

封建時代ニ及ンテ原始時代ノ制度ハ漸ク廢レ賠償金ニ代ルニ刑罰ヲ以テスルニ至レリ然レ共其初メヤ賠償金ノ三分ノ一ヲ國家ニ收メシメ後ニ其全部ヲ壟斷スルニ至リ遂ニ變形シテ今日ノ罰金刑ノ根礎ヲ作レリ。

然レトモ金錢的賠償ニヨリテ刑罰ニ相當セシメシ主義ハ社會ノ變動ニヨリテ漸ク其基礎ヲ失フニ至レリ蓋シ商業ノ發達ト都會ノ膨脹トハ一方ニ於テ富者ヲ生スルト共ニ他方ニ於テ貧困無資力者ヲ生シ近世ノ都會ニ於テ生スルカ如キ冒險者ヤ無賴者カ至ル所ニ罪惡ヲ行フニ至リテ財產刑ノ目的ヲ達スルコト能ハサルニ至リ身體刑ヲ以テ之ニ代ユルニ至レリ千四百九十七年イウァン大王カ同時代ノ佛國路易十一世ノ如ク諸法律ノ混雜セルヲ統轄セントシスーデブニク法典ヲ公布シ社會ノ公益上實行スル刑罰ノ原則ハ怖ルヘキ身體刑ヲ手段トスルコトヲ明言セルカ如キ即チ其一

例也、如斯戰慄的刑罰ヲ有スル刑法ハ公力ノ十分ニ行ハル、都會ノ地ニ最モ速カニ行ハレ村落地ハ公力十分ニ行ハレスシテ復讐及償金ノ制度尚存在セシ所少カラサリシハ即チ犯罪ト社會トノ關係ヲ示ス證左ナリ歐洲ニ於テハ中古時代ノ末期ニ至リテ身體刑ハ一般ニ行ハレ益〻嚴酷トナリ贖罪懺悔ノ觀念ト投合シ苦痛ヲ加ヘテ之レヲ苦シメ且ツ之レヲ怖レシムルヲ目的トスルニ至リ遂ニ法ハ無窮ノ存在ヲ報讐スルニ在リト叫ハシムルニ至レリ我國ニ於テモ斬罪梟首等ノ酷刑アリシハ世人ノ夙ニ知ル所ナリ。

自由民權時代

第三　自由民權時代

社會ハ原動ト反動トニヨリテ進化ス嚴峻過酷ナル戰慄時代ノ次ニハ博愛時代ナカル可カラス封建專制君主ノ暴虐漸ク其極ニ達スルヤ個人自由ノ說ハ勃起シ或ハ自然法學ノ興起トナリ或ハ自然法ノ存在ヲ認メ或ハ社會契約ノ思想起リ從來ノ刑罰ニ關スル狹隘ナル形式主義ヲ攻擊スルニ至レリ之レニ次テ大哲「カント、フヒテー」ノ出ツルアリ哲學上人ニ自由ノ意思アルコトヲ唱導シ、遂ニ伊太利ニ於ケル「ベッカリヤ」ノ犯罪論トナレリ刑法學者

ベッカリヤノ犯罪及刑罰論

ノ博愛主義ノ時代ト稱スルハ即チ此時期以後ニ屬スルモノナリ今左ニベッカリヤノ犯罪及刑罰論ノ大要ヲ敍述セン

ベッカリヤノ犯罪及ヒ刑罰論

當時二十七歳ノ青年哲學者ハ僧侶ノ權力絶頂ニ達シ刑罰ハ總テ之レ神意的應報ナリトノ思想ニ反抗シ身命ヲ賭シテ犯罪及刑罰論ヲ公ニシ、混淆セル神學道德學法學ノ區劃ヲ明劃ナラシメ以テ今日ノ刑法學ノ根底ヲ築キタリキ之ヲ誰レトカ爲ス伊太利ノベッカリヤ即チ其人ナリ。

彼レハ開卷第一先ツ神學ト法學トノ區別ヲ論シ刑罰ノ觀念ヲ正義說ニ採リ刑罰權ノ基本ハ民約ニアリトシ刑罰ノ適用ニ關シテハ犯罪必罰ヲ主張シ刑ハ慘酷ナル可カラサルヲ說キ刑法ノ解釋ハ嚴正ナラサル可カラス刑罰ヲ科スルニハ法定證據主義ナル可カラス自由心證主義ナラサル可カラスト主張シタリ、彼レ曰ク此ノ著(犯罪及刑罰論)ハ讀ムヘキモノニ非ラス考フヘキモノナリト斯クテ僧侶ノ危害ヲ恐レ文章ヲ往々晦澁ナラシメタリキ今其梗概ヲ說ケハ

刑事手續

（一）刑事手續ニ於テ

當時ハ法定證據主義ニヨリ一定ノ條件ヲ具備セル證據アルトキハ裁判官ハ確信ノ有無ニ拘ハラス之ヲ罰スルコトヲ得タリ彼レハ此點ニ對シテ刑事訴訟法上ノ自由心證主義ノ學理ヲ道破シタリ曰ク元來裁判官カ自ラ犯罪事實ヲ目擊セサル以上ハ正確ノ事實ヲ知ルコト能ハス從テ法官カ裁判ヲナスハ通常人カ毎日人事ヲ行フト何等ノ差異アルコトナシ故ニ法官ハ自己ノ信スル程度ニ於テ科罰非科罰ヲ決スヘク其之ヲ信スルカ爲メニハ諸種ノ材料ヲ蒐集シ其材料ニヨリテ推理シ得ヘキモノナラサル可カラス拷問ノ苛責ニヨリテ證據ヲ作ルトキハ却テ事實ヲ誤ルモノナリト主張シ

刑罰

（二）刑罰ニ就テハ

無期有期ノ禁錮、追放、罰金ノ三種ヲ認メ死刑廢止ヲ主張シタリ蓋シ當時ニアリテハ破天荒ノ議論ニシテモンテスキユー、ルーソート雖モ尙ホ死刑存續ヲ主張シタル時ナリキ

刑罰ノ適用

（三）刑罰ノ適用ニ就テハ

犯罪必罰ヲ唱ヘ微罪ト雖モ寛假ス可カラス而シテ刑罰ハ平等ニ科スヘキモノニシテ同一犯罪ニ對シテハ人ニ依リテ輕重ヲ付ス可カラス且慘酷ナル刑罰ヲ廢シ刑ノ輕重ハ犯人ノ意思ノ如何ヲ顧ミルコトナク其犯罪カ國家ニ對シテ及ホシタル損害ヲ標準トシテ決スヘク特赦ノ如キハ犯罪奬勵ナリト極論シタリ

神意應報說

（四）神意應報說ニ對シテハ

刑罰ハ神ノ爲メニ設ケラレタルモノニ非ス人間ノ爲メニ設ケラレタルモノナリ、人間ハ生活ノ必要上社會ヲ創造シタルモノニシテ其社會即チ人間ノ團體ナル國家ヲ破壞スルモノニ對シテハ社會ニ防衛權アリト主張シ

刑罰ノ程度

（五）刑罰ノ程度ニ關シテハ

犯罪ハ必ス罰セサル可カラサルモ刑罰ノ程度ハ社會生存ノ必要內ニ限局セサル可カラス蓋シ人ハ總テ生存ニ必要ナル程度ニ於テ自由ヲ有ス

ルモノニシテ刑罰モ亦其必要ノ程度ヲ超ヘテ科スルハ正義ニ違反スルモノナリトシ

刑罰權ノ基本

（六）刑罰權ノ基本ニ就テハ

ルーソーノ民約說（千七百六十二年著）ヲ採用シテ曰ク、人類ノ原始狀態ハ爭鬪狀態ナリシモ各人皆其天賦ノ自由ヲ持續スルトキハ人民ハ安全ナル生活ヲナスコト能ハス、從テ天賦ノ自由ノ大部分ヲ保護スルカ爲メ其一部分ヲ割キテ之ヲ主權者ニ與ヘ主權者ハ各人ノ契約ニヨル團體ヲ保護スルモノニシテ既ニ一部ノ自由ヲ割キテ團體ニ與ヘタル以上團體ハ秩序維持ノ必要上刑罰ヲ科スルニ至リシモノナリ即チ刑罰ハ神意應報ニ非ラスシテ社會契約ニ基キテ成立シタルモノナリ

然レ共當時ニアリテハ人ハ皆平等ナルカ故ニ神ニ非ラサレハ人ヲ罰スルコトヲ得ストノ議論盛ンナリシ爲メ社會ノ秩序ヲ紊亂シタル者ニ對シ平等ナル他ノ人間ハ何故ニ刑罰ヲ科シ得ルカヲ說明セサル可カラサリキ、於此、彼レハ即チ曰ク、犯罪ハ一人カ自己ノ利益ヲ圖ル爲メニ公衆ノ

利益ヲ害スルモノニシテ犯罪アレハ即チ公衆ハ其害ヲ受クルモノナリ故ニ公衆ノ利益ヲ維持シ國家ノ安寧ヲ保持スル爲メ、一人ノ利益ヲ圖ルモノニ對シテ制裁ヲ科ス即チ刑罰權ハ多數ノ安寧ヲ圖ルノ必要上一人ニ對シテ多數カ科スル制裁ナリ、斯クノ如ク刑罰ハ秩序維持ノ必要上科スルモノナルカ故ニ此ノ範圍ヲ超脱スルコトヲ得ス從テ刑罰ヲ科スルニハ法律ヲ以テ犯罪ト刑罰トヲ豫定シ法律ニ依ルニ非ラサレハ刑罰ヲ科スルコトヲ得スト主張シ今日刑法上ニ於ケル成文ナキモノハ之ヲ罰スルコトヲ得ストノ原則ヲ生ミ出スニ至レリ

要之、ベッカリヤノ犯罪及刑罰論ハ刑罰ノ目的ヲ報復主義事實主義ノ上ニ築キタルモノニシテ今日ニ於テハ社會契約說ノ如キ犯罪必罰論ノ如キ失當ノ見解タルヲ免レスト雖モ此見地ヨリ流出シタル諸種ノ改良ハ着々トシテ實效ヲ奏シ以テ刑法ノ原理ヲ今日ノ如ク進歩發達セシメタルノ效ハ沒ス可カラス

斯クノ如クシテ自由ノ思想漸ク上下ヲ風靡シ專制暴壓ノ基礎又漸ク搖

博愛主義

カントスルニ至リ遂ニ勃發シテ佛國ノ大革命トナリ、人權宣言トナレリ、佛國大革命タルヤ哲學者及政論家ノ關セシ所ニシテ法律家ハ殆ント之レアラサリシト雖モ天賦人權ノ思想ハ遂ニ法學界ヲシテ茲所ニ自由ト博愛トノ二大旗幟ヲ飜カヘサシメ其結果ハ即チ犯罪ハ各人ノ自由意思ノ一時ノ錯誤ノミ意思ノ錯誤ハ人ノ合理的性質トノ關係上刑罰ヲ以テ之レヲ更正スルコトヲ得ヘシ故ニ無益ニ犯罪人ノ身體ヲ慘害スルヲ要セス宜シク其自由ヲ剝奪スルヲ以テ十分ナリトシ苦痛ヲ與フヘキニアラス之ヲ感化スヘシトノ說起リ終ニ監獄制度ヲ設ケ犯人ニ敎育ヲ加ヘ其心性ヲ開發スルヲ目的トスルニ至レリ

其長所

博愛主義ノ効果トシテ稱讃スヘキハ刑罰ヲ輕減シ世界各國ヲシテ監獄ヲ建立セシメ死刑ノ適用ヲ制限シ若クハ廢止セシメ又ハ刑餘ノ人ヲシテ再ヒ社會ノ事業ニ着手セシムルノ點ニアリテ存ス特ニ戰慄時代ヨリ一轉シテ博愛時代ニ移リシ恩惠ハ刑法學上特筆大書スヘキモノナリトス。

其短所

然レトモ博愛主義ハ刑罰ヲ以テ攻擊ニ對スル一ノ自衞行爲ト觀察セス

シテ刑法學者ノ學問上ヨリ抽象シタル一ノ制度ニ過キスト觀察シ犯罪人ヲ以テ同一模型中ニ發生シタルモノニシテ且同一刑ニヨリテ改良感化セラルヘキモノト想像シ毫モ犯人其人ノ性格ヲ顧ミサリシ結果ハ却テ十九世紀ノ初メニ於テ犯罪ノ増加ヲ來シ特ニ累犯者ノ増加ヲ甚タシカラシメシ結果如何ニシテ之ヲ鎭壓スヘキカハ實ニ十九世紀刑法學界ノ重要ナル問題ナルニ至リキ

第四　科學時代

最近ノ刑法學ハ既往ノ經驗ヲ活用シ犯罪ノ鎭壓ヲ有効ナラシムル爲メ犯罪ノ原因タル犯人ノ性質ヲ明カニシ且ツ更ラニ犯罪ト社會現象ノ全體トノ關係ヲ明カナラシムルコトニ注意セリ

犯罪ノ原因ハ個人ニ重キヲ置クヘキカ社會ニ重キヲ置クヘキカニヨリテ犯罪的人類學ト犯罪的社會學トノ二派ニ分ル而シテ其犯罪ノ原因ヲ異ニスルノ結果ハ又犯罪鎭壓ノ手段ヲ異ニスルハ已ムヲ得サル所ナリ今犯罪ノ原因ト題シテ兩派主張ノ大要ヲ敍述スヘシ

第四章　犯罪原因論

第一節　犯罪的人類學

醫學及治療學ノ進歩ト共ニ刑法學上ニ於テモ人ノ性質特ニ犯罪人ノ何物ナルヤヲ具體的ニ研究シ且犯罪人ノ型式ヲ確定セントスルノ學派ヲ生シタリ之ヲ犯罪的人類學派ト云フ此ノ學派ハ伊太利ノロンブローゾノ始メテ主張シタル處ニシテフェリー、ガロファロノ出ツルト共ニ新學派ノ基礎トナレリ。

犯罪人ノ類別

今伊太利新學派ノ主張ヲ概括スレハ犯罪人ノ類別ヲ五種ニ分ツ左ノ如シ。

(一)　内因的犯罪人

1、先天的犯罪人

2、瘋癲的犯罪人

3、感情的犯罪人

（二）外因的犯罪人

4、習慣的犯罪人

5、偶發的犯罪人

先天的犯罪人

（一）先天的犯罪人　人類學派ノ最モ特殊ナル部類ニ入ル、所ニシテ其有形的觀察上野蠻人種ノ標徴ヲ有スルモノトス即チ額ノ狹ク凹ミ且ツ屈折シ、上眉弓ハ凸起シ腮ハ甚タ强ク耳ハ聳出シテ且把手ノ形ヲナシ頭蓋及面角ノ不均衡ナルコト頭蓋ノ容量少ナキコト、男ハ女ノ如ク女ハ男ノ如キコト、左手利キナルコト等之レ也、人類學派ノ擧示ニ從ヘハ此ノ種ノ犯罪人ハ遺傳的ニ道德觀念ヲ缺如スルモノニシテ竊盜ヲ見ルコト營業ノ如ク犯罪人ハ其勞働者ノ如ク監獄ハ企業ニ附隨セル危險ノ如ク時ニハ安價ナル旅館ノ如ク思惟ス、如斯ナルガ故ニ彼等ハ犯罪及刑罰ニ關シテ立法者ノ豫想セルカ如キ威嚇ニヨリテ矯正ス可カラサルモノニシテ子子孫々ニ至ルマテ社會ト同化スル能ハサル世襲的ノモノナリト

瘋癲的犯罪人

（二）瘋癲的犯罪人　犯罪狂ハ種々ノ病人ヲ包含ス即遺傳ナルモノアリ墮

落ニ原因スルモノアリ酒精中毒若クハ偶發ニヨルモノアリ其他、諸種ノ癲癇等皆之レニ包含セシメ時ニ常人ト狂人トノ中間ニ屬スルモノヲモ此種ニ屬スルモノト認ム。

(三) 感情的犯罪人

感情的犯罪　偶發的犯罪人ノ一變態ニシテ人ノ身體ニ對スル犯罪人ニ於テ最モ多ク之ヲ見ル、此輩ハ心理ノ衝動ノ靜マラサル際熟慮セサル際、忿怒ノ際、悲愛、嫌惡、等ノ際ニ罪ヲ犯スモノニシテ多血質又ハ神經質ノ人ニ多シ、然シテ此種ノ人ハ一旦罪ヲ犯シタル後ニハ直チニ悔悟シ平常生活ニ復スルモノ也。

(四) 慣行的犯罪人

慣行的犯罪人　多ク財產ニ對スル犯罪ニ於テ見ル所ニシテ先天的犯罪人ノ如ク人類學上特種ノ徵憑ヲ有スル者ニ非ラサルモ幼少ノ時ヨリ四圍ノ環象ニ敎育サレ道德心甚タ薄弱ニシテ竊盜ヲ常業ノ如ク觀察スルモノナリ、詳言スレハ先天的犯罪人ハ多ク生理的ニ犯罪ノ原因ヲ有シ慣行的犯罪人ハ多ク社會的ニ犯罪ノ原因ヲ有スルモノ也。

(五) 偶發的犯罪人

偶發的犯罪人　慣行的犯罪ニ反シテ自然ニ犯罪的傾向ヲ有スルモノ

ニアラス從テ慣行的犯罪人カ社會的感覺ヲ有セサルニ反シ此種ノ犯罪人ハ一時社會的感覺ヲ喪失スルモノナリ、即外界ノ影響力ニ對抗スル力ヲ有セサルモノニシテ最モ輕微ナル刺擊ニヨリテ犯罪ヲ實行スルニ至リ氣候ヤ其他ノ機會ハ即チ此種犯人ノ犯罪原因トナルモノ也。

人類學派ノ一變體

人類學派ノ一變體トシテ精神病醫學派ト稱スル一派アリ英國ノモーヅレー瑞西ノフォレル佛國ノマニャン等ノ主張スル所ナリ。

此ノ學派ハ常人ト狂人トノ中間性ニ屬スルモノヲ研究シ或種ノ犯人ニアリテハ精神ノ均衡ヲ失ヒタル一ノ不規則狀態即チ心理的缺陷アルコトヲ說明ス。

人類學派ニ對スル批評

犯罰カ心理現象ト相關不離ノモノナル點ニ於テ予輩モ亦犯罪原因ヲ人類ノ特徵ニ求ムルコトノ至當ナルコトヲ認ムルモノナリ然レトモ人類學派ノ分類ハ甚タ絕對的ニシテ其先天的犯罪人ノ型式ニ關スル論結ノ如キハ餘リニ確定ニ過クルモノアリ從テ此點ニ關スル反證ヲ擧示シテ其說ノ採ル可カラサルヲ主張シ善良正直ナル一般人民ニモ先天的犯罪人ノ相貌

ヲ具備シ此ノ型ニ合スル人少ナカラスト批難スルモノ多シ蓋シ犯人ノ相貌カ此型式ニ適合セルヤ否ヤヲ檢査スルトキハ其半數ハ此型式ニ適合セサルハ統計ノ證スル所ナレハ也、要之刑事人類學派ノ主張ハ全然之レヲ賛同スルヲ得スト雖モ其研究ノ根底ニ於テハ哲學上ノ物質論ニ根據スルモノニシテ一切人界ノ特徴ヲ研究シ以テ原理ヲ抽出スルニ於テハ或ハ人類ノ人相骨相如何ニヨリテ犯罪ノ特徴ヲ截然區劃スルニ至ルノ日ニ到達スルヲ保シ難キモ今日ニ於テロンブロゾーノ如ク絕對的ニ確定スルハ尚早タルヲ免レス然レ共此ノ學派カ刑法學上ニ貢献シタルノ利益ハ斷シテ沒ス可カラス即チ犯罪人ヲ根本ヨリ分類スヘキコト及其分類ヲ三種別スルコト之レ也

第一種　偶發的(若クハ)感情的犯罪人　此等ノ犯罪人ノ生活ハ常則的也、其本能ハ善良ナリ然レトモ一時ノ慾念一時ノ激昂一時ノ意思ノ墮落ハ之レヲシテ熱ニ浮カサレタルカ如ク一時其社會的感覺ヲ喪失シテ犯罪ヲ實行スルニ至ラシムルモノニシテ犯罪者ハ再ヒ常態ニ復歸スルカ故ニ之ヲ科罰シテ以テ改善ノ效果ヲ擧ケ得ルモノ也。

第二種常業的犯人

第二種　常業的(若クハ)慣行的犯人　社會的原因ト生來的原因トニヨリテ犯罪ヲ繰返スモノニシテ紀律アル社會ノ中ニ於ケル危險ナル犯罪的階級ニ屬スルモノ也、即チ貧乏ニヨリ、淫亂ニヨリ、怠惰ニヨリ、酒精中毒ニヨリ、賣淫ニヨル犯罪等ハ皆之レニ包含ス。

此種ノ犯罪人ハ偶發犯人ノ如ク一時ノ出來心ニヨリテ犯罪ヲ犯スモノニアラスシテ常住不斷ノ犯罪性ヲ有シ犯罪ヲ犯スカ爲メニ凡テノ機會ヲ利用スル反社會的人間也。

第三種犯罪狂

第三種　ハ犯罪狂ニシテ十九世紀ノ刑法學者カ是認セル感化主義モ之レニ對シテハ何等ノ實效ヲモ及ホス能ハサルモノ也。

第二節　犯罪的社會學

犯罪的社會學派ハ犯罪的人類學派カ犯罪人ヲ研究スルカ如ク社會ノ環象如何ヲ研究スルモノ也、即チ氣候ノ寒暖、年ノ豐凶、經濟組織ノ如何等カ犯罪ニ影響スルコトヲ研究スルモノニシテ犯罪社會學ノ創始者トシテ有名

社會環象ト犯罪

ナル白耳義ノケートレー氏ハ社會的物理論ニ於テ説明シテ曰ク、熱帶地方ハ其氣候燒クカ如キヲ以テ其收穫豐饒ナルヘク隨テ之レカ消費ノ容易ナルカ爲メ人ノ情慾ヲ刺戟シ且生命及風俗ニ對スル犯罪ヲ容易ナラシム現ニ伊太利ノ殺人罪ハ英國ニ十六倍シ白耳義ニ九倍シ佛國ニ五倍セルヲ見ルト蓋シ社會環象ノ如何ハ犯罪ヲ餘義ナクセシムルコトアリ、犯罪ニ便宜ヲ與フルコトアリ、犯罪ヲ杜絶セシムルコトアリ、犯罪ハ社會學上ヨリ見ルトキハ社會組織ニ伴フ必然ノ社會現象ナレハ也、從テ社會事情ノ變遷ハ又犯罪手段ノ變遷ヲ來スモノニシテ犯罪ノ原因ハ必スシモ各個人ノ性質年齡嗜好ノ如何ノミニ依ラスシテ社會的共同原因ニ基クモノ也。

犯罪ノ史的考察

之レヲ歷史ニ徵スルモ原始時代ニアリテハ腕力ハ人ノ貴フ所ナリシカ故ニ其利益及慾望ハ腕力ニヨリテ之ヲ得、一部族ノ酋長ハ奪掠ト攻擊トノ最偉者ニシテ其最モ猖獗ナル者カ最モ名譽ナリキ、社會漸ク進歩シ社會秩序ノ必要ナルコトヲ自覺シ自己ノ保護スル人民ヲ安全ニシ同時ニ自己ノ權力ヲ子々孫々ニマテ維持セシメンカ爲メニ最有力ナリシ各酋長ハ此所ニ道德ヲ作リ法律ヲ作リ法律ニ違反スル所ノ者ヲ嚴罰スルノ方法ヲ案出シタリキ如斯ニシテ犯罪ハ各時代ニ於テ各特種ノ犯罪ヲ發現スルニ至レリ學者カ常ニ引例スル如ク古代印度ニ於ケル金屬ノ竊取ハ死刑ニ處セラレスパルタニ於ケル殺嬰罪墮胎罪ハ法律ノ許容セシ行爲ナリシ也社會カ殺伐ノ氣風ヲ以テ滿サルヽノ時ハ殺人罪ハ法ノ拘束スルコト能ハサル所ニシテ復讐ニヨル殺人ハ社會ノ稱賛スル所ナリキ、近代文明ノ普及ハ更ラニ犯罪ヲシテ智力ヲ使用スルノ傾向ニ進メ竊盜若クハ詐僞取財ノ如キ皆巧妙ナル手段ヲ弄シ漸次殺伐ノ氣風ノ消滅スルト共ニ殺人罪ヲ減少セシムルノ傾向アリ之レヲ吾日本ニ徵スルモ斬捨御免ノ制度敗レテ四民平等ノ權利ヲ回復シ工業ノ進步ト共ニ富ノ增加著シク資本一方ニ集中シテ貧者漸ク增加スルニ至リテ財產ニ對スル犯罪甚タ多ク日淸日露ノ戰後ニ於テ戰爭ニヨル殺伐ノ氣風ヲ助長シ平和時代ニ於ケルヨリモ殺人罪ノ增加セルカ如キハ即チ社會現象ノ如何ニ犯罪ニ關係スルカヲ證スルモノ也。

（四）現代ノ經濟組織ハ更ラニヨリ多ク犯罪ノ原因ヲ釀成ス思フニ現時ノ社

會組織ハ未タ完全境ニ達セスシテ少數者ニ利ニ多數者ニ不利ナルモノアリ富豪ヲ保護スルコト厚フシテ貧者ヲ保護スルコト薄キノ感アリ而シテ富ノ生產ハ十八世紀產業ノ大革命ト共ニ益々增加スルニ係ラス貧富ノ懸隔ハ愈々益々增大シテ貧者ハ投機的事業ニヨリテ成功スルニ非ラスンハ一生其頭ヲ擡クル能ハス於此乎即チ强者ハ强盜トナリ智力アルモノハ詐僞取財者トナリ竊盜トナル特ニ企業家ヲ保護スルニ厚キノ結果ハ直接生產ニ從事セル勞働者ヲ保護スルコト薄ク幼年職工モ習業者モ共ニ矮屋内ニ雜居セシメテルボン氏ノ所謂利用スルニ堪ヘサル輕薄ノ人間タラシメ延テ犯罪的本能ヲ醱酵セシムルニ至ル更ニ都會ノ膨脹ハ其極ニ達シ人民ハ横溢シ職業ハ少ナク一度不景氣ノ襲フ所トナルヤ各工場ハ容赦ナク勞働者ヲ解雇シ失職者ヲ生セシム斯ノ如クシテ一度都會ニ足ヲ入レタル者ハ荒廢セル田園ニ歸リテ企業スル健康ヲ有セサルノ結果ト富豪ニ對スル羨望トハ遂ニ罪惡ノ手段ヲ考究スルニ至リ若クハ浮浪ノ徒トナル斯クシテ社會ト犯罪トハ相關不離ノ關係ヲ生ス。

社會ハ犯罪バクテリヤノ培養素ナリ

斯ク犯罪ハ社會原因ニ基クモノナルカ故ニ之ヲ鎭壓スルモ亦社會的手段ニ依ラサル可カラス即チ廉價ヲ以テ麵麭ヲ供給シ貧民ヲシテ空氣アリ光線アリ飮料アル居住ヲ廉價ニ得セシメ、勞働者ニ向ツテハ組合ヲ設ケ相互扶助ノ方法ヲ開キ保險制度ヲ發布シテ災危罹災ノ際ニ於ケル救助方法ヲ授ケ全國ノ勢力ヲ都會ニ集中スルノ惡風ヲ防キ荒廢セル村落ニ人民ヲ復歸セシムルト共ニ裁判官モ亦能ク地方人民ノ心理ト慣習トヲ了解シ以テ今日ノ如キ佛壇ノ偶像然タル態度ヲ改メ社會生活ノ經驗ニ徴シ常識ト人情ノ命スル處ニ從ヒ裁判スル大悶越前ノ如クセサル可カラス。

嘗テ佛國里昂大學ノ醫學敎授ラカサーニュ氏ハ曰ク各社會ハ之レニ對應シタル犯罪人ヲ有ス詳言スレハ社會ハ犯罪バクテリヤノ培養素ニシテ犯罪人ハ卽チ社會ニヨリテ培養セラレタルバクテリヤナリ培養素タル社會ナクンハバクテリヤタル犯罪人ハ何等ノ力ヲモ有スルモノニ非ラスト。思フニ現代ノ資本制度ハ其制度ニヨリテ犯罪ヲ作ルコト多シ、今日在監囚ノ犯罪ヲ調査スルニ其大多數ハ財產ニ關係セル犯罪ナリ蓋シ資本ハ資本ヲ產ミ勞働ハ貧乏ヲ生ムハ現下社會ノ通有狀態ニシテ勞働者カ終日營々役々ノ結果ハ徒ラニ資本家ノ懷中ヲ肥ヤスノミニシテ勞働者其モノハ襤褸ヲ纒ヒ糟糠ニタモ厭ク能ハス、而シテ之レヲ產業革命以前ノ生產ニ比スレハ今日ノ生產額ハ實ニ十倍シ五十倍シ百倍シツヽアリ而モ富ノ分配ハ之レニ反比例シテ少數資本家ノミ獨リ富ノ增加ヲ來シ貧民益々增加スルハ統計ノ既ニ明カニ示ス所ナリ

富ノ分配ノ不平均

英國ノ例

スパール博士嘗テ英國ノ富ノ分配ヲ計算シテ曰ク英國人二百萬人ノ大多數ハ僅カニ八億ノ財產ヲ有スルニ過キサルモ他ノ一面ニ於テ十二萬五千八人ノ少數者ハ七十九億ノ巨額ノ資本ヲ有ス而シテ全國住民四千有萬中ノ四分ノ三ハ全タク無資產者ナリト

米國ノ例

トーマスシアマンハ米國ノ富ノ分配ノ度ヲ算シテ曰ク米國ノ富ノ七割ハ實ニ人口ノ一厘四毛ノ少數者ノ占有スル所ニシテ他ノ二割二分ノ富ハ九分二厘ノ人口ノ爲メニ占有セラレ殘餘ノ人口即チ八割九分四厘ノ多數人民ハ僅カニ一割八分ノ富ヲ有スルニ過キスト之レ豈ニ驚クヘキ偏重ニアラスヤ吾國ニ於テハ未タ正確ナル統計ノ示スヘキモノナキモ亦此ノ趨勢ニ向ツ

犯罪ノ撲滅ハ私有財産制度ノ廢止ニアリ

テ進ミツ、アルコトハ事實ナリ於此乎勞シテ尙食ヲ得サルモノハ去テ浮浪ノ徒トナリ强者ハ强盜トナリ智者ハ詐僞犯者トナリ女子ハ賣淫ヲ業トシ社會ヲ擧ケテ一攫千金的投機事業ヲ夢ミ淫風益々荒ンテ社會ノ風致ト人身ノ健康トハ大ニ之レカ爲メニ阻害セラル、ノ結果ヲ生ス之レ卽チ私有財産制度ノ弊トシテ生スル犯罪原因ナリ。

若シ夫レ私有財産制度ヲ廢止セハ在監囚ノ大多數ハ直チニ滅スルニ至ラン其他姦通罪ノ如キ淫賣ノ如キ法律ノ規定アルカ故ニ其行爲ノ本質其モノハ人類通常ノ行爲タルニ過キサルモ尙ホ犯罪タルナリ、故ニ予輩ハ謂フ社會制度ヲ整備シ私有財産ヲ廢絕シ各人ニ生活ノ保險ヲ與ヘハ卽チ犯罪ハ忽チ減少セント然レトモ吾國ニ於テハ未タ工場法サヘ設定セラレス國民ノ代表者ハ十圓以上ノ直接國稅納者ノ代表者ニシテ多數貧民ノ代表者ニアラス如斯狀況ニ於テ法制ヲ設備シ警察官ヲ增加シ犯罪ノ減少ヲ望ムハ木ニ據リテ魚ヲ求ムルノ愚ニ等シ、或ハ曰ク生存競爭ハ生物進化ノ法則ニシテ適者生存自然淘汰ハ宇宙ノ大原則ナリ食ヲ得サルモノハ卽チ生存ノ價値ナキナリト生存競爭カ宇宙ノ大法タルハ予輩モ亦之レヲ認ム然レトモ今日ノ生存競爭ハ自由競爭ニアラス一ハ資本ト稱スル武器ヲ有シテ戰ヒ一ハ裸體ヲ以ヲ戰フ勝敗ノ數蓋シ爭ハスシテ明カナリ獨逸ノ大哲フヒテー曰ク「人生ノ不幸ノ大部ハ社會上ノ關係ヨリ出テ何人モ之レヲ左右スル力ヲ有セス、サレハ此等ノモノニ對シ責任ヲ有スルモノハ國家ニシテ個人ニアラス」ト予輩ハ不幸ノ二字ニ代ユルニ犯罪ノ二字ヲ以テセントス欲ス國家爲政ノ局ニアル者將ニ三思スヘキ箴言ニ非ストセンヤ

第五章　法律ト犯罪

法律現象トシテノ犯罪

法律現象トシテ犯罪ヲ觀察スレハ即チ刑罰制裁ノ負擔アル行爲也、犯罪ノ何物タルカヲ規定セル刑事法ノ條文ハ各個人ノ準則タル行爲ノ大原則ヲ定ム此原則ヲ犯スモノヲ以テ罪ト爲スヘキ性質アル行爲トス故ニ刑罰制裁ナケレハ法律上ニ於テハ犯罪アルコトナシ從テ國家カ社會ノ共同利益ヲ維持スルカ爲メ民事制裁ヲ以テ十分ナリトシタル場合例ヘハ契約違

行爲ハ二面ノ責任ヲ生ス

反ニ對スル損害賠償ノ如キハ卽刑法上ノ犯罪ニアラサルナリ、又基督教ニ於テハ、煙草ヲ禁シ酒ヲ呑ムモノヲ罪トナスモ刑法上ニ於テハ刑罰制裁ナキカ故ニ犯罪ニアラサル也。

然レトモ人ノ行爲ハ二面ノ責任ヲ生スルコトアリ一ハ民事責任ニシテ一ハ刑事責任ナリ故ニ國家カ若シ民事責任ノミヲ以テ十分ナリトセス更ニ刑事責任ヲ負擔セシメタル場合ニハ卽チ其行爲ハ民事上ノ不法行爲タルニ止ラス更ラニ刑事上犯罪トナル故ニ刑法學上ニ於テハ一般ニ犯罪ヲ定義シテ刑罰法違反ノ行爲ナリト云フヲ以テ足レリトセリ然レトモ其眞意ヲ探究シ之ヲ社會ノ究竟目的ト照合シテ考査スルトキハ犯罪ハ刑罰法ニ違反シタルカ爲メニアラスシテ刑罰法ノ條文ヲ產出シタル宇宙ノ大原則ニ違反シタルモノナリト云ハサルヘカラス例ヘハ殺人罪ヲ犯シタル人ハ刑法殺人罪ノ條文ヲ破リタル人ニアラスシテ宇宙ノ大原則ニ背反セル殺人ナル行爲カ刑法典ニ於テ罰ス可キモノト規定サルヽカ故ニ刑罰ヲ科セラルヽモノ也、換言スレハ宇宙ノ大原則ト刑法々典トカ同化シタル場合

刑罰法規アルカ故ニ犯罪アリ

ニ於テ此ノ大原則ニ違反シタル行爲ヲ罰スルナリ例ヘハ竊盜罪ヲ犯シタル人ハ竊盜ヲ構成スル行爲カ竊盜ヲ禁止スル大原則ニ違反スルト認メラル、カ爲メ也、要之犯罪トハ哲學的ニ云フトキハ刑罰ヲ科シタル宇宙ノ大原則ニ違反シタル行爲ナリ、

上述ノ如ク刑事制裁ヲ以テ犯罪トスルノ結果刑罰ナケレハ犯罪ナク刑罰アリテ始メテ犯罪アリト云フコトヲ得ヘク民法ニ於ケル不法行爲ハ損害賠償ノ責任アルモ刑事法ノ制裁ニアラサルカ故ニ犯罪ニアラス懲戒罪、譴責、停職、免職ノ如キ行政罰モ亦刑罰ニアラサルカ故ニ犯罪ニアラスト云フコトヲ得ヘシ如斯犯罪ハ刑罰ヲ科セラル、行爲ナリ然レ共如斯刑罰ハ如何ナル理由ニヨリテ科スルヤ換言スレハ刑罰權ノ基本如何ニ關シテハ刑法學上一大至難ノ問題トシテ古來學者ノ論爭措カサル所ナリ今左ニ刑罰權ノ基本ト題シ學理ノ大要ヲ敍述セン。

第一節　刑罰權ノ基本

社會ハ何故ニ刑罰權ヲ有スルヤ

社會（若クハ國家）ハ何ニヨリテ刑罰權ヲ有スルヤ換言スレハ社會ノ有スル刑罰權ハ何故ニ正當視セラル丶ヤノ問題ハ固ヨリ刑法學上ノ問題ニアラスシテ哲學上ノ問題也、刑法既ニ科罰權ヲ規定シ之レヲ實行スル以上ハ刑罰權ノ正當ナリヤ否ヤヲ規定スルヲ要セス否之レヲ哲學上ノ解決ニ委スルヲ正當トス蓋シ刑法ハ國家ヲ認メ國家ニ權力ヲ認メ人民ハ其權力ニ服從スヘキモノナルコトヲ前提トシテ玆所ニ犯罪ヲ科罰スルモノナルカ故ニ刑罰權ノ基本問題ハ刑法ノ前提要素タル假定ニ對スル問題ナレハ也、然レ共古來刑法學者ノ論爭スル所ナルカ故ニ其要點ヲ摘示スレハ、

刑罰權ナシトノ說

第一　刑罰權ナシトノ說

刑罰權ナシトスル說ニモ種々アリ或ハ刑罰ヲ科スルモ犯罪ハ日ヲ追フテ益々增加スルカ故ニ刑罰ヲ科スルハ無益ナリ從テ社會ニ刑罰權ナシト主張スル者アリ然レトモ此ノ說ハ若シ刑罰ヲ科スルコトカ犯罪ノ豫防ニ效顯アリトスレハ積極說ニ左袒セサル可カラサル說ニシテ根蔕甚タ薄弱ナリ、或ハ絕對ニ刑罰權ヲ認メサルモノアリ刑法學者中ニハ此

説ヲ主張スルモノナキカ如キモ所謂虚無主義ノ主張ハ卽之レ也、曰ク、人ノ上ニ人ヲ作ラサルハ哲學上ノ大原則ナリ各人互ニ自カラ自己ヲ處理スルヲ原則トス、人ノ上ニ人ヲ作リテ或ハ干渉シ或ハ教育スルカ如キハ自然ニ反ス人ハ自然ト共ニ發達シ自然ト共ニ生長スヘキモノニシテ其間人爲ノ所作ヲ包含セシム可カラス故ニ官吏モ無用ナリ政府モ無用ナリ、若シ夫レ之レヲ科學的ニ云ハ、個人ハ社會ノ單細胞ニシテ社會ハ單細胞ノ集合ナリ故ニ宛モ一個人ノ如ク足趾ノ疼痛ハ全身ニ響キ一毛ノ損傷ハ全個體ニ關係ス然レトモ之レカ修復工事ハ各單細胞カ各自獨立シテ活動スルニヨリテ成功スルモノナリ犯罪ハ社會ノ現象ナリ從テ犯罪ニヨリテ侵害セラレタル利益ノ回復ハ人身ニ於ケル單細胞ト同シク社會ニ於テ之レヲ爲ス可ク決シテ侵害シタル單細胞タル個人ヲ罰スヘキモノニアラスト論理一貫之ヲ論破スル能ハサルハ宛カモ虚無道德論ヲ論破スル能ハサルカ如シ。

社會契約説

第二　社會契約説

吾人ハ社會團體ノ一員タルト同時ニ相互ニ彼我ノ權利ヲ侵害セスシテ共同生存ノ幸福ヲ受クヘク若シ此ノ契約ニ違反シ他人ノ權利ヲ侵害シ共同生存ヲ害シタルトキハ刑罰制裁ヲ受クヘシトノ契約ヲ結ヒタルモノナルカ故ニ社會ハ此契約ニ基キ契約ニ違反シタル個人ニ對シテ刑罰權ヲ有スト而シテ契約説ノ立論ニ數多アリ即チ、

(一) 刑罰權ハ個人カ自然ニ有スル防衞權ニシテ社會ニ入リテ其團員ノ一人トナルト同時ニ社會ニ附與シタルモノナリ。

(二) 人ヲ責罰スル權ハ各人カ自然的ニ有スルモノニシテ人カ社會ノ團員タルニ當リテ之レヲ社會ニ附與スルモノ也、故ニ社會ハ畢竟其契約ニヨリテ個人ノ有スル刑罰權ヲ讓受ケタルモノナリ。

(三) 各人カ共同生存ヲ爲スカ爲メニハ法規ヲ要シ而シテ法規ハ制裁ナカル可カラス故ニ社會契約ヲ締結スルニ當リテハ若シ其契約ニ違反シタルトキハ社會ハ之レヲ責罰スルノ權力アルコトヲ認諾シタルモノナリ。

（一）ハ防衛權ノ方面ヨリ説明シ。

（二）ハ刑罰權ノ方面ヨリ説明スルモ共ニ防衛ノ爲メニ社會カ有スル刑罰ト同樣ノ實質ヲ有スル制裁ヲ加害者ニ加フルノ權力ヲ有シ其權力ハ契約ニヨリテ許與シタルモノナリト云フ也。

（三）ハ受働的方面ヨリ觀察シテ社會ニ刑罰權ヲ設定シタルモノ也。

純正々義説

第三　純正々義説

此説ハカント、ヘーゲル等ノ哲學者ノ主張スル所ニシテ吾人ハ正義ノ觀念ヲ有シ此ノ正義ノ觀念ハ、犯罪ハ、不正行爲ニシテ不正行爲タル犯罪ヲ犯シタルモノニハ其報酬トシテ之レニ對當スル責罰ヲ加ヘ以テ其罪業ヲ贖ハシムルモノニシテ社會カ刑罰ヲ科スルハ即正義ノ要求ニ基クモノナリト故ニ此ノ説ニヨルトキハ責罰セサレハ正義ニ反スルニ至ルカ故ニ如何ナル場合ニ於テモ正義ニ反スルトキハ科罰セサル可カラサルニ至ル。

社會必要説

第四　社會必要説

ベンタムノ主張スル所ニシテ刑罰權ノ基本ハ社會ニ屬スル他ノ權利ト同シク社會ノ利益又ハ必要ニ存ス即チ必要アルカ故ニ刑罰ヲ科スルモノニシテ正義ニ違反スルト否トハ問フ所ニアラストス

社會必要主義ニハ或ハ威嚇主義アリ或ハ特別豫防ノ爲メニスルアリ或ハ心理强制賠償防衞等ノ爲メニ科罰スルアリ然レトモ必要ハ權利ヲ發生セス且必要ノミヲ以テ基本トスルトキハ必要ナル限リ如何ナル重大ナル刑罰ヲ科スルモ尙適法ナリトセサル可カラサル論結ヲ生シ刑罰制度ヲ過當ニ慘酷ナラシムルノ弊アリ。

第五　折衷說

刑罰制裁ヲ加ヘ又ハ加ヘサルノ制度ハ偏ヘニ社會ノ必要如何ニヨルモ刑罰責任發生ノ原因ハ正義ニ違反シタルコト即チ純正々義ノ觀念ニ基クモノナリト

即チ此說ハ社會必要說ニ純正々義說ヲ加味シ刑罰責任ハ不正行爲タル犯罪ヨリ生スルモノニシテ刑罰ノ輕重ハ犯罪ノ大小ニ對應セスンハ

正義ニ反ストスルナリ故ニ犯罪人ノ誰タルヲ顧ミス單ニ犯罪事實ト刑罰トノ權衡ヲ保タンコトヲ勉ムル結果此主義ノ立法ノ下ニ於テハ瀕年犯罪人增加シ刑罰ノ效力微弱トナル。

第六　進化說

生存競爭ハ生物界ノ原則ニシテ適者生存、自然淘汰ハ免カル可カラサル原則ナリ人類モ生物ノ一種ナルカ故ニ此原則ニ支配セラル、モノトス而シテ社會ハ此大原則ニヨリテ支配セラル、人類ノ結合ニヨリテ生スルモノ、換言、社會ハ生存競爭ノ結果トシテ發生シタルモノナリ從テ社會自身モ又生活機能ヲ有スルモノトシテ生存競爭ノ大原則ニ從フモノトス如斯一ノ生活體トシテ生存競爭ノ大則ニ從フカ故ニ其生存ヲ害スルモノアルトキハ社會ハ其生存ノ必要上强力ニヨリテ之レヲ抑壓シ以テ自衞スルハ當然ノ理ニシテ犯罪人ハ社會ノ共同生存ヲ傷害スル社會ノ敵者ナルカ故ニ社會ハ刑罰ヲ以テ之レヲ抑制シ自衞スルナリ即刑罰ハ社會生存ノ必要ニ出ツルモノニシテ必要ハ刑罰ノ社會ニ存スル理由ヲ明カニスルト同時ニ犯罪人ニ於テ刑罰ヲ科セラルヘキ責任アル所以ヲモ亦之レヲ説明スト。

進化説ハ必要説ノ一種ニシテ生物界ノ大原則ヨリ立論シ以テ必要説ノ根據ヲ鞏固ニシタルモノ也、從テ此説ハ客觀的ニ社會ニ刑罰權ノ存在スルコトヲ説明スルノ點ニ於テハ遺憾ナシト雖モ主觀的ニ犯罪人ニ於テ刑罰ヲ科セラルヘキ責任ノ存在スル所以ヲ説明セスト批難セラル然レ共此論者ハ猛獸、毒蛇ヲ殺害スルハ己レヲ害スルノ恐レアルカ故ニシテ責任自カラ其内ニ存スト辯ス。

要之、折衷説乃至必要説ハ或ハ一部又ハ全部ニ於テ權力ノ所屬スル所以、卽權力ヲ用ユルノ必要アルカ故ニ權力アリト説明スルモノニシテ問題ニ對スル説明ニアラス。

予輩ハ刑法規定ノ罰條アルカ故ニ刑罰ヲ科スルモノナリトノ説ヲ信スルモノ也換言スレハ刑罰法規ナケレハ犯罪ナク而シテ刑法ハ國家ニ刑罰權アルコトヲ假定シテ以テ犯罪豫防ノ方策ヲ講スルモノナリ從テ哲學上

ヨリ論斷スルトキハ社會（若クハ國家）ニ刑罰權ナシトノ説ニ左袒スルモ既ニ刑法カ社會（若クハ國家）ニ刑罰權アリト規定シ而シテ其範圍内ニ於テ犯罪ヲ論スル場合ニ於テハ又其假定ヲ認容シ其假定ノ上ニ立論セサル可カラス故ニ刑罰權ノ基本ニ付キテハ本著ニ於テ評論ス可キ範圍内ニアラスト信ス然レトモ刑罰適用ノ性質如何ハ卽チ犯罪ト因果ノ關係ヲ有シ犯罪ノ豫防ニ重大ノ關係ヲ有スルモノナルカ故ニ之レヲ説明セサル可カラス。

第二節　刑罰適用ノ性質

第一　報復主義、事實主義

報復主義
事實主義

社會ノ進化カ犯罪ニ影響アルカ如ク犯罪ノ意義ノ變遷ハ又刑罰ノ性質ヲ變更セシム特ニ十八世紀個人主義ノ勃興ヨリ延イテ佛國ノ大革命トナリ人權宣言トナルニ及ヒ犯罪ノ意義ト刑罰適用ノ性質ヲ變更シ十九世紀ノ中葉ニ方リテ一般科學界ヲ震蕩セシメタル生物進化ノ方則ハ諸科學ニ對シテ根蔕ヲ與ヘ今日ニ至リテハ全タク昔時ト刑法適用ノ性質ヲ異ニス

其要領

ルニ至レリ今左ニ其梗概ヲ説ク（社會ト犯罪トヲ參看センコトヲ希望ス）

曩キニ叙述シタルカ如クベッカリヤノ犯罪及刑罰論ニ於テ從來ノ犯罪及刑罰ニ一大革新ヲ與ヘ個人主義的哲學ノ勢ヒハ滔々トシテ刑法ノ基礎觀念ヲ震撼セリ今日刑法學界ニ於テ舊派ト稱スル刑罰觀念ハ卽チ之レ也。舊派ノ主張ハベッカリヤニ始マリブログリー、ギーゾ、クーゼン等ノ主張セシ所ニシテ刑罰適用ノ性質ニ對シテ曰ク。

（一）凡ソ人ハ或一定ノ年齡ニ達スルトキハ特ニ精神ニ異狀ヲ有スル者ノ外皆理性ニ從ッテ行動スル自由ナル意思ヲ有ス。

（二）人ハ自由ナル意思ヲ有スルカ故ニ之レヲ爲サヽルコトヲ得ルニ拘ラス、法規ニ違反シテ爲スモノナルカ故ニ之レヲ罰セサル可カラス。

（三）犯罪ハ如斯自由意思ノ產出物ニシテ又同時ニ自由意思ヲ有スル各人ノ精神狀態ハ同一ナルモノナルカ故ニ之レヲ罰セサル可カラス。

（四）從テ犯罪ハ、社會的現象ニアラスシテ單純ナル法規違反ナリ故ニ豫メ法律ニ規定セラレタル一定ノ人ノ法律的現象トシテ犯罪事實ニ對當スル所ノ一定ノ刑罰ヲ宣告スルヲ以テ足ル。

然レトモ(一)犯罪人ハ實際ニ於テ同一ノ能力ヲ有スルモノニ非ラス然ルヲ同一ノ自由意思ヲ有ストセルハ自己ヲ推シテ他人ニ及ホセルモノニシテ自己ノ心理ト犯罪人ノ心理トヲ同一ナリトスル誤謬ニ基ク(二)犯罪ヲ犯ストハ犯サヽルトハ自由意思ノ產出物ナリトスルモ實際ハ種々ノ原因カ之レヲ犯スヲ敢テセシメタルモノニシテ犯罪人及四圍ノ環象ヲ顧ミサルモノナリ(三)四圍ノ環象及犯罪人ヲ顧ミサルノ結果ハ隨時適當ナル處分ニヨリテ犯罪ヲ防止スルコト能ハス裁判官ハ只刑法ヲ繙キ之レニ該當スル番號札ヲ配布スルニ過キサルモノニシテ初犯再犯ヲ顧ミス同一ノ犯人ニ對シ無意味ノ短期刑ヲ繰返スニ過キサル結果獄門ノ開閉ハ單ニ犯罪ノ數取リタルニ終ル(四)裁判官ハ裁判ヲ爲セハ足リ司獄官ハ獄內ノ秩序ヲ取締レハ足リ其間何等ノ連絡ナク又出獄後ニ於ケル行動ハ裁判官ハ素ヨリ司獄官モ亦之レヲ知ラス從テ再犯ノ防止ヲ爲スコトヲ得サルニ至ル。

其批評

要之報復主義ノ學說ハ犯罪ヲ以テ正義ニ違反スルノ行爲トシ之レニ對

シテ刑罰ヲ科スルハ純理上當然ノコトナリトノ前提ノ下ニ社會カ犯罪ニ對シ強制手段ヲ加ヘ犯人ノ利益ヲ剝奪スルハ罪惡必罰ナル自明ノ原則ノ適用ニ過キストスルカ故ニ幼者犯罪狂ノ如キハ自由意思ヲ有セサルモノニシテ是非ノ辨別心ナキカ故ニ從テ又正義ノ觀念アルコトナシ故ニ之レヲ觀過セサル可カラサルト同時ニ正義ニ違反セサル以上ハ如何ニ重大ナル害惡ヲ社會ニ與フルモ之レヲ罰スルコト能ハサルニ至ル

兩主義ノ關係

而シテ報復主義ニアリテハ犯罪ノ輕重ハ實害ノ大小ニヨリテ定マルモノトセラレタルカ故ニ偶發的ノ犯罪ト雖モ重大ナル結果ヲ發生シタルトキハ重キ刑ヲ科セサル可カラサル可ク、反之、如何ニ惡性ノ執拗ナル犯人ト雖モ其結果ニシテ微小ナランニハ刑罰モ亦輕微ヲ以テ足ルコト、ナル從テ報復主義ハ又事實主義ト稱セラル然レ共純粹ナル理論ヨリ云フトキハ報復主義ト事實主義トハ必ラスシモ一致スルモノニアラス何トナレハ報復主義ノ根礎タル正義違反ノ行爲ハ必スシモ實害ノ大小タル事實ニヨリテ測定シ得ヘキモノニアラサレハナリ例ヘハ同シ殺人罪ニ於テモ又毆打罪ニ於テモ其動機ノ如何ハ行爲ノ道義上ノ價値ニ重大ナル影響ヲ及ホスモノナレハナリ、然レトモ古來ヨリ此兩主義ハ異名同體ナルカ如ク觀セラレ以テ今日ニ至レリ。

目的主義
人格主義

第二　目的主義、人格主義

十八世紀個人論及自由論ノ哲學ハ十九世紀ノ中葉ニ至リ生物進化ノ方則ガダーウインノ種ノ起原ニヨリテ證明セラレタル以來凡テノ自然科學ハ進化論ヲ基礎トスルニ非ラサレハ説明スルコト能ハサルニ至リ刑事現象ニモ亦進化論ヲ應用スルニ至レリ其説論ニ曰ク、

其要領

(一) 各人ハ平等ニシテ且自由ナル意思ヲ有スルモノニ非ラス各人ノ意思ハ其人類的原因タル個人ノ性質及外界ノ狀況タル四圍ノ環象トニヨリテ一定セラレ自カラ一定ノ因果律ニヨリテ支配セラル、モノトス

(二) 從テ犯人ノ本質ハ人類學的又ハ社會的原因ノ如何ニヨリテ定マルモノニシテ自由意思ニヨリテ定マルモノニアラス

(三) 故ニ犯罪カ個人的原因即人類學的原因ニ由來スルモノハ其先天的ナ

ルト後天的ナルト偶發的ナルトヲ區別シテ論シ犯罪カ社會的原因ニ基クモノナルトキハ社會ノ改良ニヨリテ豫防セサル可カラス

（四）即此主義ノ學說ニ於テハ刑罰ハ犯人ニ對シテ社會ヲ防衛スル手段ノ一種ナリ而シテ犯罪ヲ豫防スルモノナルカ故ニ漫然只辭書ヲ繙テ字ヲ捜シ出スカ如キ方法ニヨル可カラス必ラス犯人ノ個人的性格即チ主觀ニ重キヲ置キテ裁量セサル可カラスト

此趣旨ニヨリテ此派ノ論者ハ、先ツ犯罪ノ原因ヲ探究シテ後チ豫防ノ方法ヲ講ス而シテ犯罪原因ニ二種アリ個人ノ性格ニ重キヲ置クモノヲ人類的犯罪學派ト稱シ社會ニ重キヲ置クモノヲ社會的犯罪學派ト稱ス（犯罪原因論參照）而シテ刑罰ノ適用ニ就テ曰ク刑罰ハ犯罪タル一定ノ侵害的事實ニ對シテ必要ナルカ故ニ加フル所ノ防衛手段ナリ從テ惡少年犯罪狂ト雖モ社會ノ防衛上必要ナルトキハ之レニ對シテ刑罰ヲ科シ以テ懲治監置ノ方法ヲ取ラサル可カラス之レ刑罰カ社會防衛ノ爲メニ生スル結果ナリト蓋シ進化論ノ法則カ動カス可カラサルモノトナリテ以來社會上ノ現象ハ一ニ社會發達ノ便宜ニヨリテ變遷向上スルモノナルコト明瞭トナリタル結果正義ナル觀念ヲ基礎トシテ犯罪必罰ヲ論スルハ學理上ノ根據ナク且正義ナル觀念カ漠然トシテ一定セサルカ爲メ寧ロ社會防衞ナル原則ヲ認メ社會ニ對スル侵害行爲卽チ犯罪ニ對シ社會カ復讐スルモノナリトノ思想ヲ生シタルモノナリ故ニ此意義ニ於テ苟モ社會防衞上ノ目的ヲ到達スル上ニ於テハ例ヘ幼年者又ハ犯罪狂ト雖モ之レニ刑罰ヲ科シテ極力其鎭壓ヲ謀ルコトヲ得ヘク彼等ヲ懲治若クハ監置ナル特別方法ヲ以テ過スルハ彼等ニ刑罰ヲ科スルモ社會防衞ノ目的ヲ達スル能ハサルカ爲メニ刑法上無罪トシテ特別方法ヲ講スルモノニシテ實質ニ於テハ懲治監置モ亦刑罰ト何等異ナルコトナシト。

両主義ノ關係

而シテ報復主義カ事實主義ト同一體化シタルカ如ク人格主義ハ又目的主義ト相一致スルモノト看做サル蓋シ社會防衞ノ必要ニ基キテ刑罰ヲ裁量スヘシトノ理論ハ當然犯人ノ惡性ニヨリテ刑ヲ定ムヘシトノ論結ヲ生ス可キモノニアラス何トナレハ刑罰ハ犯罪豫防ノ手段ニ過キサ

ルカ故ニ一般的威嚇ヲ目的トシ侵害サレタル實害ノ性質ニヨリテ惡性ノ如何ニ關セス重大ナル制裁ヲ科シテ以テ社會ヲ警戒スルノ必要アルヘク又時ニハ之レニ反スルコトアルヘシ現時ニ於テハ犯意ナキ場合ニ於テモ尚刑罰ヲ科スル法則ノ存スルハ卽チ目的ニ依據シテ人格主義ヲ無視セル例外タルニ過キス其他ノ場合ニ於テハ目的主義ト人格主義トハ實際ニ於テ一致スルモノ也。

人格主義ノ基礎

要之、人格主義ノ基礎ハ社會防衛ノ目的ニアリ社會防衛ノ方策ハ犯罪事實ニヨリテ定マルヘキモノニアラスシテ犯人ノ惡性ノ如何ニヨリテ定マリ犯人ノ惡性カ最高度ナル場合ニ於テハ社會ニ對スル危險モ最高度ナルカ故ニ重大ナル刑罰ヲ科スヘク然ラサル場合ニ於テハ輕微ナル刑罰ヲ科スルコトヲ得ヘシ換言スレハ刑罰ハ惡性ノ如何ニヨリテ輕重アルモノニシテ所謂刑罰ノ箇別主義ナルモノ卽チ之レ也。

折衷主義

三、折衷主義

事實主義（報復主義）ハ個人ノ利益ヲ尊重スル點ニ於テ特色ヲ有シ人格主義（目的主義）

個人自由ト社會防衛

ハ社會ノ利益ヲ主張スル點ニ於テ特色ヲ有ス而シテ事實主義カ現時ノ法律上採ルニ足ラサルヤ已ニ論明シタル所ニシテ近時一般ノ刑法學界ノ趨勢ハ滔々トシテ人格主義ニ向テ奔注シツヽアルカ如シ然レ共犯罪ハ犯人ノ惡性カ行爲ニヨリテ表證セラルヽニアラサレハ惡性ノ程度ヲ試驗シ得ラルヽモノニアラス然ラスシテ任意ニ裁判官カ惡性ノ如何ヲ檢査シ以テ刑罰ヲ科スヘシトセハ卽チ舊時ノ擅斷主義ニ復歸シ人ノ自由ハ裁判官ニヨリテ自由ニ剝奪サルヽニ至ルヘシ從テ人格主義ヲ全然一貫スルトキハ社會進化ノ究竟ニ達シタル後ハ兎モ角現代ノ時世ニ於テハ堪ユ可カラサルノ弊害ヲ生スヘシ於此乎卽折衷說生ス。

折衷說ハ個人ノ自由ト社會防衛ノ必要トヲ調和セントスルモノナリ卽刑罰ハ犯人ノ惡性ニヨリテ裁量セラル可キモノナレトモ惡性ヲ檢定スルハ其惡性カ行爲ニ現ハルヽ時ニ於テ初メテ檢定シ得ルモノニシテ惡性カ外界行爲ニ現ハレサル場合ハ裁判官ハ溯リテ惡性ヲ檢出スル職權ヲ有セスト。

要之、刑罰ノ適用ハ純粹客觀主義ヨリ折衷主義ニ移リ漸ク主觀主義ニ移ラントス而シテ之ヲ理論的ニ考察シ社會進化ノ目的ヨリ斷論スルトキハ純粹主觀主義ヲ以テ刑罰適用ノ性質ヲ決セサル可カラス從テ犯罪人ノ惡性ハ果シテ如何ナルモノナリヤハ愼重ニ考竅スルコトヲ要ス。

第三節　惡性ノ哲學的考察

社會共存ノ目的ヲ阻害スル行爲カ物理的因果關係ニヨリテ犯人ト連接シタルノミヲ以テ未タ刑罰ヲ科ス可カラス更ラニ其行爲ヲ犯人ニ歸セシムルコトヲ得ヘキ適格アルヤ否ヤヲ考究セサル可カラス若シ夫レ科刑ノ適格性ヲ缺如スルトキハ卽刑罰制裁ヲ負擔セシムルモ社會共同ノ目的ニ何等ノ效果ヲ生セサルナリ而シテ犯罪行爲ハ他ノ人生行爲ト其原因ヲ異ニスルモノニアラス外界ヨリ受ケタル刺戟ニヨリ犯罪ノ決意カ其犯人ノ神經中樞內ニ生シ或ハ觀念ノ再生トナリ記憶ノ回歸トナリ或ハ其他ノ意象トナリテ犯罪行爲ヲ敢テスルモノナリ。

心的經過

今心象カ外部ニ發現スル迄ノ心的經過ヲ案スルニ外界ヨリ受ケタル感覺カ求心的神經行路ニ從ヒ或ハ細胞ノ中心ニ傳ハリ或ハ腦ノ中心ニ傳ハルモノニシテ吾人ノ神經系ト外界トノ間ニハ求心遠心ノ波動竝ニ相互的正動反動ノ繼續的交換アルモノナリ而シテ其神經行路カ完全ナル經過ヲ爲ス場合ニ於テハ有意的ナル場合アリ換言スレハ波動ノ經過カ完全ニシテ感覺カ腦髓ノ神經中樞ニ於テ感受セラレ原動的反動カ腦ノ神經中樞ヨリ出テタル時ニ於テ始メテ有意的ナリトス斯ノ如ク心的活動ハ神經原素ノ中ニ於テ行ハルヽモノニシテ其活動ノ本原ノ何タルヤハ目的論的哲學ノ見地ニ立チテ自然ノ調和ト稱スルノ外何等ノ説明ヲ與フ可キ材料ナシ

有意的活動

而シテ有意的ナル行爲ニアラサレハ刑罰ヲ科スルコトヲ得サルカ故ニ意思ハ刑罰權ノ基本也然レ共其意思トハ何ソヤ自由ナルモノナルカ果タ必然的ノモノナルカハ之レヲ哲學的ニ考察セサル可カラス

吾人ノ生活セル世界ハ原因結果ノ理法ニヨリテ拘束セラルル故ニ凡テノ行爲ニハ必ラス一定セル原動力アリ其原動力タルヤ人ノ天性氣質ト相關

聯ス換言スレハ人ノ固有ノ人格ヲ組織シ自他ノ區別ヲ為ス所ノ意思ト相密接シテ離ル可カラサルモノナリ原動力ナキ行為ハ本人ノ責ニ歸ス可キモノニアラス故ニ意思ノ絕對的不確定ハ此意味ニ於テ行為ト行為者トヲ連接スル唯一ノ聯絡ヲ中斷ス然レ共絕對的因果關係主義ハ通常人ノ觀察以上ノコトニシテ寧ロ信仰的行為ト觀スルノ妥當ナルヲ認ム。

意思ノ絕對自由

意思ノ絕對自由モ又之レヲ認ム可カラス蓋シ人カ同時ニ同一性質ヲ以テ同一場合ニ於テ為ス所ト全ク反對ナルコトヲ為スカ如キハ吾人ノ經驗上信ス可カラサルコトニシテカントハ主宰ノ實在ヲ信スルハ一ノ道德的ノ利益ナリト主張スルモ斯ノ如キ信仰的行為ハ通常人ノ觀察以上ノ事ニシテ主義觀念ノ不可知的世界ニ屬ス。

意思ト內界並ニ外界ノ環象

然レ共人ノ意思ハ人身ノ組織、社會ノ環象、並ヒニ遺傳ト相離ル可カラサルモノニシテ是等ノ各原因ノ影響ハ無數ノ原因ニ分解スルコトヲ得ヘシ即人ノ身體組織ニハ無數ノ細胞無數ノ神經アリテ互ニ活動スルカ如ク社會ノ環象ニハ有形無形ノ復雜ナル原因アリテ互ニ錯雜混淆スル而シテ遺傳ニ關スル生理學上ノ判斷ハ十世ノ前ニ溯リ二千人ノ祖先ヲ有シ其影響ハ分子ノ結合上或ハ腹合シ或ハ中和ス、然レ共何カ故ニ斯ノ如キ活動ヲ呈スルカハ之ヲ目的論的哲學論ニヨルノ外說明スルコトヲ得ス。(科學的社會觀參照)

感覺世界ノ觀念

精神世界ノ直觀

惡性所罰ノ理由

然レトモ現實界ニ於テハ一方ニ因果律ニヨリテ支配セラル、感覺世界ノ觀念ト他方ニ於テハ自由ノ理法ニ支配セラル、精神的世界ノ直觀トヲ有スルコトハ吾人ノ自カラ感受シ證明スルコトヲ得ル所ナリ故ニ吾人ハ事實上因果關係ヲ認メ以テ吾人ノ自由ニ關スル感情アルコトヲ前提セサル可カラス而シテ其自由ト因果律トハ絶對的ニアラスシテ相對的也、然ラハ刑法ハ何故ニ犯人ノ惡性ヲ罰スルカ、思フニ世界ハ全ク絶對的ニ機械的ニ因果關係ニヨリテ起伏回轉スルモノニシテ犯罪人ハ必然避ク可カラサル本能ノ衝動ニヨリテ犯罪ヲ犯スモノナリトスルモ社會ハ少クトモ之レニ對シテ自衞ノ權利ヲ有セサル可カラサルハ宛モ自然界ノ現象タル雨露ヲ凌クニ家屋ヲ以テスルニ異ナル所ナキカ如シ況ンヤ宇宙ハ機械的ノミナラス他方ニ於テ明極アルヲヤ。

以上ノ所論ニヨリテ予輩ハ略ホ犯罪ノ概念ヲ説キ得タルコトヲ信ス今前掲所論ノ概要ヲ結束スレハ左ノ如シ。

(一) 犯罪ハ社會共存ノ目的ニ反スル行爲也

(二) 法律カ刑罰ナル制裁ヲ負擔セシムル行爲也

(三) 刑罰ヲ負擔セシムルハ社會防衞ノ目的ニ出ツルモノ也

(四) 從テ刑罰ヲ負擔スル行爲ハ犯人ノ惡性ノ表現ナラサル可カラス

(五) 刑罰ハ社會防衞ノ必要ト犯人ノ惡性如何ニヨリテ其裁量ヲ異ニセサル可カラス

第六章　犯罪ノ意義

一、實質的定義

以上ノ所論ヲ概括シ現代ノ法制ニ適合スル犯罪ノ定義ヲ掲クルトキハ犯罪ハ刑罰ヲ制裁トセル侵害行爲ナリト云フコトヲ得、詳言スレハ犯罪トハ刑罰法令ニ列擧セラレタル行爲ニシテ刑事責任能力者ノ惡性ノ表現ナリ即チ刑罰ヲ科スルモノニアラサレハ犯罪タルコトヲ得ス然レ共此ノ定義ハ一般犯罪ノ基本的性質ヲ擧ケタルニ止マリ必ラスシモ總テノ犯罪ニ適合スル普遍絶對ノ定義ニアラス從テ例外ノ存スルコトヲ注意セサル可カラス。

既ニ論述シタルカ如ク刑罰アリテ茲ニ犯罪アルモノニシテ刑罰ナケレハ犯罪ナシ或ハ犯罪アリテ茲ニ刑罰アリ犯罪ハ原因ニシテ刑罰ハ結果ナリト論スル者無キニ非ルモ予輩ハ宇宙ノ大法則ニ違反スル行爲モ刑罰ナケレハ犯罪ニアラストシ自然犯罪ト法定犯罪トハ之ヲ結果ヨリ區別セント欲ス素トヨリ自然法ナル觀念ハ大ニ學者ノ批難スル所ナルモ予輩ノ云フ自然法ハ曩キニ縷述シタル目的論的哲學論ノ根據ノ上ニ立テル宇宙ノ大法則ヲ指稱スルモノニシテ從來ノ學者ノ所謂自然法ノ觀念ト立論ノ根據ヲ異ニス（科學的社會觀參照）今右ノ定義ヲ分析スルトキハ

犯罪ノ客觀的要件

第一　犯罪ノ客觀的要件

（一）犯罪ハ行爲ナリ、近世ノ刑法ハ單純ナル心理狀態ハ之ヲ放任シ惡

性ノ表現アルニアラサレハ之ヲ罰セス

(二) 犯罪ハ惡性ノ表現即チ違法行爲ナリ、行爲カ社會ノ共同利益ヲ侵害セサル場合ニ於テハ其行爲ハ各人ノ爲シ得ル行爲也、法律ノ認容シタル行爲也、行爲カ危險性ヲ帶フルニ至リテ社會ノ利益ヲ害スルカ故ニ罰ス然レトモ行爲カ危險ナルモ違法ナラサル場合ニ於テハ即チ犯罪ヲ阻却ス、蓋シ危險ナル行爲ト雖モ反社會性ヲ帶ハサル場合換言スレハ法律ノ認容シタル放任行爲若クハ權利行爲ナル場合ニ於テハ玆ニ惡性ノ表現ト云フ能ハス緊急避難及緊急防衛ハ此種ノ行爲ニ屬ス

第二　犯罪ノ主觀的要件

(一) 刑事責任能力者タルコト、一定ノ犯罪ニ對シテ一定ノ刑法上ノ効果即チ刑罰ヲ受クルノ適格ヲ責任能力ト稱ス責任能力ニ就テ議論二派ニ分ル一説ニヨレハ責任トハ一定ノ行爲及結果ト一定ノ人格トノ間ニ存スル一定ノ法律上ノ聯絡ナリトス一説ニヨレハ責任トハ法律上其行爲及結果ヲ以テ其人ノ行爲及結果ト認ムルコトヲ得ル關係即

物心兩界ノ聯絡ナリトス（刑事責任論參照）

（二）犯意及過失（惡性）、一定ノ行爲カ犯罪トナルニハ責任能力者ノ惡性カ先ツ意思ニ表現スルコトヲ要ス、犯意及過失之レ也、犯意トハ一定ノ事實ノ認識ナリ行爲ノ反社會性ヲ知ッテ而カモ行爲ヲ敢テスルノ意思ナリ過失トハ一定ノ事實ノ不知ナリ注意ノ欠缺ニヨリ犯罪事實ノ認識ヲ缺ク場合ナリ民法上ニ於テハ犯意ト過失トヲ論スルコトナク不法行爲ノ責任ヲ生スルモ刑法上ニ於テハ犯意アル場合ハ原則トシテ處罰シ過失ノ場合ハ例外トシテ處罰ス

刑罰制裁アルコト

第三　刑罰制裁アルコト

犯罪ニ對シテ何故ニ刑罰制裁ヲ附スルヿヲ得ルヤニ付キテハ曩キニ刑罰權ノ基本及刑罰適用ノ性質ニ付テ論シタルカ如ク從來ハ客觀主義（事實主義報復主義）ニヨリテ説明セラレ人ノ心理狀態ハ道德律ノ支配スル所ニシテ法律ノ支配ニ屬セサルモノナルカ故ニ外部行爲ニ現ハルヽニアラサレハ罰セスト主張シ主觀説（目的主義人格主義）ニアリテハ刑罰ハ社會防衛ノ手段ナ

ルカ故ニ社會ノ利益ニ對シ危險ナル性格ヲ有スルモノハ侵害行爲アルヲ俟タスシテ之レカ防衛ノ道ヲ講セサル可カラスト主張シ折衷說ハ兩者ノ缺點ヲ去リ其長所ヲ點綴シタルモノニシテ主觀主義ヲ絕對ニ貫徹スルトキハ舊時ノ擅斷主義ノ世ニ復歸スヘク從テ惡性カ行爲ニ表現シタル場合ニ於テ始メテ罰スヘキモノトシ其刑罰ノ裁量ハ一ニ惡性ノ大小ニヨルト

現時ノ刑法ノ觀念ニ於テハ折衷說ニ從フヲ可トスルコトハ予輩ノ既ニ論述セシ所ナリ

形式的定義

二、形式的定義

犯罪ヲ形式的ニ解スルトキハ刑法カ規定シタル所ノ制裁ヲ科スル行爲也即チ形式的意義ニ於ケル刑法々典ニ規定セラルヽ行爲ナリ此意味ニ於テ刑法々典ニ規定ナキ行爲及ヒ刑罰制裁ナキ行爲ハ犯罪ニ非ラス

第七章　犯罪ノ類別

刑事法上ノ分類

一般刑事法上ノ分類

普通犯特別犯

茲ニ犯罪ノ類別ト稱スルハ犯罪ヲ各種ノ方面ヨリ觀察シ其種類ノ異ナルニ從ツテ分類シタルモノニシテ一ノ犯罪ニシテ各種ノ特徵ヲ併有スルモノアリ從テ互ニ相排斥スルモノニ非ス、例ヘハ實質上ノ分類ニ於ケル政治犯ハ一般刑事法上ノ分類ニ於ケル普通犯ニシテ又刑法上ノ分類ニ於ケル罪タル如ク訴訟法上ニ於ケル親告罪ハ普通犯ニシテ又刑法上ノ罪タル分類中ニ包含スルカ如シ。

第一　刑事法上ノ分類

一、一般刑事法上ノ分類

普通犯、特別犯

此ノ區別ハ違反シタル法則ヲ標準トシテ觀察シタル分類ニシテ即チ狹義ノ刑法ニ違反シタル罪ハ普通犯ナリ特別刑法ニ違反シタル罪ハ特別犯ナリ。

現行刑法上ノ犯罪ト特別刑法上ノ犯罪トハ其實質ニ於テ何等ノ區別アルニ非ス然レ共若シ同一事項ヲ双方ニ規定シタル場合ニ於テハ特別

法ハ普通法ニ據ルノ原則ニ從フ而シテ特別刑法ニ屬スルモノニハ或ハ陸海軍刑法アリ或ハ税法ニ關スル罰則アリ今一々列擧ス可カラス。

刑法上ノ分類
罪違警罪

二、刑法上ノ分類

罪、違警罪

舊刑法ニ於テハ犯罪ノ三分類ヲ認メ重罪輕罪及違警罪トシ更ニ之ヲ數多ノ刑名ニ分テリ然レ共新刑法ニ於テハ罪ヲ二分類シ刑法ニ規定スルモノハ單ニ罪トシテ重罪輕罪ヲ認メス他ニ舊刑法違警罪ニ屬スル部分ハ警察犯處罰令ニ規定スルコト、シ舊刑法ヨリモヨリ多ク刑名ヲ減シ以テ近時進歩セル刑法學ノ趨勢ニ從フコト、セリ今新刑法ニ於ケル罪ヲ其刑名ニヨリテ列擧スレハ即チ左ノ如シ。

主刑

死刑、懲役(有期無期)、禁錮(有期無期)、罰金、拘留、科料、

附加刑

沒收

實行方法ニヨル分類

作爲犯不作爲犯

單數犯集合犯

三、實行方法ニヨル分類

作爲犯、不作爲犯

作爲犯不作爲犯ノ區別ハ犯罪ノ種類ノ區別ニ非ス其成立シタル犯罪行爲ノ外形ヲ標準トシテ設ケタル區別ナリ同シク殺人罪ニ於テモ斬ルカ若シクハ突クト云フ如キ積極行爲ニ因リテ犯サレタルトキハ作爲犯ニシテ食物ヲ與ヘス哺乳セシメストスト云フ消極行爲ニ因リテ犯サレタルトキハ不作爲犯ナリ。

或ハ作爲犯ト不作爲犯トノ區別ヲ刑罰法令ノ禁止的條文ト命令的條文トニ違反スルニヨリテ區別スルモノアルモ誤レリ、蓋シ一ノ命令的條文ハ其反面ニ於テ禁止的條文ニシテ一ノ禁止的條文ハ其反面ニ於テ一ノ命令的條文ナレハナリ。

單數犯、集合犯

一所爲一罪ヲ構成スル場合ハ單數犯ナリ一發ノ砲丸人ヲ殺ス場合ノ如シ、數所爲一罪ヲ構成スル場合ハ集合犯ナリ姦婦カ姦夫ト數回姦通シタルカ如キ之レナリ集合犯ニ屬スルモノハ連續犯、慣行犯、營業犯及常業犯ナリ。

競合犯累犯

競合犯、累犯

競合犯ハ未タ判決確定セサル場合ニ於ケル關係ニシテ累犯ハ一罪ニ付キ裁判確定シ刑ノ執行ヲ終リ若シクハ其他ノ條件ヲ具備スル場合ニ於テ更ラニ犯罪ヲ犯シタル場合ナリ。

牽連犯結合犯

牽連犯、結合犯

牽連犯ハ犯罪ノ手段又ハ結果カ更ラニ他ノ罪名ニ觸ルヽ場合ナリ結合犯ハ數多ノ犯罪カ結合シテ一罪ヲ構成スル場合ナリ家宅侵入ニヨル竊盜罪ハ牽連犯ノ一場合ニシテ内亂罪ハ結合犯ノ一種ナリ。

訴訟法上ノ分類

第二　訴訟法上ノ分類

現行犯非現行犯

(1)　現行犯、非現行犯

現行犯非現行犯ハ刑事訴訟法上ニ規定セラルヽ所ニシテ發覺ノ模樣ヲ標準トシテ區別シタルモノナリ、現行犯並ニ準現行犯ハ犯罪ノ當時又ハ犯罪ヨリ多ク時間ヲ隔テサル間ニ發覺シタル場合ヲ云フ。

(2) 親告罪、非親告罪

親告罪非親告罪

親告罪トハ檢事カ公訴ヲ提起スルニ付キ被害者又ハ其他ノ一定ノ有權者ノ告訴アリタルコトヲ必要トスル犯罪ニシテ其然ラサルモノハ非親告罪ナリ。

親告罪ノ意義

元來公訴ハ犯罪ヲ證明シ刑ヲ適用スルコトヲ目的トスルモノニシテ國家機關タル檢事之ヲ提起實行スヘキモノトシ被害者其他ノ一私人ノ告訴ノ有無ヲ問ハサルヲ原則トス然レ共刑法及刑事訴訟法ニ於テ特ニ親告罪ヲ認メタル所以ノモノハ別ニ理由ノ存スルアリ卽チ、

親告罪チ認メタル理由

(1) 或種類ノ犯罪ハ濫リニ世上ニ公ニスルカ爲メ却テ被害者ニ迷惑ヲ感セシムルモノアリ例ヘハ姦淫罪誘拐罪ノ如シ

(2) 犯罪ノ成立ヲ認ムルニ付キ被害者ノ感情如何ヲ參酌セサル可カラサルモノアリ例ヘハ誹毀罪ノ如シ

蓋シ犯罪ハ常ニ公益ヲ害スルモノナリト雖モ又一面被害者ノ感情如

実質上ノ分類
政治犯常事犯
政治犯ノ意義

何ニヨリテ刑事制裁ヲ附スルヲ要セサル場合アリ親告罪ハ即チ此ノ場合ニ該當スルモノニシテ刑法各本條ニ於テ規定スルモ、ソハ只タ便宜的規定ニシテ實質ハ訴訟法上ニ於ケル訴追ノ條件タリ。

第三　實質上ノ分類

政治犯、常事犯

政治犯トハ國家ノ政治的秩序ヲ侵害スル犯罪ヲ云フ詳言スレハ政治犯トハ多數者ノ政治的理想ニ異ル少數者ノ反抗運動ニシテ實在ノ政治的秩序ノ安固ヲ動カサントスルモノナリ蓋シ國家ノ政治的秩序ハ外部ニ於テハ國家ノ獨立、國土ノ完全ヲ標榜シ内部ニ於テハ憲法上定メラレタル政權ヲ包含シ特ニ皇位繼承ノ順序、立法部ノ組織、君主、議會、國務大臣ノ憲法上ノ特權等ヲ包含ス故ニ只タ單ニ官權者ニ暴行ヲ加ヘ若クハ之ニ抵抗スルカ如キハ政治的性質ヲ有セサル國家ノ行政行爲ニ對スルモノニシテ常事犯タリ此等ノ犯罪カ政府顚覆ニ關聯スルトキハ政治犯トナル即チ政治犯ハ國家ノ統治行爲ヲ侵害スルモノナラサル可カラス。

常事犯トノ區別ノ實益

政治犯ハ爭亂ノ時代ニ行ハルヽモノニシテ他ノ常事犯ト伴ハサルモノ稀レナリ故ニ純粹ナル政治犯以外ニ複雜混淆セル政治犯若シクハ政治犯ニ附帶セル犯罪アリ、從テ實際上政治犯ト普通犯トヲ明劃ニ區別スルハ甚タ困難ナリ只其本質ハ統治行爲即政治的秩序ノ侵害ト云フノ外ナシ而シテ政治犯ト常事犯トヲ區別スル必要ハ逃亡犯人引渡ノ場合ニ存ス。

逃亡犯人引渡條例ニ於テハ政治上ノ犯罪ニ係ルトキハ之ヲ引渡サヽルコトヲ規定シ一般國際慣例モ亦之ヲ認ム蓋シ政治的犯罪人ハ往々一國ニ於テハ憂國ノ志士ト目スルニ拘ハラス他國ニ於テハ罪人トシテ訴追スルカ如キコトアリ又改革者ハ多ク政治犯人トシテ訴追セラレ又ハ黨派的感情ニヨリテ訴追セラルレハナリ。

近時ニ至リ政治犯者ノ避難權ヲ縮少セントスルノ傾向ヲ生シ或ハ政治犯若シクハ政治附帶犯中ヨリ一國ノ首長若シクハ其家族ニ對スル殺害罪又ハ社會組織ノ基本ヲ侵害セントスル犯罪ヲ除外スヘシト主張スルモノアリ無政府主義社會主義ノ運動ヲ鎭壓セントスル政策ニ基クモ

ノナリ。理論上ノ根據アルモノニ非ス。

第八章　犯罪ノ效果

總論

刑事上ノ效果ト民事上ノ效果

總論

犯罪ハ常ニ二面ノ效果ヲ生ス一ハ刑事上ノ效果ニシテ他ハ民事上ノ效果ナリ、往時ニアリテハ賠償若シクハ贖金ト稱スルモノハ實ニ刑罰ノ心髓ナリキ、然ルニ封建制度ノ樹立セラルヽニ至リ刑罰トシテ身體刑ヲ適用シ一方ニ於テ罰金ノ制度ヲ設ケテ、賠償金全部ヲ之ニ吸收セシメ、被害者ヨリ請求スル賠償ノ如キハ全然之ヲ民事上ノ救濟ニ委スルニ至レリ、而シテ古昔ノ法律ニアリテハ犯人以外ノ第三者ニ對シテ犯罪ノ效果ヲ認メ刑事上ノ責任トシテ或ハ反座ノ法アリ民事上ノ責任トシテ一家族カ賠償ノ責ヲ負フコトアリシカ十八世紀個人自由主義ノ認メラレシ以來、漸ク其影ヲ潜ムルニ至リシト雖モ、近來ニ至リテ又更ラニ共同責任ノ原則ヲ認メントスルノ趨向ヲ呈シツヽアリ。

民事上ノ效果ハ如何ニシテ有效ナラシムヘキカ

刑事上ノ效果ト民事上ノ效果トカ截然分別セラルヽニ至リシハ檢事ノ制度設ケラレ公益、私益ノ區別ニ懸隔ヲ來シタルニ依ル、卽チ檢事ハ公益ヲ代表スルモノトシ刑罰ノ適用ヲ請求シ刑罰ヲ執行シ罰金ノ如キモ亦刑罰ノ一種ニシテ其不納ノ場合ハ之ヲ換刑スルニ身體刑ヲ以テス而シテ被害者ニ對スル保護ノ方法ハ一ニ之ヲ民事上ノ救濟ニ一任スルカ故ニ實際ニ於テハ被害者ハ殆ント損害賠償權ナル實質ナキ空名ヲ擁スルニ止マル蓋シ犯罪ノ被害者ハ多ク富裕ナラサル中流以下ノ社會ニ屬スル人ニシテ例ヘハ爭鬪殺傷等ノ如キ人身ニ對スル犯罪ニ於テモ財產上ノ犯罪タル竊盜若シクハ詐欺取財ノ如キモ皆中流以下ノ社會ニ多ク、犯罪人其人モ亦其損害ヲ賠償スルノ資力ナキカ故ニ多クハ犯罪ヲ犯スニ至ルモノナリ從テ犯罪ノ被害者ニ對シ損害賠償ヲ有效ニ執行シ實際的ニ效果アラシムヘキ方法ニ就テハ現下學者ノ腦漿ヲ絞リツヽアル問題ナリ。

犯罪ノ刑事上ノ效果ヲ觀察スルトキハ科罰ノ條件タル前提問題尠カラス、卽チ罪刑ノ關係如何、如何ナル時、如何ナル場所、如何ナル人ニ刑事上ノ效果ヲ發生セシムヘキカ等之レナリ。

以下犯罪ノ二方面ノ效果ヲ叙述シテ前篇ノ結論トセム。

第一節　刑事上ノ效果

第一款　擅斷主義、法定主義

擅斷主義ノ意義

擅斷主義トハ裁判官カ其職權ヲ以テ隨意ニ罪ノ有無ヲ決シ適宜ノ刑ヲ宣告スル制度ヲ云ヒ、法定主義トハ豫メ明文ヲ以テ罪トナル行爲及ヒ之ニ科スヘキ刑ヲ定メ裁判官ハ只之ヲ適用スル職權ノミヲ有スル制度ヲ云フ。

之ヲ沿革ニ徴スルニ原始時代ニアリテハ刑法々典ト名ツクヘキ明文ノ刑罰法令ノ規定ナク從テ如何ナル行爲ヲ以テ犯罪トナシ之ニ如何ナル刑罰ヲ科スヘキヤハ國家ノ首長又ハ之ヲ代表スル裁判官ノ任意ニ定ムル所ナリキ、然レトモ此主義ニヨルトキハ裁判官ノ專斷ニヨリ刑ノ輕重ヲ異ニスルノ結果ヲ生スルカ故ニ其反動トシテ法定主義ヲ生スルニ至レリ。

罪刑法定主義

罪刑法定主義ノ理由トスル所ハ豫メ犯罪及刑罰ヲ指示セスシテ人ヲ處

罰スルハ個人ノ自由ヲ不當ニ侵害スルモノナリ故ニ罪刑ハ之ヲ法定スルヲ要スト、舊刑法ニ於テハ法律ニ正條ナキモノハ何等ノ所爲ト雖モ之ヲ罰スルコトヲ得スト規定シ罪刑法定主義ヲ採用シタルモ現行刑法ニ於テハ自明ノ原則トシテ法文ニ規定セス。

法定主義ノ短所

今之ヲ理論上ヨリ觀察スルトキハ豫メ犯罪及刑罰ヲ一定スルハ犯罪豫防ノ方法ヲシテ遺憾ナカラシムルノ道ニ非ス蓋シ社會ノ事情ハ複雜ヲ極メ人事ハ單簡ノ法條ヲ以テ律ス可カラサレハ也、然レ共裁判官其人ニ賢明ナル人ヲ得ルニアラスンハ擅斷主義ハ徒ラニ弊害ノ續出スルモノナルカ故ニ一定ノ程度ニ於テ罪刑ノ關係ヲ定メ以テ裁判官ノ專斷ヲ防クノ方法ヲ講セサル可カラス、從テ現今ノ罪刑ノ關係ハ之ヲ法定セサルモノナシ、然レ共法定主義ノ適用ニ就テハ立法例ニヨリ差異アリ例ヘハ舊刑法ニ於テハ裁判官ニ刑ノ裁量ノ自由ヲ認ムルコト狹ク新刑法ニ於テハ寧ロ廣キニ失スルモノアルカ如キ之レ也。

擅斷主義ノ弊所

而シテ刑罰ヲ科スルノ目的如何、如何ナル犯罪ニ如何ナル刑罰ヲ科スヘキカノ問題ハ之ヲ刑罰論及刑法各論ニ讓ル。

第二款　犯罪ト時

罪刑法定主義ノ結果トシテ犯罪ト時トノ關係ヲ定メサル可カラス換言スレハ犯罪ノ時トハ如何ナル時ヲ云フカハ第一ノ問題ナリ、犯罪カ如何ナル時ニ犯サレタル場合ニ於テ如何ナル刑事上ノ效果ヲ付スヘキカハ第二ノ問題ナリ、而シテ犯罪ト時トノ關係ヲ知ルニ非ラスンハ刑ノ時效ノ起算點ヲ定ムル能ハス、再犯ノ要件ヲ充實スルヤ否ヤヲ定ムル能ハス果タ又新法ヲ適用スヘキヤ舊法ヲ適用スヘキヤヲ定ムル能ハサルナリ以下項ヲ分ツテ分說スヘシ。

第一項　犯罪ノ時ヲ定ムル標準

犯罪ノ時ニ關スル問題ハ隔時犯ノ場合ニ於テ必要ナル問題ナリ隔時犯トハ働作ト結果トカ時ニ關シ法律上影響アル間隙ヲ有スル場合ヲ云フ犯

罪ノ時ヲ定ムル標準ニ就テハ幾多ノ學說アリ。

行爲標準說

第一、行爲ヲ標準トスル說

意思活動ノ行ハレタル時即チ行爲ノ行ハレタル時ヲ以テ犯罪ノ時トス此說ニ對シテハ結果ヲ度外視シテ犯罪ノ時ヲ決スルハ不當ナリトノ評アリ

結果標準說

第二、結果ヲ標準トスル說

行爲カ如何ナル犯罪トナルカハ獨リ結果ニ依リテノミ之ヲ定メサル可カラサルハ爭フ可カラサル事實ナリ故ニ犯罪ノ時ヲ定ムルニハ此事實ヲ根據トシ結果ノ發生シタル時ヲ以テ標準トセサル可カラスト

中間影響說

第三、中間影響說

働作ト結果トノ中間ニ於ケル影響即チ意思活動ノ直接ノ影響ノ發生シタル時ヲ以テ犯罪ノ時トス例ヘハ致命傷ヲ與ヘタル場合ニ於テハ負傷ノ時ヲ以テ標準トシ死亡ノ時ヲ以テ標準トセスト

行爲並ニ結果標準說

第四、行爲並ニ結果ヲ以テ標準トスル說

意思活動即チ行爲ノ時及結果發生ノ時ヲ以テ犯罪ノ時ヲ定ムト

第二説乃至第四説ニ就テハ左ノ如キ批難アリ、即チ此等ノ學説ニヨルトキハ行爲ノ時ニ關スル問題及責任能力ニ關スル問題ヲ不當ニ決セサル可カラサルニ至ル例ヘハ行爲ノ時ニ於テハ未タ其行爲ヲ罰スヘキ法律ナク其結果ノ發生スル時ニ當リテ此ノ如キ結果ヲ生スル行爲ヲ罰スル法律カ制定セラレタルトキハ其行爲ヲ處罰スルコトヲ得ルニ至ル是レ法律カ行爲ヲ罰セスシテ結果ノミヲ罰スルニ至ルモノニシテ不當ナリト

要之、犯罪ノ時ニ關スル問題ハ種々ノ方面ニ關係ヲ有スルカ故ニ其關係ノ性質如何ニヨリテ解決ヲ異ニセサル可カラス即チ、

刑罰法令トノ關係

(イ) 刑罰法令トノ關係ニ於テハ刑罰法令カ行爲ノ時ニモ結果發生ノ時ニモ實施中ナルコトヲ要スル而シテ犯罪ノ時如何ノ問題ハ多クハ此場合ヲ指稱ス

犯意トノ關係

(ロ) 犯人ノ主觀的責任トノ關係ニ於テハ行爲ノ時ニ於テ責任能力及意思

責任アレハ足リ結果發生時ニハ之レアルコトヲ要セス

（ハ）時效トノ關係ニ於テハ犯罪最終ノ日ヨリ起算スヘキモノニシテ犯罪最終ノ日トハ最終ノ行爲ノ日カ、又ハ之ニ伴フ結果發生ノ日カニ就テ議論アリ、予輩ハ最終行爲說ヲ採ラントス

時效トノ關係

一 不作爲犯ノ時 不作爲犯ノ時ヲ定ムル標準ハ犯人カ法規ニヨリテ要求サレタル作爲ヲ爲ス可カリシ最後ノ時ヲ以テ標準トス刑罰法令トノ關係ニ於テモ其他ノ點ニ於テモ異ルナシ

不作爲犯ノ時

二 間接正犯ノ時 間接正犯ノ時ニ就テハ議論アリ

間接正犯ノ時

第一說 被利用者ノ行爲若シクハ結果ヲ以テ標準トスル說

第二說 被利用者ヲ活動セシムル行爲ヲナシタル時ヲ標準トスル說

此說ヲ主張スルモノハ曰ク被利用者ノ行爲ハ宛モ遠方ノ被害者ニ發送セラレタル爆裂彈ノ如キモノニシテ利用者ノ行爲ノ中間影響ナリ、故ニ間接正犯ノ時ヲ定ムルニハ利用者カ被利用者ヲ活動セシムヘキ行爲ヲ爲シタル時ヲ以テ犯罪ノ時トス即チ此時ニ於テ利用者ニ責

任能力アレハ犯罪ハ成立スト
第二説ヲ採ル

共犯ノ時

三　共犯ノ時　共犯ノ場合ニ於テモ問題ノ要點ハ異ルナシ只共同正犯ノ一人ノ犯罪時ハ他ノ共犯者ノ犯罪時ナリヤ、及ヒ正犯者ノ犯罪時ハ敎唆犯從犯ノ犯罪時ナルヤ否ヤニ就テ議論ヲ生ス、法律上共犯行爲ヲ合一シテ觀察スルハ單ニ犯罪事實ニ對スル責任ヲ定ムル範圍内ニ於テノミ然ルモノニシテ共犯者ノ一人ノ行爲ハ他ノ共犯者ノ行爲ヲ意味スルモノニ非ス換言スレハ共犯者ノ一人ノ行爲ハ他ノ共犯者ニ對シテ一ノ中間影響タルニ過キス而シテ敎唆犯ニ就テハ間接正犯ニ對スル第二説ト同樣ニ論結スルコトヲ得

第二項　犯罪ノ時ニ關スル效果

刑法ノ效力ノ始期及終期

刑法ノ效力ノ始期ハ施行ノ時ニシテ其終期ハ廢止ノ時ナリ從テ刑罰ハ施行前ノ犯罪ニ溯ルコトヲ得ス同時ニ廢止後ノ犯罪ニ及フコトナシ（公式令參照）

刑法不溯及ノ原則

刑法不溯及ノ原則ハ千七百八十九年佛國ノ立憲議會カ人權布告中ニ宣言シタルニ始マルモノニシテ舊刑法ハ特ニ其第三條ニ明言シタルモ新刑法ハ刑法ノ不溯及ハ當然ノ事理トシテ敢テ規定セサリキ、蓋シ總テノ法令ハ公布後一定ノ時日ヲ經テ施行セラル、モノニシテ其施行前ニ溯ルコトヲ得サルハ個人ノ安寧ト自由トヲ認ムルカ爲メニ必要ノ事項ナレハナリ。

反對說其理由

然レ共刑法ノ不溯及ヲ以テ原則ニ非ストスル論者アリ其理由トスル所左ノ如シ。

(a) 元來裁判所ハ裁判當時實施力アル法令ノミヲ適用スヘク既ニ廢止ニ歸シタル法令ヲ適用スル權能ヲ有セス

(b) 既ニ立法者カ舊法ヲ不完全ナリトシテ新法ヲ制定シタル以上ハ新法ニ從フヲ至當トス

(c) 況ンヤ公秩ニ關スル法規ハ既ニ舊法規ノ下ニ確定シタル事實ヲモ變更スルヲ原則トスルカ故ニ新法ヲ適用セサル可カラスト

刑法不溯及ノ原則

刑法不溯及ノ原則ニ對シテハ一大例外アリ新刑法第六條ニ規定シテ

曰ク、犯罪後ノ法律ニヨリ刑ノ變更アリタルトキハ其輕キ者ヲ適用スト立法者カ此ノ例外規定ヲ認メタルハ犯人ニ對スル恩惠ニシテ博愛主義ニ基キタル沿革ヨリ立論スルノ外法理上確タル根據ナシ

異說論者ハ曰ク既ニ舊法ヲ不充分ナリトシテ新法ヲ制定シタル以上ハ新法ヲ適用スルヲ原則トシ其輕キニ從ヒ時ニ舊法ヲ適用スルコトアルハ此原則ノ例外ニ過キスト

異說論者ノ說明ヲ以テスルモ此ノ規定ノ理由ハ之ヲ立法者ノ恩惠ニ求ムルヲ妥當トスルカ如シ

（1）新舊法比照

新舊法比照ノ問題ハ同一ノ法定ノ犯罪事實ニ對シテ所犯當時ノ法律ト其後ノ法律トカ刑ノ有無若シクハ處罰ノ範圍ヲ異ニスル場合ニ於テ、特ニ其場合ニノミ限リテ生スルモノトス從テ三要件ヲ要ス

（イ）後法實施前ノ犯罪行爲タルコト

（ロ）確定判決前ノ犯罪事實タルコト

(ハ) 同一ノ法定事實ニ關シ新舊法ノ規定ノ有無又ハ處罰ノ範圍ニ差異アルコト、從テ

空白刑罰法

空白刑罰法(例ヘハ新刑法第九十四條)ニシテ變更セラレサル限リハ犯罪後ニ於テ兩交戰國間ノ平和克復シ局外中立ニ關スル命令ノ效力消滅スルモ尚ホ同條ヲ適用シテ處罰セサル可カラス即チ此場合ニ於テハ新舊比照ノ問題ヲ生セス

不處罰法規

又之ト等シク或法律關係カ將來發生スルコト能ハサルニ至ルコトアルモ換言スレハ變更前即チ自然消滅前ニ行ハレタル犯罪ハ之ヲ無罰トスルコトヲ得ス、然レ共不處罰法規ニヨリ單行法ヲ廢シタルモ後法ヲ發布セサルトキハ其不處罰法規ハ刑法規ニ非スト雖モ尚ホ新法トシテ處罰法規ニ溯及セシムヘキコトニ就テハ異論ナシ、乍併

犯罪ノ一般要素ニ變更ヲ及ホシタル法規

犯罪ノ一般要素ニ影響ヲ及ホシタル法規ニ就テハ異論アリ、マイヤー、オルスハウゼンノ如キハ溯及力ナシト主張シリスト、フランク等ハ處罰ノ一般的範圍ヲ變更スル法規即チ犯罪ノ一般要素ニ影響ヲ及ホ

連續犯カ前法施行時代ト後法施行時代トニ跨リテ犯サレタルトキ

ス法規ニ就テハ溯及力アリト主張ス、後説ヲ至當トナスヘキ歟

（2）

連續犯カ前法施行時代ト後法施行時代トニ跨リテ犯サレタルトキハ新舊比照ノ問題ヲ生スルヤ

新舊法比照ノ問題ハ行爲カ舊法時代ニ行ハレ新法時代ニ審判セラルル場合ニ限リテ生スルモノニシテ新法實施後ニ行ハレタル行爲ニ就テハ常ニ新法ヲ適用スヘキモノトス、從テ本問ニ就テハ連續犯カ一罪ナリヤ數罪ナリヤニ依リテ結論ヲ異ニス（後編連續犯參照）

試ミニ連續犯ヲ數罪ナリトスルトキハ舊法時代ニ行ハレタル部分ト新法時代ニ行ハレタル部分トヲ分割シ其前者ニ就テノミ新舊比照ノ問題ヲ生ス

新刑法ハ連續一罪説ヲ採用スルカ故ニ此問題ヲ決スルニ就テ困難ヲ生ス蓋シ連續犯カ全部舊法ノ下ニ犯サレタルモノト看做シテ第六條ヲ適用スヘシト主張スル者ナキニ非スト雖モ、是レ事實ニ反ス、然レ共又全部新法ノ下ニ連續犯行アリタリト認ムルモ同シク事實ニ反ス、

新舊法比照ノ問題ヲ生セス

從テ本問ニ就テハ新舊比照ノ問題ヲ生セス、(通説ハ反對也)然ラハ如何ナル解答ヲ與フヘキ歟

後法ハ前法ニ勝ル

思フニ舊刑法ニ於テハ連續犯ヲ數罪トシ新刑法ニ於テハ之ヲ一罪トスルカ故ニ卽チ前法ト後法ト互ニ衝突スルモノナリ、從テ後法ハ前法ニ優ルノ原則ニ照ラシ新法ヲ適用スヘキモノトス

注意

注意　行爲カ舊法ヨリ新法ニ跨ルトキハ何レヲ適用スヘキカノ問題ハ多ク連續犯及繼續犯ニ付テ論セラル、所ナリト雖モ又廣ク一般ノ犯罪ニ付テモ起リ得ヘキ問題ニシテ連續犯ノ場合ニ於ケルカ如ク前法後法ノ衝突ナキ場合ハ其斷定ニ到達スル方式ヲ異ニセサル可カラス一般ノ學説トシテハ新舊法ヲ比照シ輕キニ從ツテ處斷スヘキモノトスルカ如シ

(3)

上告裁判所ハ新法ヲ適用スルカ爲メニ舊法ニヨリテ判決サレタル第二審判決ヲ當然破棄シ得ル歟

上告審繋屬中輕キ新法カ實施セラレタルトキ

上告審繋屬中輕キ新法カ實施セラル、場合ニ於テ上告裁判所カ輕

キ新法ヲ適用スルカ爲メニ第二審判決ヲ當然破棄シ得ルヤ否ヤハ刑法幷ニ刑事訴訟法ニ關連スル問題ニシテ學者間議論ノ存スル所ナリ。

積極説

（イ）積極説　上告審ニ於テハ其上告審判決當時ノ法律狀態ヲ標準トシテ第二審判決カ法律ニ違背スルヤ否ヤヲ判斷スヘキモノナルカ故ニ被告事件カ上告審繫屬中ニ於テ輕キ新法實施セラレタルトキハ第二審判決カ此法律ヲ適用セサルコトヲ違法ナリトシテ之ヲ破棄スルコトヲ得

消極説

（ロ）消極説　上告裁判所カ下級裁判所ノ判決カ違法ナリヤ否ヤヲ審判スルニハ下級審判決當時ノ法律ヲ標準トセサル可カラス何トナレハ下級審カ其判決當時存在セサル法律ヲ適用セサルハ違法ニ非ス却テ之ヲ適用スルコトカ違法ナレハナリ、故ニ當然破棄スルコトヲ得ス

斷定

要之、上告審ニ於テモ罪ヲ處斷スル場合ニ於テハ輕キ新法ヲ適用スヘキモノニシテ第六條ハ苟クモ刑ノ適用ヲ爲スヘキ一切ノ場合ニ遵

刑事訴訟法上ノ解釋

守セラルヘキモノナリト雖モ現行刑事訴訟法ノ規定ニシテ改正セラレサル以上ハ第二審判決カ上告審繫屬中ニ實施セラレタル新法ヲ適用セサリシ一點ノミヲ以テハ原判決ヲ破棄スルコトヲ得ス、大審院ハ積極說ヲ採ル

大審院判例

大審院判例（明治四十一年十月廿九日判決）要旨

上告裁判所カ被告ノ上告ニヨリ第二審判決ノ當否ヲ審査スルニ當リテハ其判決ハ縱令宣告當時ノ法律ニ照ラシ正當ニシテ之ヲ言渡シタル第二審裁判所ニハ何等過失ノ責ムヘキモノナシトスルモ苟クモ現行刑法ノ規定ニ照ラシテ正當ナラサル以上ハ結局擬律錯誤ノ違法アリトシテ之ヲ破棄シ相當ノ判決ヲ爲サヽル可カラスト

中間法律モ亦比照スベキカ

(4) 中間法律モ亦比照スヘキモノナリヤ

舊刑法ニ於テハ議論ノ存スル所ナリキ蓋シ中間法律ハ犯罪ト何等ノ關係ヲ有セス且判決當時有效ナルモノニ非ラサルカ故ナリ然レト

モ新刑法ニ於テハ單ニ犯罪後ノ法律ト規定スルカ故ニ中間法律モ亦比照セサル可カラス況ンヤ同規定カ犯人ニ對スル恩惠的規定ナルニ於テオヤ。

第三款　犯罪ト場所

犯罪ト場所ノ關係ヲ定ムル必要

犯罪ト場所トノ關係ヲ定ムルノ必要ハ一國刑法カ如何ナル場所ニ於テ實施セラルヽカ換言スレハ一國刑法ハ如何ナル場所ニ於テ犯サレタル犯罪ニ適用スヘキカノ問題ト一國刑法カ實施セラルヽ場所ニ於テ具體的ニ裁判ヲ爲スニ當リ如何ナル裁判所カ管轄權ヲ有スルカヲ定ムルノ標準トナル。

第一項　犯罪ノ場所ヲ定ムル標準

犯罪場所ヲ定ムル標準

犯罪ノ場所ヲ定ムルノ必要ハ隔地犯ノ場合ニ於テ起ル、而シテ犯罪ノ時ヲ定ムル標準ト同シク四說アリ（前款第一項犯罪ノ時ヲ定ムル標準參照）省略ス。

犯罪ト時トノ關係ト異ル

思フニ犯罪ノ場所ニ關スル問題ハ犯罪ノ時ニ關スル問題ト異リ常ニ犯罪ノ成立條件ノ具備シタル後チニ於テ國內刑法ヲ適用スヘキヤ、將タ管轄裁判所ハ何處ナリヤノ客觀的問題ノミニ關スルカ故ニ行爲ノ行ハレタル場所、又ハ結果ノ發生シタル場所(中間影響ノ地ヲ含ム)ノ何レヲモ犯罪ノ場所ナリト認ムルモ何等ノ支障ヲ生セス又斯ノ如ク解スルヲ至當トス若シ夫レ行爲カ異リタル場所ニ於テ發展シタルトキハ單純ナル豫備行爲ハ之ヲ度外視シ實行行爲ノミヲ標準トシ、實行行爲カ數個ノ行爲ヨリ成ル場合ニ於テハ其何レノ行爲ノ場所ヲモ犯罪ノ場所トセサル可カラス。

斷定

第二項 犯罪ノ場所ニ關スル效果

如何ナル場所ニ於テ犯サレタル犯罪ニ就テ刑法上ノ效果ヲ連結スヘキカ、換言スレハ刑法ノ場所(並ニ人)ニ關スル效力如何ノ問題ニ就テハ學說凡ソ三アリ。

屬地主義

(イ) 屬地主義 凡テ國內ニ於テ犯サレタル犯罪ニ付テハ犯罪人ノ國

籍如何ヲ問ハスシテ國內刑法ヲ適用スルモ外國ニ於テ犯サレタル犯罪ハ之ヲ不問ニ付スルモノナリ

(ロ) 世界主義

世界主義 犯罪ハ文明諸國共通ノ害惡ニシテ又犯人惡性ノ表現ナルカ故ニ犯罪地ノ國內タルト國外タルトヲ問ハス一切ノ犯罪ニ付キ國內刑法ノ效力ヲ認ムルモノナリ

(ハ) 折衷主義

折衷主義 屬地主義ト屬人主義トヲ折衷スルモノニシテ又我國法ノ採用スル所ナリ

卽チ國內ニ於テ犯サレタル犯罪ニ就テハ犯罪人ノ國籍如何ニ依ラスシテ國內刑法ヲ適用シ、外國ニ於テ犯サレタル犯罪ニ付テハ一定ノ範圍內ニ限リテ國內刑法ヲ適用ス而シテ其範圍ヲ定ムルニ二樣ノ主義アリ

一ハ外國ニ於テ犯罪ヲ犯シタル者カ內國人ナルトキハ凡テ之ヲ處罰シ外國人ナルトキハ一切不問ニ付スルモノ(屬人主義)ニシテ他ハ外國ニ於ケル犯罪ノ被害法益カ自國若シクハ自國人民ニ屬スル

場合ニハ之ヲ處罰スルモ其他ノ場合ニハ之ヲ放任スルモノ是レナリ。

我法典ニ於テハ第一條及第五條ニ於テ折衷主義ヲ採用セリ從テ左ノ場所ニ於テ犯シタル犯罪ニ就テハ國內刑法ヲ適用ス

(a) 領土
(b) 領海
(c) 公海及外國ニ於ケル帝國船舶
(d) 占領地 但シ占領地ニ於ケル外國人ニ對シテハ特別ナル刑罰法ヲ設クルヲ普通トス

第四款 犯罪ト人

日本ノ刑法カ日本國內ニ於ケル一切ノ犯罪ヲ支配スヘキコトハ論ナシ然レ共一定ノ身分ヲ有スル者ニ就テハ之ヲ適用セサルヿアリ左ノ如シ

第一項 國內法上ノ關係

國内法上刑法ノ適用ヲ受ケサル者左ノ如シ

（イ） 天皇

英國ニ於テハ君主ハ惡ヲ爲スコト能ハス(King can not do wrong)トノ格言アリ然レ共君主モ亦人類ノ一員ナリ犯罪行爲ヲ爲スコト能ハサルノ理ナシ瘋癲白痴尙ホ且ツ犯罪行爲ヲ爲シ得、唯タ刑事責任ヲ免除セラルヽノミ天皇モ亦然リ不法行爲ヲ爲シ得サルニ非ラス刑事責任ナキノミ、天皇カ刑事責任ヲ負ハサルハ法理上ニ根據ヲ有スルモノニ非ス現時ノ社會制度ニ於ケル政治上ノ理由ニ基クノミ、此ニ於テ英國ノ憲法學者モ亦皆君主ハ惡ヲ爲スコト能ハストノ格言ヲ以テ君主ハ違法行爲ニ付テ責任ヲ負ハサルコトヲ意味スルニ過キスト解ス我國ニ於テハ憲法第三條ニ於テ各國憲法ト同シク君主ノ不可侵權ヲ認メタリ蓋シ君主ノ不可侵權ハ之ヲ認メサルニ於テハ現時ノ社會制度ヲ維持スル能ハスト思惟シタルニ基クモノナリ、從テ君主ヲ敎唆シテ强姦罪ヲ犯サシメタル者ハ間接正犯ニアラス强姦敎唆罪ナリ

攝政
攝政令
帝國議會ノ議員

（ロ） 攝政

攝政ニ就テハ議論アリシモ明治四十二年二月十一日公布皇室令第二號攝政令第四條ニ於テ「攝政ハ其任ニ在ル間、刑事ノ訴追ヲ受クルコトナシ」ト規定シ此ノ問題ヲ解決シタリ

然レ共右ノ規定ニ從フモ尚ホ攝政ノ任止ミタル後ニ於テハ攝政中ノ犯罪ニ對シ訴追スルコトヲ得ルヤ否ヤノ問題ヲ生ス右規定ヲ文理的ニ解釋スルトキハ積極的斷定ヲ與ヘサル可カラサルカ如キモ立法上ノ見解トシテハ寧ロ消極說ヲ以テ穩當ナル解釋ト云ハサル可カラス

（ハ） 帝國議會ノ議員

憲法第五十二條ニ規定シテ曰ク帝國議會ノ議員ハ議院內ニ於テ發言シタル意見並ニ表決ニ付キ院外ニ於テ責ヲ負フコトナシト

第二項 國際法上ノ關係

國際法上ノ關係トシテ外國ノ君主、外交官及其他ノ者ニ對シテハ國內刑

法ヲ適用セサルヲ通例トス

（イ）外國ノ君主、大統領其家族及内國人ニ非サル從者

（ロ）外國使節其家族及内國人ニ非サル雇員從者

（ハ）領事　外國ノ領事ハ本國ノ行政機關ノ一ニシテ外交官ニ非ス從テ法理上當然不可侵權ヲ有スル者ニ非スト雖モ條約ニヨリ領事ヲシテ其駐在國ノ裁判權ニ服從セシメサルヲ通例トス

（ニ）承諾ヲ得テ入リ來レル外國ノ軍艦及軍隊

然レ共兵員カ職務外ニテ其軍隊又ハ艦船ヲ離レタルトキハ此特權ヲ有セス

第二節　民事上ノ效果

犯罪ノ民事上ノ效果トシテハ贓物ノ返還及ヒ損害賠償ノ二方法ヲ生ス贓物トハ不法ニ領得セラレタル物ニシテ被害者カ其返還ヲ請求シ得ルモノナリ故ニ犯罪行爲ノ對價トシテ得タル物ハ贓物ニ非ス、損害賠償ハ被害

者ノ缺損補塡ニ關スル金錢賠償ナリ分別シテ叙述セム。

第一款 贓物返還

第一ノ救濟方法

贓物ノ返還ハ被害者ニ與ヘラレタル第一ノ救濟方法ナリ、法律カ贓物返還ヲ規定シタルハ犯罪前ノ原狀ヲ回復スルカ爲メナリ從テ贓物ノ返還ハ不法行爲ニ因リ領得セラレタル有體物カ犯人ノ手ニ現存セル場合ニ限ル。

原狀回復

贓物返還ハ原狀回復ノ一場合ナリ從テ圍障ヲ撤去シ横領地ヲ修繕シ僞造證書ヲ取消シ詐欺契約ヲ取消スカ如キモ又贓物返還中ニ包含セシメ得サルニ非ラス、而シテ贓物ノ返還ハ無罪免訴ノ場合ニ於テモ將タ又責任無能力者カ不法ニ領得シタル場合ニ於テモ之ヲ返還セシム、蓋シ贓物返還ノ基礎ハ損害賠償ニ非スシテ犯罪以前ノ所有權ニ基クモノナレハナリ從テ

刑事裁判所ノ職責

又贓物ノ返還ハ被害者ノ請求ナシト雖モ刑事裁判所ハ當然之ヲ言渡ササル可カラス。

第二款　損害賠償

第二ノ救濟方法其要件

損害賠償ハ被害者ニ與ヘラレタル第二ノ救濟方法ナリ損害賠償ノ要件トシテハ

第一　被害者ヨリ損害賠償ノ請求アルコト

第二　加害者ニ處罰セラルヘキ犯罪アルコト

第三　犯罪行爲ニ因リ損害ノ發生シタルコト

ヲ要ス而シテ損害賠償ノ請求ハ私訴トシテ公訴ニ附帶シテ提起スルコトヲ得ルモノニシテ無形ノ損害ニ對シテモ又求償權アリ。

多數犯罪人ノ連帶

損害賠償ノ義務ハ犯罪人ノ負擔タルコト明白ナリ犯罪人多數ナルトキハ總テ犯罪ニ加ハリタル者ハ此義務ヲ負フモノニシテ民法上ノ所謂共同不法行爲ニ因リ損害ヲ加ヘタルモノナルカ故ニ其責任ハ連帶トス（民法第七百十九條）

第一及第二救濟方法ノ不完全

以上ノ如ク被害者保護ノ方法トシテ贓物ノ返還ト損害賠償ヲ認メタルモ贓物ハ善意ノ第三者カ正當ニ權利ヲ取得シタルトキハ最早贓物ニ

非サルカ故ニ之ヲ返還セシムルノ方法ナシ、損害ノ賠償ハ犯人カ資力ヲ有スルニ非サレハ其效果ナシ而シテ犯罪人ハ多クハ無資力ノ徒ニシテ被害者モ亦然リ例ヘハ竊盜罪ハ堅牢ナル金庫ヲ有シ能ハサル中流以下ノ人ニ多ク詐欺罪ハ無學ニシテ才識ナキ者ニ多ク殺傷罪ハ下層賤民ニ多キカ如シ從テ被害者ノ救濟方法ヲ講スルハ社會ノ共同生活ヲ維持スル上ニ於テ最モ重要ナル問題ニシテ徒ラニ損害賠償ノ空權ヲ擁スルノミニシテ實質的效果ナキハ刑事政策ノ要ヲ得タルモノニ非ス特ニ犯人ヲシテ必ス損害賠償ヲ爲サシムルノ方法ヲ講セシムルハ一面ニ於テ犯罪鎭壓ノ一策トナル勿カランヤ學者ノ提案ニ二アリ、一ハ犯罪人ニ對スル要求ニシテ一ハ國家(又ハ社會)ニ對スル要求ナリ。

其改良方法

第一特別ノ勞役賦課説

第一 犯罪人ニ對スル政策トシテハ被害者ニ賠償ヲ爲スカ爲メ特別ノ勞役ヲ科スヘシトノ説アリ然レ共犯罪人在監セル場合ニ於テハ監獄勞働ヨリ生スル工錢ハ僅少ニシテ若シ完全ニ被害者ニ賠償セシメントセハ其刑期ヲ無限ニ延長セサル可カラサルニ至ルヘク若シ犯罪人

其缺點

條件付處罰

第二特別金庫ノ組織

カ在監セサル場合ニ於テハ其多數ハ單ニ日給ヲ得ルニ過キサルヘク其日給タルヤ又賃銀ノ鐵則ニ拘束セラレテ僅カニ生活上缺ク可カラサル最少額ニ過キサルヘシ於此他ニ策ヲ講スル者アリ即チ損害賠償ヲ以テ條件付處罰若シクハ條件付放免ノ制度ヲ設ケ損害ノ全部若シクハ一部ヲ辨償スル者ニハ執行猶豫假出獄假處罰ヲ條件トシ若シクハ法定ノ宥恕原因ト爲スヘシト素ヨリ些少ノ效果アルヘシト雖モ其效果ハ犯人カ資力ヲ有スル場合ニ限局セラルヘシ。

第二　社會（國家）ニ對スル要求トシテハ罰金、被害者不明ナル贓物、若シクハ被害者カ抛棄シタル賠償金ヲ集メ特別金庫ヲ組織シ以テ損害ノ賠償ニ充當スヘシト。

要之損害賠償ヲ確實ナラシムルノ方法ハ實ニ將來ニ於ケル最重要ノ立法政策タルナリ。

第二卷　後編

第一章　犯罪ノ主體

古代ノ法律

他人ノ行爲ニ就キ第三者カ責任ヲ負フ場合其一例

古昔ノ法律ニ於テハ獸類モ犯罪ノ主體タルコトヲ得タリキ、從テ人ニ對シテ害ヲ加ヘタル獸類ニ對シテハ之ヲ處罰スルノ手續ヲ存シタリト雖モ現今ノ法律ニ於テ犯罪ノ主體タリ得ルモノハ人類ニ限ラル、蓋シ犯罪ハ行爲ニシテ行爲ノ主體ハ人ナレハナリ故ニ現今ノ法律觀念ニ於テハ人以外ニ犯罪ノ主體タリ得ルモノナシ而シテ犯罪ノ主體ハ刑罰ノ主體ナルコトヲ原則トス然レ共一ハ行爲ノ主體ニシテ一ハ法律上ノ效果ヲ負擔スル適格ナルカ故ニ刑罰ノ主體ハ必スシモ犯罪ノ主體ト云フコトヲ得ス現行ノ刑法ハ屢々他人ノ行爲ニ付キ刑事責任ヲ生スル場合ヲ認ム特ニ特別刑法中税法ニ於テ然リトス一例ヲ擧グレバ。

酒造稅法第三十三條　酒類ヲ製造スル者又ハ之ヲ販賣スル者ノ代理人戶主家族同居者雇人其他ノ從業者ニシテ其業務ニ關シ此稅法ヲ犯シタルトキハ其製造者又ハ販賣者ヲ處罰ス

民事及商事ニ於ケル例

他人ノ行爲ニ就テ責任ヲ負フ場合ハ刑法ノミナラス民法商法ノ規定ニ於テモ亦其例尠カラス（民法第七百十五條商法三百三十七條）然レ共此等ノ規定ニ付キテ疑問トナルハ例ヘハ前揭製造者又ハ販賣者カ酒造稅法違反トシテ處罰セラルル外尙ホ違反者自體カ酒造稅法違犯トシテ處罰セラルヘキヤ否ヤノ點ナリ

大審院ノ判例

大審院ノ判決例ハ消極說ヲ採ル（明治三十九年八月廿八日大審院判決）

本論人ノ二種別

人ニ二種アリ自然人ト法人ト是レナリ、自然人ハ責任能力ヲ有スルトキハ犯罪ノ主體トナル然レ共法人カ犯罪ノ主體トナリ得ルヤ否ヤ換言スレハ法人ニ犯罪能力アリヤ否ヤハ議論ノ存スル所ナリ。而シテ

自然人

自然人ハ出生ニ因リテ人格ヲ享有スルコトハ民法第一條ノ規定スル所ナリ然レ共人ノ出生ノ意義如何ニ關シテハ學者間異論ナキニ非ス或ハ陳痛說ヲ主張シ或ハ一部露出說ヲ主張シ或ハ全部露出說ヲ主張スル等議論區々タリト雖モ

法人

近時ノ通説ハ獨立呼吸説ヲ採ルモノ、如シ予モ亦自然人ノ始期ニ關シテハ獨立呼吸説ニ從ハント欲ス。(民法第一條ノ解釋トシテハ全部露出説ヲ採ルヲ通説トス)

而シテ現行刑法上ニ於テ犯罪ノ主體タルコトヲ得ルモノハ自然人ノミニシテ法人ハ此能力ナキヲ原則トス蓋シ普通刑法上ニ於テハ犯罪ノ結果トシテ責任ヲ負フヘキ者自身ニ故意若クハ過失アルコトヲ條件トスルノミナラス各種ノ犯罪ニ對シ、多クハ生命刑自由刑等自然人ニ對シテノミ執行セラルヘキ刑罰ヲ科スルノミナラス罰金刑ト雖モ完納不能ノ場合ハ犯人ヲ勞役場ニ留置スル點ヨリ見ルモ此原則ヲ證明スルモノニシテ即チ法人ハ其規定以外ニ在ルモノト認メサル可カラス、從テ法人ノ代表者カ罪ヲ犯シタル場合ニ於テハ實際其犯罪行爲ノ衝ニ當リタル代表者ヲ處罰セサル可カラス若シ夫レ法人ニ犯罪能力アリト解シ法人ノ代表者ノ行爲ハ法人其モノ、行爲ナリト解スルトキハ犯罪ハ法人ノ行爲ナルカ故ニ法人ヲ罰セサル可カラス而シテ若シ法人ヲ處罰スル道ナキトキハ終ニ法人ノ代表者ノ爲シタル犯罪ハ之ヲ無罪トセサル可カラサルニ至ラム。

然レ共法律ハ特ニ法人ヲ罰スル旨ノ規定ヲ設クルコトアリ即チ例ヘハ電信法第四十二條第一項、法人ノ義務ニ關シ其ノ代表者又ハ雇人其他ノ從業者カ前數條ノ罪ヲ犯シタルトキハ其罰則ヲ法人ニ適用ス但シ罰金科料以外ノ刑ニ處スヘキ場合ニ於テハ法人ヲ三百圓以下ノ罰金ニ處ス

法律カ法人ヲ處罰スル場合

紐育刑法第十三條、凡ソ法人カ自然人ニ關シ禁錮刑ノミニ當ルヘキ犯罪ニ付キ處罰セラルヘキ場合ニ於テ其犯罪カ輕罪ナルトキハ五百弗以下重罪ナルトキハ五千弗以下ノ罰金ニ處ス

各國ノ立法例

カリフオルニヤ刑法第二十六條ノ一、各種ノ法人ハ自然人ト同一方法ニ依リ犯罪ヲナスノ能力アルモノトス此法典ニ於テ禁錮刑ノミニ處セラル、犯罪ニ就テ法人ヲ罰スヘキ場合ニ於テハ其犯罪カ輕罪ナルトキハ五百弗以下重罪ナルトキハ五千弗以下ノ罰金ニ處ス

吾民法第四十四條、法人ハ理事其ノ他ノ代理人カ其ノ職務ヲ行フニ付キ他人ニ加ヘタル損害ヲ賠償スル責ニ任ス。

法人ニ犯罪能力アリヤ

商法ハ亦此ノ規定ヲ準用ス

カリホルニヤ刑法典ノ如ク積極的ニ法人ニ犯罪能力ヲ規定シタル場合ハ議論ヲ生セスト雖モ其他ノ場合ニ於テハ法人ヲ罰ストノ規定ハ法人ノ犯罪能力ヲ認ムルモノナリヤ、將タ他人ノ行爲ニ就テ刑事責任ヲ負擔ストノ規定ナリヤ、抑モ又法人ノミヲ罰ス可キカ其行爲者タル代表者自身ヲモ罰ス可キモノナルカ法理上不明確タルヲ免レス、特ニ何等ノ規定ナキ場合ニ於テ然リ、

案スルニ法人ニ犯罪能力アリヤ否ヤハ法理上ノ問題ニシテ先ツ法人ノ本質如何ヲ究尋スルニアラスンハ到底釋明スルコトヲ得サルナリ、而シテ法人トハ何ソヤテフ問題ハ刑法上ノ問題ニ非スト雖モ此觀念ヲ知ルハ法人カ犯罪ノ主體タリ得ルヤ否ヤヲ決定スル先決問題ナルカ故ニ今簡單ニ法人ノ本質ニ關スル學說ヲ擧ケ最後ニ予輩ノ信スル所ヲ說述セン。

第一　法人ノ本質

法律ハ社會生活ノ必要上便宜ト認ムルトキハ法人トシテ人格ヲ享有スヘキモノヲ定ムルコトヲ得ヘシ從テ自然人以外ノ人格者ハ凡テ變例ナリト認ムヘキニ非ス又必スシモ獨立ノ意思ヲ有スル團體ニ限ルコトナシ然レ共古來法人ニ關シテハ幾多ノ說アリ大別シテ三トス曰、法人擬制說、曰法人否認說、曰法人實在說是レナリ。

法人擬制說

一　法人擬制說、法律ハ人類ノ爲メニ存スルモノナリ故ニ自然人以外ニ人格ヲ有スルモノアルコトナシ然レ共法律ハ時ニ社會生活ノ必要上法律ノ擬制ヲ以テ一種ノ人格ヲ創造スルコトアリ之ヲ法人ト云フ。

擬制トハ法律カ自然ノ狀態ニ反シテ假設シタルモノヲ云フ換言スレハ自然人ニ非サルモ自然人ノ如ク觀察シ以テ獨立ニ權利義務ノ主體タルヲ得セシメタルモノナリト。

其批評

擬制說ハ即チ自然人ニ限リテ人格ヲ有スト云フ觀念ヲ前提トシテ論斷スルモノナリ然レ共何故ニ自然人ニ非サレハ人格ヲ有スル能ハサルカ、擬制論者ハ曰ク意思ヲ有スル者ハ自然人ニ限ル而シテ意思能力ハ即チ人格ノ基礎ニシテ法律ハ只其人格ヲ承認スルニ過キス反之法人ハ獨立ノ意思ヲ有セサルカ故ニ法律ハ擬制ヲ以テ特ニ人格ヲ創造スルモノナリト。

然レ共其意思能力ノ有無ハ行爲能力ノ要件ナリ權利能力ノ要件ニ非ス換言スレハ意思能力ヲ有セサル者モ亦權利ノ主體タルコトヲ得ルハ明カナル事實ナリ見ヨ嬰兒ノ如キハ意思能力ヲ有セサルモ尚ホ權利ノ主體タルコトヲ得ルニ非スヤ要之擬制説ハ自然界ノ一生物タル人類其モノト法律上ノ人格者タル人トヲ混同スルノ誤謬ニ陷レルモノナリ。

二 法人否認説。法人否認説ニ二種アリ目的財産説及利益主體説是レナリ。

イ 利益主體説 曰ク法人ナル制度ニ由リテ終局ノ利益ヲ受クル者カ實際ニ於ケル權利ノ主體ニシテ法律ハ只便宜ノ爲メ其社團若シクハ財團ヲ以テ形式上權利者ナリト看做シ以テ外部ニ對シ終局的ノ利益享受者ヲ代表セシムルニ過キス故ニ社團ニ在リテハ各社員、財團ニ在

其批評

目的財產說

其批評

主體ナキ權利ヲ認ムルコトヲ得ルヤ

リテハ各關係人カ權利ノ主體ナリト。

然レ共利益享受者ヲ以テ權利ノ主體ト爲サハ法人ノ目的ハ遂ニ之ヲ達スルコト能ハサルヘク且此說ニ依レハ多クノ場合ニ於テ眞ノ權利者及ヒ之ニ歸屬スヘキ權利ヲ確定スルコトヲ得サルニ至ル。

ロ　目的財產說、曰ク法人ニ於テ現實ニ存在スルモノハ一定ノ目的ヲ有スル財產ニ過キス所謂法人トハ何人ニモ歸屬セサル且確定ノ目的ニ供セラレタル財產ニシテ即チ主體ナキ權利ニ外ナラスト。

主體ナキ權利ヲ認ムルコトヲ得ルヤ否ヤハ素トヨリ議論ノ存スル所ニシテ羅馬法以來ノ原則ハ消極說ヲ採ル其論據トスル所ハ要スルニ權利ハ人ノ法律上ノ狀態ナリ、權利ハ人ヲ離レテ存在スルコトヲ得スト云フ觀念ニ基ク、然レ共ウ井ンドシャイドカ一度主體ナキ權利ノ存在ヲ主張シテ以來ベッケル、レーゲル、スペルゲル等ノ學者之ニ唱和スルニ至リ本問ニ對スル積極說モ亦漸ク勢ヒヲ得獨逸民法ノ如キハ其第千九百十四條ニ於テ所有者ナキ獨立財產ナルモノヲ認メ又第二千百六十二條ニ於テハ未タ出生セサル者ノ爲メニスル遺贈ヲ認メ其他之ニ類似スル規定少ナカラス斯クテ進歩セル法律觀念ニ於テハ主體ナキ權利ヲ認ムルコトヲ得ルニ至レリ從テ目的財産說モ近世ノ法律觀念ニ屬セストシテ一概ニ排シ去ルハ不可ナリト雖モ主體ナキ權利ノ存在ヲ認ムルハ畢竟例外ノ場合ニ屬シ主體ヲ認メ得ルニ於テハ之ヲ認ムルヲ以テ合理的解釋トナササル可カラス殊ニ目的財産說ニヨルトキハ權利主體ニアラサル者ノ代理ヲ認ムルコトヲ得ルニ至ルノ奇觀ヲ呈スルニ至ル。

法人實在說

法人實在說、法人ハ決シテ法律ノ假設物ニアラス人間共同生活ノ必然ノ結果トシテ存在スルモノニシテ法律ハ自然人ニ對スルト同一ニ其人格ヲ認ムルニ過キス例ヘハ國、國ノ行政區劃ノ如キハ即チ法律ノ創造物ニアラスシテ自然ニ存在スルモノナルコトハ吾人ノ自カラ感得スル處也。法人ハ如斯社會ノ必生物ニシテ法律カ之ニ人格ヲ認メタルハ宛モ往古自然人ニ對シテ奴隸ナル制度ヲ設ケ以テ其人格ヲ剝奪シタルト同一ナリ卽チ法律ハ或團體ニ對シテ其人格ヲ拒否シ又ハ制限スルコトヲ得ルモノナリ然レ共之レカ爲メニ法人ハ實在セスト云フ可カラス。

或ハ人格ノ要素トシテ意思ノ存在ヲ必要トスルカ故ニ法人ノ如ク意思ナキモノハ人格者トシテ存在スルヲ得スト論スルモノアルモ之レ誤レリ何トナレハ人ノ結合アレハ結合ノ目的ヲ生ス此ノ目的ハ之ヲ組織スル個人ノ目的ト一致セス時ニ衝突スルコトアリ故ニ此ノ目的ヲ達スルニハ個人ノ意思ト異リタル獨立ノ生活機能ヲ要ス卽チ人類ノ結合カ固有ノ目的、固有ノ意思、固有ノ生活機能ヲ具備スルニ至レルトキハ之ヲ組織スル個人ト別異ノ生存ヲ有スル所ノ一ノ組織體ヲ生ス蓋シ人類ノ結合ニヨリテ生スル組織體ニ固有ノ目的アルハ怪シムニ足ラス從テ又此ノ組織體ニ固有ノ意思アルモ亦當然也、而シテ個人ノ意思カ觀念ノ競合ニヨリテ生スルカ如ク此ノ組織體ノ意思モ又之ヲ構成スル所ノ各員ノ個々ノ意思カ共同ノ目的ノ爲メニ競合スルニヨリテ個々ノ意思ト異ナリタル新意思ヲ生スルモノニシテ組織體ハ其意思ヲ遂行スル爲メ人力ヲ使用シ其作用カ結局組織體自身ノ行爲ヲ形成スルモノ也財團モ亦此ト異ナルナシト。

然レ共實在說ハ社會現象ノ社會學的觀察ト法律學的觀察トヲ混同スルモノ也、法人ノ社會的組織ヲ非法律的ニ觀察スルトキハ夫ノ組合ノ組織ト自然人ノ肉體ト理ニ於テ二アルニアラス故ニ法人ハ固トヨリ法律ノ創設物ニアラスト雖モ其社團及財團ノ實在ト法人格トハ別箇ノ觀念ニ屬スルモノ也。

實在論者ハ社會意思ヲ以テ人格ノ基礎トシ財團又ハ社團ナル財集又ハ人集ニハ社會意思アリ故ニ人格ヲ認ムルモ不可ナシト云フモ社會意思卽チ人集ノ個々ノ意思ノ競合ハ必スシモ完全ナル意思ヲ成立セシムルモノニアラス且夫レ人格ノ觀念ニハ意思ノ有無ヲ問ハサルハ自然人ニ於テモ旣ニ然リ然ルヲ實在論者カ意思ニ重キヲ置クハ畢竟擬制論者ノ所謂人格ノ基礎トシテハ意思ヲ必要トスト謂フ誤謬ノ觀念ニ捲キ込マレタルモノ也。

結論

予ハ社會學的ニ云ヘハ自然人モ法人モ倶ニ實在スルコトヲ認ムルト同時ニ法律學的ニ云ヘハ二者ノ人格ハ共ニ法律ノ擬制(創造)ニヨルモノト信スルモノナリ從テ法律上ノ法人ハ法律カ認メタル範圍內ニ於テノミ行爲能力ヲ有シ意思能力ヲ有シ權利能力ヲ有スルモノト信スル也。

第二　法人ノ犯罪能力

法人ノ本質ニ就テ議論ノ歸一セサル結果法人ニ犯罪能力アリヤ否ヤモ亦議論ノ歸一スル所ナシ。

擬制論者ノ說

第一　擬制說論者ノ說

法人ハ法ノ擬制ニヨリテ生シタルモノニシテ本來實在スルモノニアラサルカ故ニ意思又ハ行爲能力ヲ有セス隨テ又犯罪能力アルコトナシ、財產ノ所有、契約ノ締結等ハ法人トシテ當然ノ行爲ナルカ故ニ之ヲ爲スノ能力アルノミ此能力アルカ爲メニ犯罪能力アリトノ論結ヲ生スルモノニ非ス即チ法人ハ適法ノ目的ノ範圍內ニ於テノミ行爲能力ヲ有ス違法行爲ハ法人ノ目的ニ非ラサルカ故ニ法人ハ違法行爲ヲ爲スノ能力ナシト。

第二　實在說論者ノ說

國家ハ法律ヲ制定シ租稅ヲ徵收ス然レ共國家テフ法人ハ法律カ創造シタルモノニアラス擬制說ニヨレハ國家ハ本來空、故ニ其制定シタリト云フ法律ハ起草者某ノ制定シタルモノニシテ國家カ制定シタルモノナリト云フ能ハサルニ至ラン。

吾人カ三、五、相約シテ團體ヲ作リタル場合ニ於テ其團體ノ爲メニスル決議ハ吾人各自ノ意思ニアラス亦其總意ニモアラス相競合シテ發生シタル一種ノ團體ノ意思也、若シ夫レ擬制論者ノ云フカ如クンハ法人ニ於テハ利ハ己レニ歸シ害ハ他人ニ借スノ結果ヲ生スルカ故ニ實際ノ取引上ニ於テモ對手ニ常ニ危惧ノ念ヲ懷カシムルニ至リ遂ニ社會共存ノ利益ノ爲メニ法律カ認メタル法人ノ存立ヲ亡失セシムルニ至ラン。

而シテ法人ト代表者トノ關係ハ本體ト機關トノ關係ニシテ法人カ自然人ニヨルニ非ラサレハ何事ヲモ爲スコトヲ得サルハ宛モ自然人カ手足

其批評

ナクンハ何事ヲモ爲ス能ハサルト同一徹ナリト。

法人ガ實在スル組織體ナルコトハ既述ノ如シ然レ共實在スルガ故ニ犯罪能力アリト云フ論ニ向ツテハ左袒スルコトヲ得ス何トナレハ、

(一) 財團法人ハ不活動ノ物ノ集合ニシテ之ヲ代表スト稱スル自然人ハ實際之ト何等ノ連絡關係ヲ有セス唯法律ノ規定ニヨリ自然人カ發表スル意思ヲ以テ其法人ノ意思ト認ムルノミ。

(二) 負責能力ナキ自然人モ亦意思ヲ有ス社團ト財團トニ關セス法人ノ意思ヲ以テ負責能力アル自然人ノ意思ト同一ナルモノト斷定スルハ如何ナル理由ニヨルカ。換言スレハ負責能力ヲ有スルモノニ非ラサレハ之ヲ有スル能ハサル犯罪能力ニ就テ、意思アリ行爲能力アルカ故ニ負責能力アリト斷スルハ論理ノ杆格アルヲ免レス。

(三) 健全ナル意思ノ競合ハ必ラスシモ健全ナリト云フコトヲ得ス。

(四) 法人ノ團員トシテ決議シタル意思ハ法人ノ意思ナルモ始メヨリ犯罪ヲナスノ意思ヲ以テ爲シタル決議ハ法人ノ爲メニスルノ意思

ヲ以テセル決議ナリトスルモ、之ヲ法人其モノ、意思ト云フコトヲ得ス之レ法人ノ目的ノ範圍外ナレハ也、若シ夫レ之レニヨリテ犯罪ヲ犯シタルトキハ即チ法人ノ名ニ於テスル個人ノ犯罪也。

結論

要之、法人ノ能力及其範圍ハ之ヲ設定シタル目的及之ヲ認定シタル法律ノ規定ニヨリテ知ルヘキモノニシテ或ハ本來虛無ナリト云ヒ或ハ擬制ト云ヒ或ハ實在ト云フカ如キハ法律學上ノ問題ニアラス社會學上ノ問題也、從テ法律學上ニ於テハ法律學的釋明ヲ與フルヲ以テ充分ナリトス。即チ法人カ法律行爲ヲナシ訴訟ヲ提起シ其他其存在ニ當然隨伴スヘキ公私法上ノ權利義務ヲ有シ又ハ其等ノ能力ハ之ヲ有スルモ犯罪行爲ノ如キハ例ヘ法人ノ爲メニスル意思ナルニモセヨ代表者ニ於テ其責ヲ負フ可キモノニシテ法人ノ關スル所ニアラス。

法人ノ代理人カ犯罪ヲ犯シタル場合

以上論述シタルカ如ク法人ニハ犯罪能力ナシ只法律ニ特別ノ明文アル場合ニ限リテ刑罰ヲ受クヘキモノナリ故ニ法人ノ代理人(即代表者)カ犯罪ヲナシタル場合ニ於テハ其代理人ハ常ニ其固有ノ行爲ニヨリテ刑事上

ノ責任ヲ負擔スヘク而シテ特ニ法律カ法人ヲ罰スル旨ノ規定ヲナシタル場合ニ於テハ法人ノ外更ニ其代理人ヲモ罰スヘキヤ否ヤハ各法規ノ精神ニ從テ決スヘキ問題ナリトス。

大審院ノ判例

大審院ハ稍々擬制說ニ近キ口吻ヲ以テ法人ニ犯罪能力ナシト決セリ即チ漁業組合ノ代表者カ誣告ヲナシタル案件ニ於テ誣告ノ責任ハ法人タル組合ニアラスシテ代理人自體ニ在リトセリ其理由ニ曰ク。

大審院判決例（明治三十六年六月三十日判決）

抑モ誣告ハ一ノ犯罪ナルヲ以テ誣告ニ對シテ刑事上ノ責任ヲ負フニハ必スヤ犯罪ノ主體タルノ能力ナカル可カラサルハ論ヲ俟タサル所ニシテ此ノ能力ヲ有スル者ハ有形人タルコトヲ要ス法人ハ無形人ニシテ啻其目的ノ範圍內ニ於テ人格ヲ享有スルニ過キサルヲ以テ犯罪ノ主體タルノ能力ヲ有セサルヲ原則トシ法律ノ明文ヲ以テ特ニ犯罪ノ主體トナシタル場合ニアラサレハ刑事上ノ責任ヲ負ハサルノミナラス此ノ場合ト雖モ財產刑其他法人ノ性質ト相容ルヘキ刑罰ニ服從スルニ止マリ如何ナル場合ト雖モ體刑ヲ科スヘキ犯罪ノ主體タルコト能ハサルヘキハ法人其者ノ性格ニ於テ毫モ疑

ヲ容レサル所ナリ故ニ漁業組合ノ名ヲ以テナシタル漁業權侵害ノ告訴カ誣告ニ出テタル場合ニ法人タル組合カ體刑ヲ科スヘキ誣告罪ノ主體トシテ刑罰ノ制裁ヲ受クヘキ限リニアラサルハ多辯ヲ要セスシテ明カナリ(中略)夫レ斯ノ如ク法人タル漁業組合ハ其名ヲ以テ爲シタル誣告ニ對シ刑事上ノ責任ヲ負ハサルモノトスルトキハ現ニ誣告ヲナシタル代表者ニ於テ刑事上ノ責任ヲ負フヘキモノニシテ其誣告カ法人タル組合ノ事業トシテ組合ノ名ヲ以テ爲サレタルノ事實ハ其罪責ニ何等ノ影響ヲ及ホスコトナシ(後略)

東京控訴院ノ判例

法律カ法人ニ責任ヲ認メタル場合ニ於テ法人ノ代理人モ亦其行爲ニ就テ責任アリヤ否ヤノ問題ハ民法第四十四條ノ適用ニ關シテ實際問題トナレリ東京控訴院ハ之ニ關シ左ノ判決ヲ下セリ。

法人ハ實在ノ組織體ニシテ法律ノ擬制ニ依リ存在ヲ認メラルルモノニアラス公益法人ノ理事商事會社ノ會社ヲ代表スル社員若クハ取締役ハ法人ノ代理人ニアラスシテ法人ノ機關ナリ株式會社ノ取締役カ會社ノ目的ノ範圍內ニ屬スル業務ヲ執行スルハ取締役ノ行爲ニアラスシテ會社ノ行爲ナルヲ以テ取締役カ會社ノ業務ヲ執行スルニ際シ過失ニヨリ他人ニ損害ヲ加ヘタルトキハ取締役個人ノ

不法行爲ニアラスシテ會社ノ不法行爲ナリトス商法第百七十條第二項第六十二條民法第四十四條第一項ハ右法理ニ基キ株式會社ニ責任能力アルモノト解スヘキナリ

同一事件ニ對スル大審院ノ判例

大審院ハ之ニ對シ反對ノ見地ニ立チ法人ニ不法行爲ノ責任ナシト判決セリ（明治三十九年十月三日判決）大要左ノ如シ。

株式會社ナル法人ハ其性質ノ如何即チ法律ノ假設ヲ俟タスシテ現實ニ存在スルモノ學說ノ所謂實在ナルト將タ法律ノ假設ヲ俟テ始メテ存在スルモノ學說ノ所謂擬制ナルトヲ問ハス會社ノ理事カ其職務ヲ行フニ當リ他人ニ加ヘタル損害ニ對シテハ會社其責ニ任スヘキハ民法第四十四條第一項ノ明定スル所ナルヲ以テ更ニ說明ヲ要セス然レ共同條第一項ハ會社ト其理事カ職務ヲ行フニ付キ損害ヲ加ヘタル被害者トノ法律關係ヲ規定シタルニ過キスシテ不法行爲ヲ爲シタル理事ト其被害者トノ法律關係ヲ規定シタルモノニ非ラス故ニ該條ノ規定アルヲ以テ直チニ不法行爲ヲ爲シタル理事ハ何等ノ責任ナキモノト斷定スルコトヲ得ス而シテ右理事ト其被害者トノ法律關係ニ至リテハ不法行爲ノ一般ノ原則ノ除外例ト爲スヘキ理由ナキヲ以テ右一般ノ原則ナル民法第七百九條ニ則リ過失

ニ因リテ他人ノ權利ヲ侵害シタル理事ハ被害者ニ對シテ賠償ノ責ニ任スヘキハ多言ヲ俟タスシテ明ナリト

第三 餘論

其一 法人ノ犯罪鎭壓ノ方法

犯罪ノ進歩カ社會ノ進歩ニ隨伴シテ起伏變遷スルハ曩キニ社會ト犯罪ニ就テ論シタル所ノ如シ、法人モ社會進歩ノ一産物ニシテ將來益々發達スルノ傾向アルハ自然ノ數トシテ認メサルヲ得サル事實ニ屬ス而シテ近時法人ノ發達ニ伴フテ之ニ關スル犯罪モ亦益々增加スルノ傾向アリ從テ法人ノ犯罪鎭壓ノ方法ヲ講スルハ現下社會ニ於ケル一急務タルヲ失ハサルヘシ、思フニ從來法人ニ關スル取締リノ問題ハ常ニ行政法上ノミヨリ觀察セラレ從テ刑事法上ノ問題トシテ觀察セラルルコトナカリシハ素ヨリ從來ノ學説カ一ニ擬制説ヲ根據トシ法人ヲ以テ本來虛無ノモノニシテ法律ノ假想ニヨリテ生スルモノトナシタル謬見ニ基クト雖モ其本質上ヨリ觀察スルトキハ法人ニ對スル制裁モ其性質ニ於テ一ノ人格ニ對スル法益ノ剝奪ニシテ自然人ニ對スル法益ノ剝奪タル一般刑罰ト全ク異ナレルモノト解スルハ不當ノ見解タルヲ免レス況ンヤ法人實在說カ確立セラレタルノ結果法人ニ固有ナル存在ト利益トカ漸ク認識セラルルニ至リシ今日ニ於テオヤ、從テ法人ノ代表者カ其資格ニ於テナシタル犯罪ニ關スル鎭壓ノ方策ヲ論スルニ方リテハ法人ヲ其犯罪行爲ノ主體ナリト觀スルカ或ハ法人ヲ其犯罪ノ原因タル一ノ社會事實ト認ムヘキカハ法律學上一ノ重要ナル問題タラスンハ非ラス而シテ法人ノ發達スルニ從ヒ其弊害モ亦之ニ隨伴シテ發生ストセハ之カ取締ノ方策トシテ民法又ハ商法ニ規定スル罰則ノミヲ以テ滿足ス可カラス更ラニ其弊害ノ主要部分タル犯罪ニ關シテ適當ナル鎭壓方法ヲ講セサルヘカラサルハ識者ヲ俟テ後チニ知ルヘキニ非ス特ニ法人ニアリテハ代表者ノ行爲カ犯罪ニ非ラサル場合ニ於テモ法人タル團體ノ行爲トシテ觀察スルトキハ一ノ犯罪トシテ取扱ハサル可カラサル場合ヲ生スルコトナキニ非ラサルヘシ之レ素ヨリ單一個人トシテノ觀念ト財團又ハ社團トシテノ根本觀念トヲ異ニスルノ結果ヨリ生スル當然ノ論結ナレハ也。要之、法人ヲ以テ犯罪ノ主體トスルカ果タ然ラサルカハ法律學上主要ノ問題ナリト雖モ其孰レタルヲ問ハス法人處罰ノ詳細ナル規定ヲ設クルハ立法政策上ノ急務也予輩ハ所謂學者カ此點ニ着眼シ以テ研究ノ歩ヲ進メンコトヲ翹望ス。(其方策ニ就テハ刑罰論ニ讓ル)

其二　犯罪團體鎭壓ノ方法

古昔ニアリテハ往々犯罪ノ共同責任ノ原則ヲ認メタリシカ十八世紀個人主義ノ勃興ト共ニ個人的犯罪責任主義ニ變化シ近時ニ至リテ又更ニ共同的犯罪責任主義ニ復歸セントスルノ傾向アリ而シテ立法上ノ見解トシテ法人處罰ノ法理ヲ認ムルヲ以テ刑事政策ノ要ヲ得タルモノトスルカ如ク犯罪團體モ亦之ヲ處罰スルノ必要ヲ生シ來レリ

犯罪團體ニ二種アリ一ハ其團體カ犯罪ヲ目的トシテ組織セラルヽモノニシテ他ハ團體ノ成立カ犯罪發生ノ原因トナル場合ナリ前者ノ場合ハ立法

上之ヲ處罰スルノ見解ニ就テハ議論ノ一致スル所ニシテ後者ニ就テハ團體心理ニ基キ特別ニ研究スルノ必要アリ。

最近ノ群集心理學

群集心理ニ關スル最近研究ノ結果ニヨレハ群集ニ有機的群集ト無機的群集トアリ有機的群集ハ共通ノ利益若シクハ起源ヨリ成立セルモノニシテ犯罪團體ニ傾クモノニ非サルモ無機的群集ハ其本能タル寧ロ罪惡ニ進ミ易キモノナリ蓋シ群集心理ノ研究ニヨレハ其多數ナルニ從ヒ善ヲ爲スヨリモ惡ヲ爲スニ强ク、又互ニ附和雷同シ、犯罪ヲ決行スルニ頗ル勇敢ナルモノナリ從テ此等ノ犯罪的群集ハ團結其モノカ既ニ危險ナルモノナルカ故ニ團體トシテ處罰スヘキモノナリ。

吾カ刑法ニ於テハ曩キニ説明セルカ如ク犯罪主體ヲ自然人ニ限リ原則トシテ法人及犯罪團體ヲ以テ犯罪ノ主體ト認メス。

第二章　犯罪ノ客體

犯罪客體ノ二義

犯罪ノ客體ナル語ニ二義アリ第一ノ意義ニ於テハ犯罪ノ對象タル目的

物ヲ指稱ス、即チ總テノ法律保護ノ目的物タル被害法益ヲ謂フ、而シテ法益ノ種類如何ヲ問ハサルカ故ニ生命、身體、財産、信用、名譽、胎兒及無主ノ動物ノ如キ皆之ニ包含ス然レ共具體的ニ云フトキハ各犯罪ノ法益ノ何タルカハ其犯罪ノ性質如何ニヨリテ定メサル可カラス。

其一 被害法益

被害法益ヲ人ニ專屬スルモノト然ラサルモノトノ二種ニ區別スルコトハ廣ク認メラレタル所ニシテ其實用ハ主トシテ法益ノ個數ヲ計算スル場合ニ於テ之ヲ見ル例ヘハ二人ヲ殺シタル時ハ人每ニ法益ノ侵害アリト認メラルヽカ故ニ二個ノ人命ヲ奪ヒタルモノト見解サレ反之人ニ專屬セサル法益例ヘハ財産ニ就テハ其所有者其他ノ利害關係人カ數人ナル場合ニ於テモ其法益ハ一括シテ一個ノモノト認ムルナリ、

其二 被害者其者

第二ノ意義ニ於テハ被害者其モノヲ指稱ス、被害者トハ犯罪ニヨリテ損害ヲ蒙リタル者ナリ而シテ此ノ意味ニ於ケル被害者ニ二アリ廣義ニ於テハ常ニ直接又ハ間接ニ犯罪ノ客體タル國家ヲ指稱シ狹義ニ於テハ直接ニ

現行法上ノ被害者

法益ヲ侵害セラレタル者カ一私人ナルトキハ之ヲ被害者ト云フ現行法上

犯罪ノ主體ト犯罪ノ被害者

人格ヲ有セサルモノモ犯罪ノ被害者タリ得

一般ノ用例

被害者ト云フハ寧ロ此ノ狹義ノ被害者ヲ指ス。

犯罪ノ被害者ニ關シテハ犯罪ノ主體ニ關スルカ如キ諸種ノ條件ヲ必要トセス故ニ十四歳未滿ノ者精神障碍者又ハ死刑ノ宣告ヲ受ケタル者若シクハ不治ノ病者ト雖モ尚法益ノ主體ナルカ故ニ被害者タルヲ得ヘク人格ヲ有セサル者モ又例外トシテ直接ノ被害者タリ得ル場合アリ例ヘハ法律ヲ以テ組織サレタル議會カ誹毀罪ノ被害者トナリ胎兒カ墮胎罪ノ被害者タル場合ノ如キ是レナリ、被害者ハ告訴權ヲ有シ又損害ノ賠償請求權ノ實行ニ關シテ特種ノ便宜ヲ有ス。

犯罪ニヨリテ侵害セラルヽ法益ノ何タルカハ甚タ明瞭ナラサル場合アリ、而モ被害法益ノ何タルカハ犯罪ノ性質ヲ定ムル上ニ於テ必要ナル關係ヲ有スル事項ナルヲ以テ刑法各論ニ於テハ常ニ此點ヲ詳論ス。

犯罪ノ客體ヲ第一ノ意義ニ解スルト第二ノ意義ニ解スルトハ用語ノ爭ニ過キス然レ共二者ヲ混同スルトキハ思想ノ錯雜ヲ來スヘク且現行法ヲ解釋スル上ニ於テハ寧ロ犯罪ノ客體ハ第一ノ意義ニ從ヒ犯罪行爲ノ對象

タル法益其モノヲ指稱ストシ犯罪ノ被害者トハ其法益ノ主體ナリトスルノ用例ニ從フヲ普通トス。

第三章　犯罪ノ主觀的要件

第一節　刑事責任論

責任ノ概念

責任ノ概念

責任ナル語ハ種々ノ意味ニ解セラル客觀的觀察ニヨレハ法律上ノ效果其モノヲ責任ト稱ス例ヘハ義務、制裁、負擔等ノ如シ主觀的ノ觀察ニヨレハ其效果ヲ負担スル地位ヲ稱シテ責任ト云フ刑法上ノ責任ナル語モ亦客觀的ニハ刑罰ヲ意味シ主觀的ニハ刑罰ヲ受ケサルヘカラサル法律上ノ地位ヲ意味ス然レ共刑法上ニ於テハ更ニ第三ノ意義ニ解スルコトアリ即チ刑罰制裁ヲ負担スヘキ主觀的要件(卽チ故意過失)ヲ稱スルコトアリ於此乎學者

刑事責任能力ト意思責任

或ハ刑事責任能力ヲ意思責任(故意過失)ノ前提トシテ說明スルモノ無キニ非スト雖モ刑事責任能力ト意思責任トハ刑法上特別ノ關係ヲ有スルモノニ

アラス全タク別個ノ觀念ニ屬ス例ヘハ十四歳未滿ノ幼者ハ刑事責任能力ナキモ竊盜ノ故意ヲ有シ得ルカ如シ於此乎刑法上ノ責任能力ニ付キテハ刑事責任ト意思責任トヲ分別セサル可カラス本章ニ於テハ刑事責任ヲ論ス。

刑事責任ノ概念

刑事責任ヲ以テ個性的責任ナリト解スル者アリ社會的責任ナリト解スル者アリ一ハ個人本位ヨリ立論シ一ハ社會本位ヨリ立論ス從テ前者ハ責任能力者ハ惡ヲ爲ササルノ自由ヲ有スルニ拘ラス罪ヲ犯シタル者ナルカ故ニ個性的ニ責任ヲ生スルモ無能力者ノ行爲ハ個性的ニ責任ヲ生スルノ餘地ナシト爲シ後者ハ社會ノ共同生活ノ利益ナル觀念ヲ基本トシテ犯罪ノ性質ヲ論スルカ故ニ社會ノ共同生活ヲ侵害スル者ハ又社會ニ對シ刑事責任ヲ負擔セサル可カラストナス以下兩説ヲ比較對照スヘシ。

第一説　個性的責任説

第一説個性的責任説其論據

從來ノ立法例及學説ニヨレハ刑事責任ノ基礎ハ或ハ是非ノ辨別力ニアリトシ或ハ自由意思ニアリトシ此等ノ責任能力者カ行爲ヲ爲シタル時ニ於テ始メテ其行爲ト人格トノ間ニ實質上特別ノ關係ヲ生スルモノ

ニシテ法律上ニ於テハ此等責任能力者ノ行爲ニ非ラサレハ人ノ行爲ト認ム可カラサルモノナリト解シタリ（舊刑法第七十八條及第八十條參照）而シテ是非ノ辨識力トハ特定ノ意思ノ活動及其影響ヲ認識シ其意思活動ノ法律上ノ效果ヲ辨識スルニ足ルヘキ智能ニシテ實際ニ違法ナルコト若クハ處罰セラルヘキコトヲ知ルコトヲ要セサルモ裁判所ハ各場合ニ於テ辨識力ノ有無ヲ審査セサル可カラサルモノト爲シ此ノ辨識力ヲ有シ且意思ノ自由ヲ有スルコトカ卽チ其行爲ノ效果ヲ本人ニ歸スルコトヲ得ル前提條件ナリ何トナレハ人ハ是非ヲ辨別シ善ヲ採リ惡ヲ棄ルノ撰擇的自由ヲ有スルニ係ハラス違法行爲ヲナスカ故ニ刑法上ノ責任ヲ負擔セサル可カラサルモノナレハナリ故ニ其反對ニ此ノ辨識力ト自由意思トヲ有セサル行爲ハ責任無能力者ノ行爲ニシテ自然界ノ現象ト同視ス可キモノ也人ノ行爲ト稱ス可カラスト岡田博士ノ一語能ク此說ヲ說明ス曰ク「責任ナル觀念ハ物心兩界ノ聯絡也」ト。

岡田博士ノ見解

個性的責任說ニ對スル批評

然レ共宇宙ノ現象ハ總テ自然ノ法則ニ拘束セラルルモノニシテ人ノ

意思モ亦此ノ法則ノ支配ヲ免カルルモノニアラス從テ人ノ意思ハ外界ノ影響ヲ受クルコトナクシテ絕對ニ自由ナル能ハス故ニ意思ノ自由ヲ以テ責任ノ要素ト爲スハ既ニ其前提ニ於テ誤マレリ。而シテ自然科學ノ進步ハ人ニ自由意思アルコトヲ認メサルニ至リシ結果近來ニ至リ學者或ハ自由意思ナル稱呼ニ代ユルニ任意意思又ハ常態的意思ナル名目ヲ以テスルニ至レリ此ノ說ヲ主張スルモノハ曰ク刑事責任ノ心的要素タル意思ハ意思自體ノミニテ充分ナラス常ニ中庸ノ普通人即チ正則ニ自己ノ行爲ヲ支配スルニ足ル意思ヲ有スルコトヲ要スト。

然レ共社會的責任論者ハ犯人ハ常態的意思ヲ有セサル者ナリ、何トナレハ自己ノ行爲ヲ正則ニ支配シ得ル意思ヲ有スル者ハ刑罰制裁ヲ受クヘキ非常態的行爲ヲ爲スモノニ非サレハナリト駁論シ常態的意思說ヲ一笑ニ付シ去レリフヱリーノ如キ卽チ之レナリ。

要之、常態的意思ト云フモ自由意思ト云フモ共ニ器械的强制ニ因ラサル行爲ヲ云フモノニシテ畢竟語辭上ノ爭ヒタルニ過キス然レ共此ノ說ニ從フトキハ左ノ二點ニ於テ困難ヲ生ス。

第一、何故ニ普通人ノミ刑ヲ負擔セサル可カラサル歟

第二、犯罪狂、惡少年ニ對スル强制方法ノ道ナキニ至ル

第二社會的責任說其論據

第二說　社會的責任說

此說ニヨレハ責任能力者ノ行爲ト其無能力者ノ行爲トノ間ニ實質上ノ差異ヲ設クルコトナク苟モ社會ノ一員トシテ存在スル以上ハ又自己ノ行爲カ社會共同ノ利益ヲ害スル場合ニ於テハ常ニ其責ニ任セサル可カラス只タ無能力者ニ對シテハ刑罰制裁ヲ負擔セシムルモ其目的ヲ達スル能ハサルカ故ニ刑事責任ヲ除外スルノミ換言スレハ刑事責任ハ刑罰ニヨリ威嚇シ得ベキ行爲者ニ對シテノミ其責任ヲ生スルモノニシテ威嚇シテ效力ナキ無能力者ニ對シテハ威嚇ノ範圍外ナルカ故ニ除外スルニ過キスト

此ノ見解ニヨレハ十九世紀ノ刑法學者カ腦漿ヲ絞リテ考究セシ犯罪狂惡少年モ亦社會ニ對シテ侵害行爲ヲナス者ナルカ故ニ社會共同生存

ノ防衛上ノ必要上之ヲ科罰スヘキモノニシテ決シテ他ノ能力者ノ行爲トノ間ニ區別ヲ認ムヘキモノニアラス換言、若シ刑罰ノ目的ヲ達シ得ヘクンハ又科刑スルヲ妨ケサルモ通常ノ能力者ト同一ニ處罰スルハ徒ラニ勞シテ効ナキモノナルカ故ニ科刑セサルノミ即チ知ル刑事責任トハ物心兩界ノ聯絡ニアラスシテ科刑ノ適格性ヲ意味ス。

近時ノ刑法學ノ趨勢

近時刑法學ノ趨勢ハ常態的意思說ヲ棄テテ漸次科罰適格說ニ進ミツツアリ然レトモ此ノ說ニ從フトキハ左ノ疑問ヲ生ス。

社會的責任ニ對スル批評

(イ)、刑事責任能力ノ有無ハ犯罪行爲ノ當時ニ定ム可カラスシテ受刑ノ時ニ定メサル可カラサルニ至ルヘシ

(ロ)、受刑ノ當時無能力者ナルモ回復シタル後ニ於テ刑罰ノ效果ヲ收メ得ヘキ狀態ヲ來シタルトキハ如何ニスル歟

批評ニ對スル駁論

(イ)ニ對シテ辨解シテ曰ク科罰ノ當時無能力ナルトキハ刑ノ執行ヲ延期ス可ク、(ロ)ニ對シテハ曰ク裁判宣告ノ當時ニ於テ或ハ有罪トシ或ハ無罪トスルハ衡平ヲ失スルカ故ニ行爲當時ノ精神狀態ヲ標準トシ

テ罰ヲ定メサル可カラスト。

要之刑事責任能力ニ就テハ行爲當時ノ精神狀態ヲ以テ標準トスヘキコトハ兩說共ニ議論ノ一致スル所ニシテ此點ニ於テ社會的責任說ノ說明ハ矛盾ニ陷ルモノ也。

現行刑法ノ採用スル說

現行法ハ常態的意思ヲ以テ刑事責任能力トスルノ說ヲ採ルカ故ニ科罰適格性ヲ以テ刑事責任ノ基礎トスルトキハ缺點ヲ生シ矛盾ヲ生スルコトナシトセス。

責任能力ノ程度ノ差等ト刑罰ノ關係

責任能力ニハ程度ノ差等ヲ認メ得ルカ責任能力ノ程度ノ差等ト刑罰トノ關係如何。

第一 積極說

第一 積極說 精神成熟ノ如何ハ能力ノ完不完ニ影響ヲ及ホスモノナリ精神ノ完全ニ發達セルモノハ卽チ完全ナル能力ヲ有シ然ラサルモノハ完全ナル能力ヲ有セス從テ例ヘハ精神ノ健全者ト瘋癲者トノ中間ニ位スル精神狀態ヲ有スルモノハ之ヲ減弱責任能力者トシテ刑罰ヲ輕減セサル可カラスト刑事責任能力ヲ以テ物心兩界ノ聯絡ナリト主張スル論

者ハ當然此ノ論結ニ來ラサル可カラス

第二消極說

第二　消極說　精神成熟ノ程度ニ差等アルコトハ卽チ之ヲ認ム然レトモ行爲ノ責任ハ本人ニ歸スルコトヲ得ルカ得サルカノ二途其一ヲ出テサルモノニシテ多少歸スルコトヲ得ヘク多少歸スルコトヲ得スト云フカ如キ中間ノ觀念ヲ容ルヘキモノニ非ラスト

結論

要之、積極說ハ精神成熟ノ程度ニ差等アルカ故ニ刑罰責任モ差等ヲ設ケサル可カラスト論スルモ精神成熟ノ差等ハ社會ノ共同利益ノ侵害ニ差等ヲ生スルモノニ非ス岡田博士ノ語ヲ借リテ云ヘハ精神成熟ノ差等ハ當然物心兩界ノ聯絡ニ差等ヲ生スルモノニ非ス、蓋シ刑事責任ハ社會ノ共同利益ヲ侵害スルカ爲メニ負擔セシムルモノ也、精神成熟ノ程度ニ差等アルト否トハ社會ノ共同利益ニ對スル、侵害ノ輕重ニ關スヘキモノニアラス換言スレハ精神成熟ノ差等ハ主觀的ノモノナリ社會ニ對スル侵害ハ客觀的ノモノナリ此間明劃ナル區別ヲ存スルコトヲ要ス從テ精神成熟ノ差等ニヨリテ刑罰ノ輕重ヲ論スルハ不當ナリ、刑罰ノ輕重ハ一ニ犯罪豫防ノ目的ヲ達シ得ルヤ否ヤニヨリテ決セサル可カラス然レ共現行刑法ニ於テハ責任能力ニ程度ノ差等ヲ認メ責任能力ノ程度ノ差等ハ當然刑罰ノ輕重ニ影響ヲ及ホスモノトセリ

第二節　責任無能力ノ原因

責任無能力ノ原因

責任能力ノ有無ハ各犯人ニ就テ個別的ニ能力ノ基礎タル精神狀態ヲ審査シテ之レヲ定ムルヲ以テ至當トスルモ如斯スルトキハ非常ナル煩累ヲ生スヘク然レ共又如何ナル者カ責任能力ヲ有スルヤヲ積極的ニ規定スルハ又甚タ困難ナリ於此法律ハ消極的ニ無能力ノ原因ノミヲ明規シ其原因ノ有無ノミヲ審査スルヲ以テ足ルモノトシ夫レ以上ニ遡リテ審査ヲ爲サシムルノ必要ナカラシム。我現行刑法ニ認メラレタル責任無能力ノ原因ハ幼年、瘖瘂、及精神障礙ノ三ナリトス。

幼年

一　幼年

刑法ハ年齡ノ幼若ヲ以テ責任無能力ノ一原因ト爲ス舊刑法ニアリテハ

現行法ノ二分主義

十二歳未滿ヲ絕對無能力トシ十二歳以上十六歳未滿ヲ疑問時期卽チ相對的無能力トシ十六歳以上二十歳未滿ハ常ニ責任能力ヲ有スルモノトシ重罪輕罪ニ付テ一等ノ宥恕減刑ヲ認メタリ現行刑法ハ最近ノ學說ニ從ヒ年齡二分主義ヲ採用シ責任能力ノ有無ヲ左ノ如キ標準ニヨリテ決定シタリ。

十四歳未滿ハ絕對無能力者

十四歳以上ハ全責任能力者

現行刑法ニ對スル批難

現行刑法上ノ規定ニ付キ立法上議論ヲ生ス可キ點三アリ其一ハ疑問時期ヲ廢シタルコトノ當否ナリ其二ハ十四歳ナル標準カ果シテ當ヲ得タルヤ否ヤナリ其三ハ十四歳以上ヲ全責任能力トシ之レニ對シテ刑ノ輕減ヲモ認メサル點之レ也。

刑事責任能力年齡チ高ムヘシ

近時ノ學理上ノ見解トシテハ刑事無責任年齡ヲ高ムヘシトノ說甚タ盛ナリ蓋シ未成年者ニ對スル自由刑ノ執行ハ殆ント何等ノ效果ヲモ收ムル所ナキノミナラス監獄生活カ却テ犯罪行爲ノ敎養所トナリ短期自由刑ノ執行カ常ニ有害ノ結果ヲ生シツツアルハ明白ナル事實ナルカ故ニ未成年

其一　實際ニ於テ舊刑法ヨリ責任年齢ヲ低下シタリ

者ニ關シテハ出來得ル限リ之ヲ無責任トシ他方ニ於テ行政法規ニ基キ長期ノ矯正手段ヲ講スヘシトスルヲ最近一般ノ輿論トス。

然レトモ原則トシテ刑事責任ヲ定ムルニハ個別的ニ各犯人ニ對シテ具體的ニ審案スヘキモノトス何トナレハ此レ實ニ惡性ノ如何ヲ檢案シ犯罪ノ豫防ヲ講スルカ爲メニ最良ノ方法ナレハナリ我民法ハ即チ此ノ原則ヲ認メ未成年者ノ不法行爲能力ノ有無ヲ年齢ニヨリテ制限スル所ナク一ニ裁判所ノ判定ニ任セタリ民法第七百十二條ノ規定即チ之レ也。

從テ現行刑法カ疑問時期ヲ廢シタルハ一個ノ缺點タラスンハ非ス素ヨリ現行法カ刑事無責任年齢ヲ舊刑法ヨリ二年延長シタルハ表面ニ於テ學理ノ趨勢ニ適合スルカ如キ觀アリト雖モ實際ニ於テハ却テ其反對ノ現象ヲ呈出セリ蓋シ舊刑法ノ下ニ於テ裁判所カ實際實行シツツアル所ハ即チ舊刑法第八十條ヲ利用シ十六歳未滿ノ者ヲ殆ント總テ無責任ト爲シツツアリタレハナリ從テ疑問時期ヲ廢シ無責任年齢ヲ十四歳以下トシタル現行刑法ハ實際ニ於テ舊刑法ニ比シ責任年齢ヲ低下シタルモノト論スルモ

其二　疑問時期ノ廢止

其三　十四歳以上ノ者ニ對シノ刑ノ輕減チ認メスモノ

不當ニアラス是レ其一、

疑問時期ノ存廢及十四歳ナル標準カ適當ナルヤ否ヤニ關シテ參考トナルハ佛刑法ナリ同法ハ從來十六歳ヲ標準年齡トシタルモ千九百六年更ラニ改メテ標準年齡ヲ十八歳トシ其レ以上ヲ全責任トシ其以下ニ於テハ能力ノ有無ヲ審案シ能力アリトセラレタル場合ニハ十六歳未滿ノ者ニハ刑ヲ輕減シ十六歳以上ノ者ニハ全責任ヲ科スルコトトセリ而シテ曩キニ論述シタルカ如ク能力ノ程度ハ個別的ニ審案スヘキモノトスレハ現行刑法カ此ノ疑問時期ノ原則ヲ打破シ十四歳ヲ以テ標準トシタルハ近時ノ刑法學界ノ趨勢ニ背クモノト云ハサル可カラス是レ其二、

最後ニ十四歳以上ノ者ニ就テ刑ノ輕減ヲ認メサルハ果シテ當ヲ得タルヤ否ヤ疑問時期ヲ廢シ標準年齡ヲ十四歳ニ確定シタル刑法ニ於テ殊ニ不當ノ感ヲ抱カサルヲ得ス或ハ云フ現行刑法ハ刑ノ範圍甚タ廣汎ナルカ故ニ特ニ輕減ヲ認メサルモ裁判官ニ於テ輕減セルト同樣ノ刑ヲ科スルカ故ニ敢テ不當ニアラスト予輩ハ裁判官ノ地位ニアル人ニ對シ斯ノ如キ信認

ヲ表スル能ハサルヲ憾ム是レ其ノ三、

瘖啞者

二 瘖啞者

瘖啞ハ精神智能ノ發育ニ必要ナル聽能ト語能トヲ缺如スル者ナルカ故ニ年齢ノ如何ニ拘ラス精神ノ成熟ヲ妨ケラルル故ニ法律ハ瘖啞ヲ以テ責任無能力ノ一原因ト爲セリ然レトモ瘖啞者ニ對スル敎育ノ方法發達スルト共ニ相當ニ之レヲ敎育スルコトヲ得ルニ至リタルカ故ニ舊刑法ノ如ク瘖啞者タルノ事實ノミヲ以テ無責任トスルハ失當ナリ現行刑法ハ之レニ鑑ミ裁判所ヲシテ責任能力ヲ審案セシメ其責任能力アリトスル場合ニハ刑ヲ輕減シ然ラサル場合ニハ不可罰トス。

精神障碍

三 精神障碍者

精神ノ障碍モ又責任無能力ノ一原因ナリ然シテ精神障碍ニ二種アリ心神喪失及心神耗弱卽チ之レナリ、無能力ノ原因トナルハ前者ニシテ後者ハ單ニ刑ノ輕減原因タルニ過キス。

第一心神喪失

第一 心神喪失 心神ノ喪失ハ病理的ナルト心理的ナルト將タ先天的ナ

ルト後天的ナルト將タ又一時的ナルト永久的ナルトヲ問ハサルナリ。

民法ニ於テハ心神喪失ノ常況ニアル者ニ對シテハ全然無能力トシ禁治産ナル制度ヲ設ケ之レヲ保護シ禁治産者ノ行爲ハ常ニ之レヲ取消スコトヲ得ルモノトス然レトモ刑法上ニ於テハ民法上ノ禁治産者ナルカ故ニ無責任トスルコトナシ蓋シ心神喪失ノ常況ニアル者ト雖モ時ニ快復スルコトアリ快復時ニ於テ爲シタル犯罪行爲ニ付テハ刑法上ノ責任ヲ免カルルコトヲ得サルハ論理上當然ナレハ也。

第二減弱責任者

第二　減弱責任者　民法ニ於テハ心神耗弱者ヲ準禁治産者トシテ保護ス刑法ニ於テモ限定責任能力者ニ對シ刑ヲ輕減スヘシトノ議論ノ下ニ心神耗弱者ノ行爲ハ其刑ヲ減輕スルコトトセリ蓋シ心神耗弱者ヲ普通ノ成年犯者ト同一ニ處遇ス可カラサルハ未成年犯者ヲ成年犯者ト同一ニ處遇ス可カラサルト同一ナリ然レトモ心神耗弱者ニ對シテハ單ニ其刑ヲ減輕スルノミヲ以テ犯罪鎭壓ノ目的ヲ達シ得ヘシトスル點ニ付テハ

減弱責任能力者ノ處置問題

議論ノ存スル所ナリ蓋シ心神耗弱者ヲ普通ノ成年犯者ト同一ニ處遇ス

法律学の森

潮見佳男 著（京都大学大学院法学研究科 教授）

新債権総論 I

A5変・上製・906頁　7,000円（税別）　ISBN978-4-7972-8022-7　C3332

新法ベースのプロ向け債権総論体系書

2017年（平成29年）5月成立の債権法改正の立案にも参画した著者による体系書。旧著である『債権総論 I（第2版）』、『債権総論 II（第 3 版）』を全面的に見直し、旧法の下での理論と関連させつつ、新法の下での解釈論を掘り下げ、提示する。新法をもとに法律問題を処理していくプロフェッショナル（研究者・実務家）のための理論と体系を示す。前半にあたる本書では、第1編・契約と債権関係から第4編・債権の保全までを収める。

【目　次】

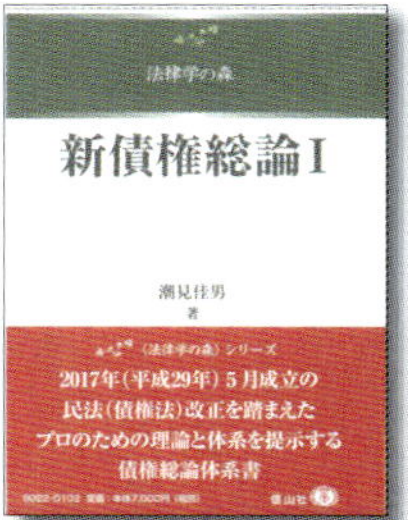

〈編者紹介〉
潮見佳男（しおみ・よしお）
1959年　愛媛県生まれ
1981年　京都大学法学部卒業
現　職　京都大学大学院法学研究科教授

新債権総論 II

A5変・上製　6,600円（税別）　ISBN978-4-7972-8023-4　C3332

1896 年（明治29年）の制定以来初の 民法（債権法）抜本改正

【新刊】
潮見佳男著『新債権総論 II』
　第5編　債権の消滅 / 第6編　債権関係における主体の変動
　第7編　多数当事者の債権関係

〒113-0033 東京都文京区本郷6-2-9-102 東大正門前
TEL:03(3818)1019 FAX:03(3811)3580 E-mail:order@shinzansha.co.jp
信山社
http://www.shinzansha.co.jp

ヘキニアラサルハ法學界ノミナラス心理學界ニ於テモ醫學界ニ於テモ既ニ議論ノ一致スル所ナレトモ然ラハ如何ニ之ヲ處遇ス可キカノ點ニ付キテハ議論區々トシテ一致スル所ヲ知ラス或ハ一種ノ感化院ニ收容スヘシト云ヒ或ハ牢獄中ニ特別監房ヲ設ケテ教養スヘシト說ク之レヲ要スルニ心神耗弱者ニ對スル處罰問題ハ刑事政策上重要ナル問題也、現行刑法カ此ノ點ニ於テ單ニ刑ノ輕減ノミヲ認メ其他ハ普通ノ成年犯者ト同一ニ處遇スヘキモノナリトスルハ一缺點タルヲ疑ハス少ナクトモ特別法規ニヨリ心神耗弱者ノ處遇方法ヲ講セサル可カラス蓋シ科罰ノ目的ハ犯罪ノ豫防ニアレハ也。

現行法ノ缺點

自カラ心神喪失ヲ招キテ罪ヲ犯シタルモノノ處分

四 最後ニ研究スヘキハ自カラ心神喪失ヲ招キテ罪ヲ犯シタル者ニ就テハ如何ナル處分ヲナスヘキ歟

「アクチオリベラ、インカウザ」トハ例ヘハ殺人行爲ハ心神喪失中ノ行爲ナルモ殺人行爲ヲ實行スル以前ニ於テ飲酒若クハ其他ノ手段ニヨリ自カラ心神喪失ヲ招キタル場合ニシテ之ヲ如何ニ處分スヘキカニ就テハ學說三アリ。

第一無罪說

第一　無罪說、行爲カ罪トシテ罰セラルルニハ其行爲カ責任能力者ノ行爲ナラサル可カラス從テ行爲カ心神喪失中ニ爲サレタル場合ハ之レヲ犯罪トシテ罰スルニ由ナシト。

第二有罪說

第二　有罪說、人ハ責任無能力者ヲ利用シテ罪ヲ犯シ得ルカ如ク又自己ヲ心神喪失ノ狀況ニ陷レ以テ自身ヲ利用スルコトヲ得ヘシ而シテ此ノ場合ニ於テ犯罪トナルハ恰モ間接正犯ニ於テ直接手ヲ下シタル行爲其モノハ犯罪ヲ構成セサルモ間接正犯者ニ歸責能力アリ且其行爲ヲ爲スノ意思ト結果トノ間ニ因果關係アルトキハ之ヲ有罪トシテ處罰スルコトヲ得ルカ如ク精神ニ障碍アル自身ヲ利用シタル場合ニ於テモ因果聯絡ノ進行ヲ進ムル其瞬間ニ於テ引責能力アルトキハ有罪トシテ處分スルコトヲ得例ヘハ鐵道ノ番人カ未醉狀態ニ於テ信號ヲ爲ササルノ犯意ヲ有スルトキハ酩酊ニヨリ信號ヲナサザリシ場合ト雖モ汽車轉覆ナル結果ニ對シ責任ヲ負擔スヘキモノトスト。

第三　折衷說、折衷說ニ二アリ。

（イ）有意犯ハ成立スルモ過失犯ハ成立セストノ說、曰ク犯罪行爲ニ犯意アル場合ハ其犯意ノ及フ限リ因果ノ連絡アルモ過失ノ場合ニ於テハ此ノ因果ノ連絡ヲ欠缺スルカ故ニ前者ハ成立シ後者ハ成立セスト

（ロ）有意犯ハ成立セサルモ過失犯ハ成立ストノ說、曰ク例ヘ犯意アルモ其犯意ハ心神ノ喪失ニヨリテ消滅スルモノニシテ有意犯ハ成立セス然レトモ其心神喪失ヲ招キタル行爲ハ過失ニ基因スルカ故ニ此ノ場合ニ於テハ過失犯トシテ處罰スト

予輩ハ有罪說ニ賛ス或學者ハ此ノ場合ニ於テ總テ因果關係アリト速斷スルハ不當ナリ、因果關係ノ有無ハ當該行爲カ果シテ心神喪失ニ原因スルモノナルヤ否ヤヲ各場合ニ就テ個別的ニ判斷スヘキモノニシテ其積極ニ論定スヘキ場合ニ於テ始メテ有罪トスヘク然ラサル場合ニハ無罪トセサル可カラス從ツテ當該行爲ノ有罪無罪ハ一ニ因果關係ノ有無ニヨリテ決スヘキモノナリト說明スルモ前記有罪說ト何等ノ異ル所アルヲ見ス何ト

ナレハ有罪說モ亦其前提トシテ心神喪失其モノヲ利用シテ爲シタル當該行爲ト結果トノ間ニ因果關係ナキモ尚ホ有罪ナリト斷定スルモノニ非サレハナリ。

第三節 犯意論

第一款 故意ノ概念

第一 總論

總論

故意過失ハ犯罪ノ主觀的要件也

特別刑法ニ於テハ單ニ法益ノ侵害ノミヲ以テ犯罪トナシ故意過失ノ有無ヲ問ハサルモノアリト雖モ（例ヘハ酒造稅法第三十七條）普通刑法ニ於テハ故意又ハ過失ナキ犯罪ヲ認ムルコトナシ換言スレハ犯罪ノ構成要素トシテハ法益ノ侵害ニ對シテ犯意若クハ過失アルコトヲ要ス犯意及過失ハ犯人ノ非社會性ノ徵憑ナリ犯意若クハ過失カ更ラニ表現シテ行爲トナルニ及ヒ茲ニ非社會性ノ表現即違法行爲アリトシテ刑事責任ヲ生ス故ニ故意若クハ過失ハ刑事責任ノ基本ニシテ行爲ハ之ヲ罰スルノ條件タルモノナリ、

然レ共犯罪ヲ客觀的ニ定義スルモノハ行爲ヲ以テ刑事責任ノ基本トシ犯意若クハ過失カ其行爲ニ隨伴スル場合ニ於テ初メテ其行爲ト人格トノ間ニ一定ノ關係ヲ具備スルニ至リ茲ニ所謂有責行爲トナルモノニシテ行爲カ一定ノ條件即チ故意若クハ過失ヲ伴フニアラサレハ刑事責任ヲ生セスト解ス、約言スレハ行爲ハ刑事責任ノ基本ニシテ故意過失ハ之ヲ罰スルノ條件タルモノナリト、

然レ共曩キニ前論ニ於テ説述セシカ如ク予輩ハ共同生活ヲ侵害スル行爲其モノハ反社會性即チ伊太利學者ノ所謂テミビリタノ發現ニ過キスシテ刑罰ハ此ノ惡性《テミビリタ》ノ表現ヲ豫防スルノ目的ニ出ツルモノナリト解スルカ故ニ主觀説ニ從フ、

第二故意

故意ノ概念

第二　故意（犯意）

故意ノ概念

故意ヲ以テ犯罪事實ノ認識ナリトスル説アリ犯罪事實ノ希望ナリトスル説アリ、

認識主義

認識主義 此ノ主義ニヨレハ故意トハ行爲ヲ知リ結果ヲ知リ從テ行爲ト結果トノ連絡ヲ知ルコトニシテ例ヘハ犯人ニ於テ被害者ノ所持セル「パン」ヲ奪取スルトキハ其必然ノ結果トシテ被害者ノ餓死スヘキコトヲ知ルニモ拘ラス敢テ之ヲ奪取シタルトキハ其意思タル單ニ被害者ノ所持セル「パン」ヲ得ントスルニアルモ殺人ノ意思アルモノトス

希望主義

希望主義、故意トハ結果ヲ希望スルコトニシテ凡ソ犯人ニ於テ其行爲ヨリ生シタル結果ニ對シテ故意アリト云ハンカ爲メニハ單ニ犯人ニ於テ其身體ノ動止ヲ知リ結果ヲ知リ從テ身體ノ動作ト結果トノ連絡ヲ知ルノミナラス進ンテ其依テ生シタル結果ヲ希望スルノ意思アルコトヲ要ス前例ニ就テ云ヘハ「パン」ノ奪取者ハ殺人ノ罪ヲ以テ問フコトヲ得スト、

勝本博士ノ説

而シテ希望ト認識トハ同一ナリト論スル學者アリ然ラスト論スル學者アリ勝本博士ハ「結果ノ發生ヲ知ルニ拘ラス之レヲ發生セシムヘキ行爲ヲ爲スハ即チ結果ノ發生ヲ希望スルモノニシテ認識主義ト希望主義ト

岡田博士ノ説

ハ其外形異ナルモ心理上ノ意思ニ於テハ全ク同一ニシテ毫末ノ差異ナシ」ト說明セラルルニ反シ

岡田博士ノ如キハ希望ト云ヒ意慾ト云フ語ノ意味確定セスト雖其犯罪事實ヲ認識シ積極又ハ消極ノ行爲ヲ採ラントノ決意アル以上ハ別ニ之ニ對スル快感アルヲ必要トセス止タ此意味ニ於テ希望主義意慾主義ノ犯罪論ヲ排斥スルコトヲ得ルニ似タリト說明シ認識ト希望トノ差ハ快感ノ有無ニアリトセラルルカ如シ、

然レ共吾人ハ心理學上ノ斷定トシテ認識ト希望トヲ同一視スル能ハス蓋シ前者ハ知的作用ニシテ後者ハ意的作用ナレハ也、只タ其意的作用中ニハ犯罪ノ決意ヲ含ムカ故ニ決意ト希望トノ分界稍〻分明ヲ缺クカ如キ恐レナキニ非ラスト云ヘトモ決意アルカ故ニ希望アリト云フ能ハス決意ハ意的衝動ノ結果ニシテ希望ハ其結果ニ伴フテ決意ヲ助成スル他ノ意的作用ナレハナリ然レ共又快感ノ有無ニヨリテ認識ト希望トヲ區別セントスルハ誤マレリ情的作用ト知的作用トヲ混同スルモノナレハ

ナリ、

結論

刑法學上ノ斷定トシテハ之ヲ刑法典ト照合シテ解釋セサルヘカラス刑法典ニ於テハ或ハ朝憲ヲ紊亂スルコトヲ目的トシ或ハ外國ニ對シ侮辱ヲ加フル目的ヲ以テ云々ト規定スルコト少カラス是等ノ場合ニハ即チ故意ノ要素トシテ一種ノ希望ヲ包含スルモノニシテ此希望ナケレハ該犯罪ヲ構成セサルモノナリ、從テ或犯罪ニ於テハ希望即犯罪ノ遠因ヲ以テ原因トスルコトナキニ非ラサルモ之レ必スシモ總テノ犯罪ニ共通スル原則ニ非ラス寧ロ原則ニ對スル一種ノ例外ト認ムルヲ至當トス吾人ハ此意味ニ於テ認識主義ニ左袒ス而シテ犯罪事實ノ認識ハ客觀的要件ノ認識ナルカ故ニ犯罪トナルヘキ事實及罪本重カルヘキ事實ヲ包含ス然レトモ自己ノ責任能力ハ之ヲ認識スルコトヲ要セス從テ自カラ精神病者ナリト自信シテ犯罪行爲ヲナシタルモノアルモ以テ犯意ナシト云フ可カラス責任能力ハ法律上ノ效果ヲ受クヘキ適格ニシテ之レヲ知ルト否トハ犯罪事實ノ認識ニ關係ナケレハ也、

犯意ハ違法ノ認識ヲ要スルヤ

第三、犯意ハ違法ノ認識ヲ要スルヤ、

現行刑法ニ於テハ行爲カ法律ノ禁令ニ違反スルコトヲ認識スルコトヲ要セス（刑法第三十八條第三項）然レトモ違法ヲ認識セサル場合ハ情狀ニヨリテ刑ヲ減輕ス（刑法第三十八條第三項但書）而シテ一般ノ學理的見解トシテハ議論區々ニ分ル大別シテ二トス

消極說

消極說、犯意ノ成立ニハ行爲ノ違法ヲ認識スルヲ要セス蓋シ行爲ノ違法ヲ認識スル場合ニ於テ始メテ故意アリトセハ行爲者ハ自己ノ行爲カ法規ニ違反スルコトヲ知ルコトヲ要ス然レトモ行爲者カ法規ヲ知ルコトハ一般ノ場合ニ於テハ事實ニ反スルカ故ニ多クハ犯罪行爲ヲ所罰スルコト能ハサル場合ヲ生スルノミナラス法律ノ不知ハ恕セサルヲ以テ原則トス或ハ云フ違法ノ認識ハ一般的ニ知ルノミニテ可也、即チ或ハ其行爲カ違法ニアラスヤト認識スレハ即チ違法ノ認識アリト云フコトヲ得ルカ故ニ多數ノ犯罪人ニ對シ所罰ヲ免カレシムルノ結果ヲ生セスト然レ共例ヘハ人ヲ殺シタル者ハ何人ニテモ之ヲ殺スコトヲ得ルモノニシテ之レ卽チ社會ノ共同生活ノ維持上正當ナリト信シタル場合ハ違法ノ認識ヲ缺如スルモノニシテ所罰ヲ免カレシムルノ結果ヲ生スルニ至ルヘシト或ハ如斯特種ノ場合ニ於テハ故意ヲ存スト云フ者アラント特種ノ場合ト一般ノ場合ト論結ヲ異ニスルニ至ラハ勢ヒ兩者ノ區劃ヲ明確ナラシムル能ハサルニ至ルヘシ故ニ犯意ノ成立ニハ違法ノ認識ヲ要セスト見解シ他ノ一ハ違法ノ認識ヲ以テ故意ノ特別的要素ナリト見解ス、

積極說

積極說、此ノ說ニ二種アリ一ハ違法ノ認識ヲ以テ故意ノ一般的要素ナリ

其一一般的要件說

(一)一般的要件說、近世ノ刑法ニ於テハ所罰ニ關シテ意思ノ責任ヲ必要トス責任トハ違法ナル事實ヲ目的トスル行爲能力者ノ意思ナリ隨テ其責任ハ故意若クハ過失ニ本ツクノミニテハ不可也更ラニ進ンテ故意犯ニアリテハ自己ノ行爲カ法規ニ違反スルコトノ認識ヲ要シ過失犯ニアリテハ其認識ヲナシ得ル智能アルコトヲ要スト、

其二特別的要件說

(二)特別的要件說、違法ノ認識ヲ以テ一般要素トスルハ誤レリト雖モ或種ノ犯罪例ヘハ權利若クハ法律ノ侵犯ヲ以テ特色トスル犯罪ニアリテハ

違法ノ認識ヲ以テ故意ノ要素トス從テ違法カ特ニ犯罪ノ構成要素トシテ明文ニ示サレタル場合ニ於テ其違法カ權利ノ侵犯ヲ意味スルトキハ違法ノ認識ヲ要シ又法律ノ命令禁止ニ對スル違反ヲ意味スル場合ニハ其違法ノ認識ハ故意ノ要素ニアラス又特別ノ權能ナクシテ行爲ヲ爲スコトヲ意味スルトキハ本人カ法律ノ錯誤ニ基キ自己ニ特別ノ權能アリト認ムルニヨリテ故意ヲ阻却ストト

學理上ノ斷定

理論上ノ解釋トシテハ積極說ヲ以テ至當トス蓋シ罪トナルヘキ事實又ハ罪本ト重カルヘキ事實ノ認識ハ即チ違法ノ認識ナリ或ハ云フ違法ノ認識ヲ必要トセハ法律ノ不知ハ恕セストノ大原則ニ違反スト然レ共此ノ格言ハ古昔文運尙ホ未タ開ケサル當時ニ於テ必要ナリシモノニシテ特ニ法ハ知ラシム可カラス依ラシムヘシノ時代ニ於テハ法律ノ不知ヲ以テ處罰ヲ免カレシムルトキハ論者ノ云フカ如キ弊害ヲ生シタル可シト雖モ今日ノ如ク煩瑣ナル法律ヲ規定シ時ニ法律カ犯罪ヲ作ルカ如キ時代ニ於テハ寧ロ違法ノ認識ヲ故意ノ要素トナスモ必ラスシモ不當ナリト云フ可カラ

ス況ンヤ違法ノ認識ハ必ラスシモ法律違反ノ認識ニ非ラサルヲヤ。或ハ云フ違法ノ認識ト法律違反ノ認識トハ其間之レヲ區別ス可カラスト果シテ然ラハ罪トナルヘキ事實ノ認識ト罪本ト重カル可キ事實ノ認識トハ又其間區別ス可カラサルニ非ラスヤ。（刑法第三十八條第二項參照）

現行刑法上ノ解釋

然レ共我現行法ノ解釋トシテハ特別要件説ヲ採用セサル可カラサルカ如シ、蓋シ特別要件説ハ機械的説明ニシテ故意ノ本質ニ對シ學理上何等ノ釋明ヲ與ヘサルノミナラス却テ故意ノ本質ニ關シテ特別ノ場合ト一般ノ場合トノ二種別アルコトヲ認メサル可カラサルノ不當ナル論結ヲ生スルモ現行刑法ニハ斯ノ如キ規定ヲ存スルコト尠カラス例ヘハ第二百二十條ノ如キ之レナリ、

第二款 意思ノ分類

第一項 主觀的分類

單純意思

一 單純故意

最モ單純ナル意思ニシテ法律ニ記載シタル犯罪其モノヲ行フノ意思ヲ云フ例ヘハ他人ノ物件タルコトヲ知リテ之レヲ盜取スル意思ノ如キ即チ之レナリ、

二　動機ト故意

動機ト故意

故意ハ事實ノ認識ヲ以テ成立シ企望ヲ包含セス然レトモ其行爲者カ結果ノ發生ニ務メ若クハ之レヲ希望スルトキハ常ニ故意ヲ存ス只タ其努力ト希望トハ故意ノ要素ニアラサルノミ又故意ハ行爲ヲ爲スニ至リタル動機ノ如何ハ之レヲ問ハサルモノトス

動機ノ意義

「動機トハ行爲ノ決意ヲ促カシタル遠因ナリ」從テ例ヘハ貧窮ノ爲メ竊盜ヲナスモ好ンデ竊盜ヲ爲スモ犯罪ノ成立又ハ刑罰ノ法律上ノ加重減輕ト相關セサルヲ原則トス然レ

動機ト犯罪

共法律ハ時トシテ法律カ或犯罪ノ成立上特ニ一定ノ事項ヲ目的トスルコトヲ必要トスル場合アリ即チ法律カ特ニ「何々ノ目的ヲ以テ」又ハ「何々センコトヲ圖リ」等ノ語句ヲ用ユルコトアリ又時ニハ如斯語句ヲ用ヒサルモ尚ホ一定ノ目的ヲ以テ成立要素トスル犯罪アリ例ヘハ誣告罪ノ如

キハ他人ヲ罪ニ陷ルルノ目的ヲ以テ權限アル官署ニ對シテ虛僞ノ犯罪事實ヲ申告スルコトニヨリテ成立ス斯ノ如ク一定ノ目的カ犯罪成立ノ要素タル場合ニ於テハ其目的カ行爲ノ動機トナリタルコトヲ要スルモノニシテ此ノ目的ナケレハ刑法所定ノ犯罪ヲ構成セス例ヘハ朝憲紊亂ノ目的ナクシテ多衆ヲ嘯聚シ暴動ヲ行フモ內亂罪トナルコトナキカ如シ(刑法第七十七條)

豫謀ト故意

三　豫謀ト故意

犯罪構成ニ伴フ犯人ノ意思カ熟慮靜思セラレタルモノト認ムヘキトキ始メテ茲ニ豫謀アリト云フ、豫謀アルトキハ犯罪行爲ヲ行フカ爲メニ用ヒラルル手段モ亦多クハ熟慮靜思ノ結果畫策セラルルヲ通常トス然レトモソハ必ラスシモ豫謀ノ有無ヲ決スル必要ナル條件ニアラス

豫謀ト故意トノ區別

故意ト豫謀トノ區別ノ標準ハ單ニ犯罪ヲ考慮スル時間ノ長短ニアリ即チ程度ノ問題ナリ絕對的ニ正確ナル區劃アルモノニアラス只タ一般的ニ云フトキハ豫謀ニ出ツルモノハ主觀的犯意ノ根底固キカ故ニ客觀的ニ觀

察シテ犯罪ノ目的ヲ遂クルコト稍々確實ナルモノアリ從テ其情狀重大ナリト云フ沿革上ノ理由アルノ外理論上ノ分界ナシ從テ犯意カ豫謀ニ出テタルト故意ニ出テタルトニヨリ刑ノ輕重ヲ異ニスルハ犯罪ノ遠因ニヨリテ刑ノ輕重ヲ區別スルモノニシテ舊刑法ニ於テハ右ノ沿革上ノ理由ニ基キ豫謀ト故意トヲ分別シタルモ新刑法ハ理論ニ準據シ此ノ區別ニヨリ刑ノ輕重ヲ廢シタリ

舊刑法トノ差異

要之現行法ニ於テハ一般ノ場合ニ於テ豫謀ト動機トハ單純犯意ニヨル犯罪ト刑罰ノ加減ニ就テ異ナル所ナシト雖モ之レ素トヨリ刑罰ノ目的ヲ事實主義客觀主義ニ採リタルノ結果ニシテ若シ夫レ刑法學界近時ノ趨勢タル人格主義主觀主義ニ重キヲ置クトキハ豫謀ト動機トハ共ニ刑罰ノ加重若クハ減免ニ關シテ重大ナル影響ヲ有スルモノ也、蓋シ犯罪ヲ以テ惡性ノ表現ナリトセハ動機ノ如何ハ實ニ惡性ノ有無ヲ判斷スル唯一ノ材料ニシテ豫謀ノ有無ハ又惡性ノ執拗ナル持續ナルヤ否ヤヲ判斷スル好個ノ資料ナレハナリ

豫謀ト惡性トノ關係

第二項 客觀的分類

故意ヲ客觀的ニ分類スルトキハ確定ノ故意及不確定ノ故意ノ二種トス確定ノ故意トハ行爲者カ或ル行爲ヲ爲スニ當リ罪トナルベキ事情ノ存在若クハ發生ヲ確實ナリト信スルコトヲ云ヒ、不確定ノ故意トハ斯ノ如キ確信ナクシテ單ニ事實ノ存在若シクハ發生カ可能ナリト判斷サルル場合ヲ云フ、不確定故意ハ更ラニ分テ三トス「概括ノ故意」「擇一ノ故意」「未必ノ故意」之レナリ、

概括ノ故意

(一) 概括ノ故意、 概括ノ故意トハ本人カ特定シタル事實ノ認識ヲ有セスシテ概括的ニノミ確定スヘキ事實ヲ認識シタルトキ例ヘハ群集ニ向ヒ何人カニ命中スルノ意思ヲ以テ發砲スルカ如シ、

或ハ犯人カ其目的トシタル結果ヲ得タリト誤認シ其犯罪ノ跡ヲ蔽ハンカ爲メ又ハ其他ノ目的ヲ以テ更ニ他ノ行爲ヲ爲シタルニ實際ハ第二ノ行爲ニヨリテ曩キニ豫見シタル結果ヲ生スル場合アリ學者ノ所謂事前犯意ト稱スルモノ之レ也而シテ學者或ハ此場合ニモ概括ノ故意アリト

ナス學者アリ或ハ甲結果カ乙結果ヲ包含スヘキ性質ノモノナルトキニ於テ其甲結果ニ就テ故意ノ存スルトキハ乙結果ニ付キテモ又概括ノ故意アリトナスモノアリ、

擇一ノ故意

(二)擇一ノ故意、擇一ノ故意トハ本人カ一定ノ事實ニ對シテ確定ノ認識ヲ有セス數個ノ事實中何レカハ實在シ若シクハ發生スヘシト觀念シタル場合ニ存スルモノニシテ例ヘハ發砲ニヨリ甲ヲ殺サスンハ乙ヲ殺スヘク乙ヲ殺サスンハ甲ヲ殺スヘシト觀念シタルトキノ如シ、

未必ノ故意

(三)未必ノ故意、未必ノ故意トハ本人カ犯罪事實ノ存在若クハ發生ヲ確認スルニアラスシテ其存在若シクハ發生ヲ可能ナリト觀念シタル場合換言スレハ事實ノ必存ヲ期セサルモ事實カ存シ得ヘキモノト觀念シタル場合ヲ云フ未必ノ故意ハ或ハ偶發ノ故意トモ云フ、不確定ノ故意ヲ存スルニハ以上說述セシ如ク本人カ事實ノ存在又ハ發生ヲ以テ可能ナリト判斷シタルコトヲ要スルモノニシテ行爲者カ自己ノ熟練又ハ僥倖ヲ恃ミ事實ノ發生セザルコトヲ豫期シタル場合若クハ發生

未必ノ故意ト過失トノ差

スルヤ否ヤニ就テ疑ヒヲ抱キタルモ畢竟發生セサル可シト判斷シタル場合ニ於テハ過失ヲ存シ得ルモ故意ヲ存セス斯ノ如ク不確定ノ故意特ニ未必ノ故意ト過失トノ差ハ單ニ本人ノ判斷カ事實ノ存在若クハ發生ヲ可能ナリト觀察スルニ傾クヤ否ヤニヨリテ區別スヘキモノナルカ故ニ往々其境界ヲ劃スルコト困難ナル場合尠カラス(後節中末必ノ故意ト過失ノ區別參照)

第四節 過失論

第一款 過失ノ概念

過失ノ意義

過失トハ現存ノ或ル事實ヲ認識シ又ハ意思活動ノ結果ヲ豫見スルコトヲ得ヘカリシニ拘ハラス之レヲ認識シ又ハ豫見セサリシ不注意ト云フ意思ノ狀態ニシテ刑法上過失カ問題トナルハ其不注意テフ意思ノ狀態ニ於テ爲シタル行爲ヨリ豫期セサリシ或ル結果ヲ生シタル場合ニ限ルカ故ニ過失ノ成立要件トシテハ

認識シ豫見シ得ヘカリシ或ル事情ノ存シタルニ拘ラス

一方ニ於テ或事ヲ爲ス故意カ不注意ノ狀態ニアルコトヲ要シ他ノ一方ニ於テ或ル事ヲナシ因テ不期ノ結果ヲ生セシメタリト云フ事實アルコトヲ要ス。

從テ單ニ不注意ト稱スル意思ノ狀態ニ於テ或ル事ヲナサムト決意シタルノミニテハ未タ過失犯ヲ成立セシメス更ニ其意思ノ狀態ニ於テ實行スルモ之ニ因テ刑法上ノ或結果ヲ生スルニ非ラサレハ過失ノ問題ヲ生セス換言、刑法上ノ過失ハ主觀客觀兩方面ニ關ス。

斯ノ如ク過失ハ豫見スヘクシテ豫見セサリシテフ不注意ノ意思ノ狀態換言スレハ事實ノ不知ヲ以テ其本質トス故ニ一方ニ於テ事實ノ不知アルト共ニ他ノ一方ニ於テ其一定ノ行爲ニ就テハ其行爲ガ如何ナル狀況ノ下ニ爲サルルモノナルカヲ知ラサル可カラス此ノ點ニ於テ無意ノ動靜ト異ナル

過失ト無意ノ動靜トノ差異

無意ノ動靜トハ全然意思ニ因ラサル擧動也、換言スレハ他動的原因カ身體ニ勢力ヲ及ホシ以テ器械的ニ運動ヲ惹起シ又ハ之ヲ抑壓スル場合也、從

無意ト故意ト過失

テ生理的强制ニヨル場合モ器械的强制ニヨル場合モ共ニ無意ノ動靜也、無意ノ動靜ニ基ク物界ノ現象ハ人類ノ身體ト關係ヲ有スル點ニ於テ行爲又ハ不行爲ト其外觀ヲ同ウスルモ人類ノ意思ト關係ヲ有セサルノ點ニ於テ刑法上ニ於テハ之レヲ行爲ト稱ス可カラス、反之、過失ニヨル行爲ハ故意ヲ存セサルモ無意ノ動靜ニアラス而シテ過失ハ不注意ナル意思ノ狀態ニ於テ責任ノ基本タル客觀的事實ノ認識ヲ缺如スル點ニ於テハ故意行爲ト異ナリ其意志ニ基ク點ニ於テハ故意ト異ナルナシ。

所謂自由意思ノ喪失ナル觀念ハ全然意思ヲ喪失セル場合ハ素ヨリ無意ノ動靜ナルモ普通學者ノ説明スル所ハ全然意思作用ニ餘地ヲ存セサルモノニアラス從テ普通ノ意味ニ於テ又ハ無意ノ動靜ト異ル

然レ共一定ノ狀況ニ於テ爲サルル行爲カ必ラス一定ノ結果ヲ惹起スルニ拘ラス結果ニ就キテ認識ナカリシ場合ヲ過失トスルカ故ニ其結果ニ就テ認識アル場合ハ過失ニアラス故意也、即チ故意ノ概念ト過失ノ概念トハ互ニ相容ルルコトヲ得サル觀念也、何トナレハ過失ハ一定ノ事實ノ一部ヲ知リ而カモ其他ノ一部ヲ知ラサリシモノニシテ故意ハ一定ノ事實及其結果タル事實ヲ認識シ豫見シタル意思ノ狀態ナレハ也。

過失ハ行為ト結果トノ觀念ヲ包含ス

以上論スルカ如ク過失ノ問題ハ行為ト結果トノ問題也、故ニ通常故意ニ基ク犯行ノ如ク因果關係ノ問題ヲ生ス而シテ過失犯ニ固有ノ問題トシテ特ニ困難ヲ生スルハ不注意ノ意思ニ基ク行為ト依テ生シタル結果トノ間ニ於ケル責任問題也、普通學者ノ説明スル所ニヨレハ過失ニ基ク行為モ一ノ有意的擧動ナルカ故ニ刑事責任ヲ負擔ス蓋シ犯罪ノ意義ヲ客觀的ニ觀察スルトキハ此ノ論結以上ニ出ツル能ハサルハ當然ナリト雖モ苟モ犯罪

過失責任ノ根據

ノ觀念ヲ主觀主義ニ採ルトキハ未タ之レヲ以テ滿足ス可カラス惟フニ過失ヲ罰スルハ豫見スヘク豫見セサル可カラサルコトヲ豫見セサルニ因リ或ル實害ヲ生セシメタルコトカ社會生存上ニ害アルカ故ニシテ即チ其認識ノ欠缺ハ惡性ノ表現ナリト云ハサル可カラス故ニ又過失ノ責任ハ自カラ豫見シ得ヘキ範圍內ニ限ラレ豫見シ得ヘキ範圍ハ不注意ノ行為ヨリ當然生スヘキ結果ニ限ラルト解セサル可カラス。

或ル事情ヲ豫見シ得ルヤ否ヤヲ定ムル標準如何

然ラハ其或ル事情カ豫見シ得ルモノナルヤ否ヤハ如何ナル標準ニヨリテ決スルカ換言スレハ如何ナル注意ノ程度ヲ缺クトキハ刑法上過失アリト云ヒ得ルカ蓋シ或ル事情ヲ豫見スルコトヲ得ルモノナルヤ否ヤハ各人智慮經驗ノ深淺ニヨリテ異ナルモノニシテ例ヘハ或ル事情ハ智慮アリ經驗アル者ニ對シテハ容易ニ豫見スルコトヲ得ルモノナルモ普通一般ノ人ニ於テハ之レヲ豫見シ得サルコトアリ又ハ普通一般ノ人ハ豫見シ得ル事情ナルニモ拘ラス智慮乏シク經驗少ナキ者ニアリテハ之レヲ豫見シ能ハサルコトハ通常吾人ノ見ル所也、此ニ於テ如何ナル程度ノ智慮經驗ヲ以テスレハ換言スレハ如何ナル程度ノ不注意カ刑法上過失トナルヤノ問題ヲ生ス而シテ其標準ニ關シテ學者ノ見解大別三アリ、

甲 客觀說 注意ノ程度ハ民法ノ注意義務ノ原則ニ依ルヘシ

(甲) 客觀說　客觀說ハ注意義務ヲ抽象的標準ニ求ム其理由ニ曰ク、

(1) 刑法ニ於テハ注意義務ニ就テ特別ノ明文ナシ故ニ過失ノ觀念ヲ定ムルニ就テハ注意義務ニ就キ詳密ナル規定ヲ爲セル民法ニ依ルヲ要ス民法ニ於テハ善良ナル管理者ノ注意ヲ以テ注意義務ノ原則トス(民四

法條百）然レトモ時トシテ此義務ヲ輕減シ單ニ自己カ通常爲ス所ノ注意ヲ以テ足レリトスル場合アリ（民法六百五十九條）刑法ニ於テハ注意義務ニ就テ二種ノ段階ヲ認ムル能ハサルカ故ニ民法ノ原則タル善良ナル管理者ノ注意ヲ以テ注意義務ノ標準ヲ定メサル可カラスト

(2) 善良ナル管理者ノ注意トシテノ注意ハ通常人ニ可能ナルモノニシテ又共同生活維持上必要トスル所ナリ故ニ苟クモ通常人トシテ社會ノ待遇ヲ受ケントスルモノハ此必要ニシテ可能ナル注意義務ヲ守ラサル可カラサルハ當然ナリ此當然的義務ニ反スルモノニ對シテハ過失アリトシテ刑罰ヲ科スルモ決シテ苛酷ニ非スト

(3) 善良ナル管理者ノ注意義務ハ其注意スヘキ事項ノ異ルニ從テ又其程度ヲ異ニス例ヘハ危險ナル事項ニ對シテハ詳密ナル注意ヲ要シ安全ナル事項ニ對シテハ少許ノ注意ヲ以テ足ルガ如シ故ニ抽象的標準ハ確一不動ノ心的狀態ニ非ラス新刑法ニ所謂業務上必要ナル注意ト稱スルハ卽チ此ノ意ヲ明カニセルモノナリト

以上ノ理由ニヨリ抽象的ニ注意深キ普通人ヲ標準トシテ抽象的ニ定ム可キモノナルカ故ニ普通一般人ヲ標準トシテ判斷スレハ豫見シ得ヘカリシモノナルトキハ例令本人ニ於テ愚昧ナルカ爲メ之レヲ豫見セサリシ場合ニ於テモ本人ニ過失アリト云フコトヲ得ヘク、反之此標準ニヨリ判斷シテ豫見シ得ヘカラサル場合ハ本人カ其事情ヲ豫見シ得ヘクシテ豫見セサリシ場合ニ於テモ過失犯ヲ存セスト。

（乙）主觀說、注意ノ義務ハ刑事責任ノ本質上本人ノ注意力ヲ標準トシテ定ムヘキモノニシテ本人ノ主觀的方面ニ於テノミ決定セサル可カラス即チ本人カ通常爲ス所ノ注意ヲ缺ク場合ニ於テ過失アリ故ニ或事實ヲ豫見シ得ルト否トハ一ニ其本人ノ平常ニ於ケル注意ノ程度ヲ斟酌スヘキモノ也、注意ノ義務ヲ客觀的ニ定ムルハ全然本人ノ主觀的方面ヲ離レテ刑事上ノ責任ヲ定メントスルモノニシテ民法ト刑法トノ理論ヲ混同スル謬論ナリト、

乙主觀說
刑事責任ノ本質上本人ノ注意力ヲ標準トス

或ハ此說ヲ批難シテ曰ク此ノ見解ニ從フトキハ平常智慮經驗ニ富メル

者ハ普通一般人ヨリ以上ノ責任ヲ負擔セサル可カラサルカ如キ不公平ナル結果ヲ生スルカ故ニ採用ス可カラスト然レトモ若シ本人カ事情ヲ認識シタルトキハ例令一般普通人カ認識ス可カラサル場合ニ於テモ故意アリトシテ責任ヲ問フヘキハ何人モ爭ハサル所既ニ故意ノ場合ニ於テ主觀的標準ニヨリテ決スル以上ハ過失ノ場合ニ於テモ亦本人ノ主觀的方面ノミヲ標準トスルコト必ラスシモ不當ナリト云フコトヲ得スト、

丙折衷說

(丙) 折衷說、普通人ヨリ高キ注意力ヲ有スルモノニ就テハ客觀的標準ニ從ヒ普通人ヨリ低キ注意力ヲ有スルモノニ就テハ主觀的標準ニ從フト、

客觀說折衷說ニ對スル批評

要之認識シ得ヘクシテ認識セサル場合ハ即チ過失犯アリ從テ客觀說又ハ折衷說ニ從フトキハ時ニ認識シ得ヘカリシニ係ラス認識セサリシ場合ニ於テ過失犯ヲ成立セシメサルカ如キ結果ヲ生ス

刑事責任ヲ以テ社會的責任ト解スル學者ハ客觀說ヲ採リ個性的(若クハ道

斷定

義的)責任ト解スル論者ハ主觀說ヲ採ルカ如シ然レ共其責任ノ效果ト其責任ノ原因トハ之レヲ區別セサル可カラス。換言スレハ故意又ハ過失ハ犯罪ノ主觀的要件ニシテ所謂學者ノ意志責任ナリ刑事責任ハ刑罰負擔ノ適格性ヲ意味スルモノニシテ故意又ハ過失ト混同スルコトヲ許サス從ツテ刑事責任ヲ以テ社會的責任トスルモ其責任ヲ負擔スルニ至レル原因ト其責任ヲ負擔スル適格トハ之ヲ區別スルコトヲ要ス過失ノ場合ニ於テ特ニ然リトナス、若シ夫レ社會ノ進化カ吾人ノ理想境ニ達シタル場合ニハ客觀說ニ從ヒ以テ其反社會性ヲ所罰スルハ當然ノ所措ナリト雖共現代ニ於テハ未タ此ノ說ヲ採用ス可カラサルハ尙故意ノ有無ヲ決定スルニ就テ客觀說ニヨル可カラサルト同シ、故ニ予輩ハ本問ニ對シテハ暫ク主觀說ヲ主張セント欲ス。

第二款　過失ト他ノ犯罪

一　過失ヲ以テ犯シ得ル犯罪ノ範圍

過失ハ不注意ナル意思ノ狀態ナルカ故ニ理論上ニ於テハ各種ノ故意犯ハ過失ニヨリテ之ヲ犯スコトヲ得然レ共曩キニ說述セシ如ク刑罰ハ社會ノ共同生活ヲ維持スルカ爲メニ必要ナル範圍ニ於テ科スルモノナルカ故ニ過失ニ對スル刑罰ハ社會的秩序ヲ正當ナラシムル程度ニ於テ重大ナル實害ヲ生スヘキ場合ノミニ限局セサル可カラス我刑法ニ於テハ殺傷失火、失水、往來妨害等ニ對スル過失罪ノミヲ認メタリ、

然レトモ特別刑法ニ於テハ多クノ過失犯ヲ認メタルノミナラス形式的結果犯ヲ認メタルコトヲ注意スルヲ要ス、

二過失ト未必ノ故意トノ區別、

故意ノ概念ヲ希望ナリトスル論者ハ結果ノ希望ヲ以テ故意ノ要素トスルカ故ニ所謂未必ノ故意ハ即チ過失ニ外ナラストナス然レトモ認識主義ヲ採ル學者ハ之カ區別ヲ認ム而シテ兩者區別ノ標準ニ就テハ或ハ認諾ノ有無ニヨリテ區別セントスルモノアリ或ハ認識ノ有無ニヨリテ區別セントスルモノアリ以下認諾ノ觀念ヲ敍述シ以テ區別ニ關スル學說ヲ列擧セ

ン

認諾ノ觀念

認諾ノ觀念、認諾トハ犯罪事實カ實在スルモ其行動ヲ止メスト云フ觀念ヲ云フ換言スレハ認諾ハ避ケサルノ觀念也、故ニ希望アレハ常ニ認諾アリ希望ナキモ又認諾ヲ存スルコトアリ、本人カ初メヨリ未必ノ結果ノ生スルコトヲ目的トシ又ハ目的ニ隨伴スル必要條件トナストキハ希望ト共ニ認諾ヲ存ス此ノ場合ノミナラス犯罪事實ノ發生ヲ必要條件トナササルモ若シ其目的ニ隨伴スル必要條件タルニ於テハ敢テ避ケストノ觀念ヲ有スルトキハ完全ナル認諾ヲ有スト之レ認諾テフ觀念ニ對スル學者ノ說明ナリ。

認諾ニヨリ區別スル說

(一) 認諾ニヨリテ區別スル說、

認諾トハ前揭ノ如ク犯罪事實ノ發生カ必然的也ト假定スルモ尚ホ其行爲ヲ敢テスルノ意思ヲ云フモノナルカ故ニ未必的ニ結果發生ノ危險アルコトヲ認識シタル場合ニ假令人ヲ殺傷スルモ尚ホ馬車ヲ驅ルノ意思ナリシナランニハ犯罪事實ノ認識アルモノニシテ未必ノ故意ナリ然

ラサル場合ハ過失ナリト、

認識ニヨリ區別スル說

(二)認識ニヨリテ區別スル說、

犯意ハ認識ナリ認識ハ現實ノ知覺ナリ反之認諾ハ假定ノ事實ニ對スル承諾ナリ、故ニ犯意ヲ以テ認識ナリトスルトキハ犯意ト過失トノ分界モ亦認識ノ有無ニヨリテ決セサル可カラス認諾ノ有無ニ歸スルハ論理一貫セスト、

後說ヲ取ル、

結果罪ノ觀念

(三)過失犯ト結果犯トノ區別

結果犯ノ觀念

結果犯トハ一定ノ罪トナルヘキ行爲ニ特別ノ結果ノ加ハルニヨリテ刑罰ヲ加重スル犯罪也、換言スレハ罪タル行爲ヲ爲スニヨリ法律カ明文ヲ以テ定メタル間接ノ結果ヲ生シタル場合ニ其結果ニ對シテ罪責ヲ負フ犯罪也、從テ總テノ結果犯ハ結果ノ豫見ヲ必要トセス例ヘハ甲者乙者ヲ毆打スルノ意思ヲ以テ毆打シタルニ乙者ハ身體尫弱ナリシ爲メ終ニ

「死」ナル結果ヲ生シタル場合ニ於テ「死」ナル結果ハ甲者ノ豫見スル所ニ非ラサリシモ結果犯トシテ毆打致死ナル加重責任ヲ負ハサル可カラス如斯結果犯ハ結果ノ豫見ヲ必要トセサル犯罪ニシテ結果ノ豫見ヲ必要トスルハ結果犯ノ性質ニ抵觸ス換言スレハ結果ノ豫見アルトキハ別罪ヲ構成ス然レトモ時トシテ結果ノ豫見アルモ別罪ヲ構成スル規定ナキトキハ豫見ノ有無ニ係ラス之レヲ結果犯トスルコトアリ舊刑法ニ於ケル毆打瞎目罪ノ如キ即チ之レ也、

結果犯ト過失犯トノ異同

結果犯モ過失犯モ法定ノ間接ノ結果ノ發生ニヨリテ成立スル罪タル行爲ニシテ結果ノ豫見ヲ必要トセサルコト否ナ結果ヲ豫見セサリシコトヲ其本質トスルノミナラス時ニ罪タル行爲ヲ爲スニ當リテ發生シタル過失ナルコトアリ從テ兩者ノ區別ハ甚タ明瞭ナラス今根本的區別ヲ抽象的ニ求ムレハ左ノ如シ。

第一 意思ノ差異

(一) 意思ノ差異、結果犯ニ於ケル意思ハ結果(即チ加重條件タル事項)ヲ惹起スルニ至リタル罪タル行爲ヲ爲ス意思ナリ換言スレハ初メヨリ一定ノ

第二責任ノ差異

犯罪ニ對スル故意ノ存在スル場合ナリ

過失犯ノ意思ハ必スシモ一定ノ犯罪ニ對スル故意ノ存在ヲ要件トセス時ニ權利行爲ヨリ發生スルコトアリ、放任行爲ヨリ發生スルコトアリ時ニ一定ノ犯罪ヲ行フ故意行爲ニ隨伴シテ生スルコトアリ、

(二)責任ノ差異、結果犯ノ意思ハ一定ノ罪タル行爲ヲナス意思ノミヲ以テ成立シ此ノ意思ニヨリテ爲セル行爲カ法定ノ間接ノ結果卽チ加重條件タル事實ヲ惹起シタルトキハ其過失ノ有無ヲ問ハス絕對ニ其結果ニ付キ責ヲ負フ、

過失罪ヲ犯スノ意思ハ一定ノ行爲ヲ爲ス意思ニ過失アルモノニシテ例ヘ法定ノ結果ヲ惹起スルトキト雖共行爲者カ其結果ヲ生セサラシムルコトヲ得ヘカリシ場合ニアラサレハ其結果ニ付キ責任ヲ負ハス、

第四章　犯罪ノ客觀的要件

第一節　行爲論

行爲ノ意義

一　行爲ノ概念

犯罪ハ行爲ナリ行爲ハ人ノ意思ニ基ク身體ノ動靜也換言スレハ人類ノ意思ノ外部的發動ヲ行爲ト稱ス故ニ行爲ナル觀念ニハ三個ノ要件アリ人ト意思ト擧動ト卽チ之レナリ。

行爲ノ要件

第一行爲ノ主體

第一　行爲ノ主體

行爲ノ主體ハ人ナリ人以外ノ動物ノ運動又ハ自然界ノ現象ハ行爲ニアラス人ニ自然人ト法人トアリ法人モ法理上行爲能力ヲ有スト云フ說アルモ予輩ハ曩キ論定シタルカ如ク法人ハ啻ニ權利能力ノ主體タリ得ルノミ行爲能力ヲ有セストノ說ニ左袒スルモノナルカ故ニ又犯罪行爲能力ヲ有セスト斷ス、

第二行爲ノ主觀的要件

第二　行爲ノ主觀的要件、

意思ニ基ク行擧動

行爲ノ主觀的要件トシテハ人ノ意思發動ニヨル擧動ナルコトヲ要ス擧動カ人ノ意思ニ基カサル場合ハ行爲ニアラス換言スレハ外部的强制又ハ單純ナル生理的行動ニ基ク身體ノ擧動ハ行爲ニアラス故ニ抗拒ス可カラサル外部的强制ニ基ク身體ノ擧動即チ甲カ乙ノ手ヲ捉ヘテ其手ヲ利用シ以テ丙ヲ殺害シタリト云フカ如キ場合ハ乙ノ行爲ニアラス甲ノ行爲ナリ若シ夫レ外部的强制カ自然的强制ニヨル場合ハ身體ノ動靜ハ自然ノ事實ト異ナル所ナシ之レヲ行爲ト稱ス可カラス、

然ラサル擧

生理的强制ニ基ク身體ノ擧動モ亦行爲ニアラサルカ故ニ外來ノ刺戟ニ應シテ爲ス所ノ擧動タル反射運動ノ如キハ行爲ニアラス催眠中ノ行爲ハ生理的强制ニ基ク擧動ナルカ將タ知覺精神ヲ喪失セル者ノ擧動ナルカニ關シテハ疑アリト云ヘ共其擧動ナルハ明ラカナリ故ニ意思ノ發動ニアラス從テ行爲ニアラス。

第三行爲ノ客觀的要件

第三 行爲ノ客觀的要件、

行爲ノ客觀的要件トシテハ人ノ意思ニ基キテ發動シタル外部的擧動

意思ノ外部的發動即擧動

アルコトヲ要ス故ニ單純ナル意識上ノ作用ハ外部的擧動ニ現ハレサルカ故ニ行爲ニアラス例ヘハ犯罪ノ決意ハ心理上ノ一活動ナリト雖其身體ノ擧動ニ現ハレサルカ故ニ行爲ト云フ可カラサルカ如シ

即チ行爲ハ人ノ擧動ナルコトヲ要シ其擧動ハ人ノ意思ニ基クコトヲ要シ更ラニ其擧動カ外部ニ表現セラルルコトヲ要スルモノナリ而シテ特別刑法ニ於テハ刑法不論罪ノ規定ヲ適用セサルコトヲ規定スルモノ尠カラスト雖共不論罪ノ規定ヲ適用セサルコトハ必スシモ無意識的擧動ヲモ處罰セントスルノ法意ニアラス啻タ科刑ノ要件タル犯意ノ有無ヲ論スルノ必要ナシト云フニ過キス故ニ全然無意識狀態ニ於ケル擧動ニヨル稅法違反ノ如キハ犯罪行爲ニアラサルカ故ニ處罰スルコトヲ得ス意識ヲ缺クノ擧動ハ行爲ト云フ能ハサレハナリ換言スレハ自然ノ事實ト異ルコトナケレハナリ

二 行爲ノ主觀的分類、

行爲ハ單純ナル意思活動ニヨリテ成立スル場合アリ、多數ノ意思活動カ

行爲ノ段階

結合スルニヨリテ成立スル場合アリ手ヲ擧クルカ如キハ前者ノ例ニシテ刀ヲ擧ケ次ニ打下シテ人ヲ斬殺スカ如キハ後者ノ例也、若シ夫レ人ヲ亂撃シテ殺害スル場合ニ於テハ更ラニ多クノ意思活動ヲ存ス。

加之目的ヲ遂行スル場合ニハ行爲ハ多數ノ階段ヲ經テ發展スルモノニシテ多數ノ意思活動ニヨリテ結果ヲ惹起スルモノトス例ヘハ人ヲ殺害スルノ決心ヲ以テ兇器ヲ買入レ之レヲ携帶シテ犯所ニ至リ被害者ト格鬪シタル後遂ニ之レヲ殺傷シタル場合ノ如キ之レナリ廣義ニ於テハ此等ノ相連續セル數個ノ意思活動ハ殺人テフ單一ナル概念ヲ構成スルモ嚴格ニ之レヲ分類スルトキハ兇器ヲ買入レ若クハ犯所ニ至ルカ如キハ犯罪ノ豫備行爲ニシテ格鬪ヲ始メテ之ヲ殺シタルハ實行々爲ナリ實行々爲ト豫備行爲トノ中間ニ分界線アリ着手ノ觀念即チ之レナリ

決心ハ行爲ニアラサルカ故ニ犯罪ヲ構成セス豫備行爲モ亦之レヲ罰セサルヲ原則トス然レトモ犯意ノ表示アル場合ニ於テハ時ニ之レヲ罰スルコトアリ例ヘハ恐喝取財罪ノ如キハ犯意ノ表示アルヲ以テ成立シ陰謀モ

亦時ニ犯意ノ表示トナリ時ニ犯意ノ表示ニ一歩ヲ進メ其實質ニ於テ豫備行爲トナルコトアリ然レトモ法律ハ之レヲ一括シテ陰謀ナル觀念ヲ認メ時トシテハ之ヲ罰スルコトアリ。

豫備行爲ト犯罪

(1) 豫備行爲、

豫備行爲ヲ意思ノ方面ヨリ定義スルトキハ決心ヨリ一歩ヲ進メタル外部身體ノ動靜ニシテ行爲ノ方面ヨリ立論スルトキハ犯意ヲ實現センカタメニ爲ス行爲ニシテ着手ニ至ラサルモノヲ云フ

陰謀ハ時ニ犯罪ノ豫備タル場合アリ然レトモ法律ハ常ニ豫備ト陰謀トヲ區別ス例ヘハ刑法第七十八條ニ於ケルカ如ク内亂ノ豫備又ハ陰謀云々ト規定スルカ如シ、

豫備行爲ハ豫備其モノカ社會ニ重大ナル害惡ヲ生ス可キ犯罪(例ヘハ放火罪殺人罪强盜罪等ノ如シ)ニ關スル場合ハ例外トシテ之ヲ罰シ(例刑法七三、七五、七八、一一三、一五三、二〇一、二三七、)豫備行爲カ共同シタル他人ノ犯シタル既遂未遂ニ關連スル場合(刑法六二條)、即正犯ヲ幇助シタル場合ハ從犯トシテ處罰ス。

着手ノ觀念

(2)着手行爲　豫備行爲ト實行々爲トノ分界ヲ着手トス、着手ハ實行ノ開始ニシテ實行ハ犯罪ノ内容タル行爲ナリ着手ノ觀念ニ就テハ二説アリ。

甲客觀説

(甲)客觀説　客觀説ハ犯罪ノ基本ヲ行爲ナリト解スルニ由來スルモノニシテ犯罪ノ内容タルヘキ行爲即チ實行ハ客觀的ニ確定シ得ヘキモノナリトス從テ着手トハ犯罪構成要件ノ一ヲ行フカ又ハ之ニ近接シタル行爲ナリト稱シ又ハ犯罪ノ完成ニ對シ必要的關係ニ立ツモノナリト説明ス。

乙主觀説

(乙)主觀説　主觀説ハ犯罪ノ基本ヲ主觀的方面ニ求メ犯罪ハ犯意ノ實現ニ過キサルモノナルカ故ニ犯意ニ重キヲ置カサル可カラスト論スル論者ノ主張スル所ニシテ犯罪ノ構成要件ヲ以テ實行々爲ナリト説キ實行行爲ト豫備トノ境界ヲ以テ着手ナリトス故ニ着手トハ犯意カ其遂行ノ行爲ヨリ識別セラレ得ルニ至リタル場合ニシテ實行々爲ニ近接スル行爲也ト。

兩說其觀念ニ於テ差異アリト雖モ諸種ノ問題ニ對スル解決ニ至リテハ何レヲ採ルモ論結ニ影響ナシ。

然レ共予輩ハ犯罪ノ基本ヲ犯意ナリトスル說ヲ採リシ結果論理ヲ一貫スル爲メニ主觀說ヲ採ル。

着手ト豫備トノ區別

(3) 着手ト豫備トノ區別、

着手ト豫備トノ區別ニ就テハ古來幾多ノ學說アリ、

ミッテルマイヤーノ說

(一) ミッテルマイヤー曰　豫備行爲ハ結果ニ對シテ因果ノ關係ヲ有セス實行ノ着手ハ結果ニ對シテ因果ノ關係ヲ有スト、

然レ共着手行爲モ必スシモ結果ト因果關係ヲ有スルニ至ラサル場合アリ犯罪不完了ノ場合ノ如キ旣チ其一例ナリ、

ツァツハリヱノ說

(二) ツァツハリヱ曰　行爲者カ目的トシタル犯罪ノ客觀的構成要素ノ少ナクトモ一部ヲ形成スル行爲ハ着手ニシテ然ラサルモノハ豫備ナリト、

然レ共構成要素ノ一部ヲ爲ササル擧動ト雖モ尙ホ着手行爲ノ一部トナルモノアリ、

ヘルシユネルノ説

（三）ヘルシユネル曰　認識シ得ヘキ程度ニ於テ行爲者ノ目的トシタル犯罪ノ客觀的構成要素ヲ表示スル行爲ハ着手ニシテ然ラサルモノハ豫備ナリ、然レ共若シ問題トナレル擧動ニヨリ特定ノ罪ヲ犯スノ意思アルコトヲ識別シ得ルトキハ其行爲ハ實行ノ着手ナリト云ハハ之レ行爲ノ單純ナル外形ノミニヨリテ犯人ノ意思ヲ知ラントスルモノニシテ本末ヲ顚倒セル論法ナリ、

フォンバールノ説

（四）フォンバール曰　犯罪ノ既遂ニ對シ目的ト手段トノ關係ニ於テ接續セリト認メラルル行爲ハ着手ナリ然ラサルモノハ豫備ナリト
然レトモ豫備行爲モ亦既遂犯罪ニ對シ目的ト手段トノ關係ニ於テ連續スルモノナリ、

フランクノ説

（五）フランク曰　實行其モノニ屬スル擧動及實行ニ直接密着スル擧動ハ一括シテ着手行爲トナリ其レ以前ノ擧動例ヘハ犯行ノ方法、器具ノ調達、機會ノ搜索等ハ豫備行爲ナリト、

（六）フォンリスト曰　實行ニ近接シ且具體的ニ犯罪事實ヲ完成スル危險ヲ

フオンリストノ說

識別スルニ足ルヘキ程度ニ達シタル行爲ハ着手ニシテ然ラサルモノハ豫備ナリト、(五)(六)ノ兩說ハ類似ノ結果ニ到達スルモノニシテ予輩モ亦此ノ說ヲ取ラントス蓋シ予輩ハ

予輩ノ主張

着手ヲ以テ實行ト豫備トノ中間ニ位スル分岐點ナリト觀念スルモノナルカ故ニ一定ノ意思活動カ如何ナル犯罪ノ豫備トナリ着手トナリ實行トナルカハ先ツ犯人ノ意思ヲ基礎トシテ具體的ニ定ムヘキモノニシテ抽象的ニ其標準ヲ求ムレハ犯意ノ存在カ其行爲ニヨリテ確定的ニ識別セラルルニ至リタルトキヲ着手トシ其以前ヲ豫備行爲トスルノ外ナケレハ也、

實行々爲

(4) 實行々爲、

實行々爲ハ犯罪ノ内容タル行爲也、換言スレハ犯罪ノ構成要素ナリ着手ヲ分界トシテ之レヨリ一歩ヲ進メタル行爲ナリ、行爲ノ終了ハ實行ノ終了也、實行終了シテ自然界ニ於ケル因果關係ノ進行アリ其進行ノ如何ニヨリテ或ハ犯罪ハ完了シ或ハ不完了ニ終ル、

行爲ト結果
結果ノ意義

廣義ノ結果ハ必ラス行爲ニ伴フ

狹義ノ結果ハ必スモ行爲ニ隨伴セス

(5)行爲ト結果

結果トハ外界ニ於ケル事態ノ變更也、換言スレハ意思的行動及之レニ接續スル力ノ進行ノ影響トシテ外界ニ印象セラレタル現象也、抑モ茲ニ意思ノ外部的發動アレハ必ラスヤ外界ニ於ケル事態ノ變更ヲ伴フヲ常トス外界トハ自然界及行爲者以外ノ人ノ心界ヲ謂フ言語ヲ發スレハ空氣ノ波動ヲ起シ傍人ノ耳朶ヲ打チテ其ノ心界ニ感應セシメマツチヲ擦レハ自然界ニ發火ナル現象ヲ生ス斯ノ如ク人ノ一擧一動ハ必ラス空氣ニ振レテ振動ヲ生シ或ハ音響トナリ或ハ光トナリ或ハ熱トナル故ニ若シ自然科學ノ見地ニ立チテ嚴正ニ論スルトキハ人ノ行爲ニシテ外界ニ變狀ヲ生セサルモノナシ此ノ意味ニ於テ行爲ニハ常ニ結果アリト云フコトヲ得ヘシ然レトモ刑法上ニ於テ結果ト稱スルハ斯ル廣義ニ於ケル結果ヲ意味スルモノニアラスシテ或ル行爲カ一定ノ既遂犯罪ヲ構成スル爲メニ必要ナル條件タル影響ノミヲ結果ト稱ス例ヘハ殺人罪ノ已遂要件タル人ノ「死」ナル現象ノミヲ結果ト稱スルカ如シ然ルニ各種ノ犯罪行爲ハ必ラス結果ヲ有スルヤ否ヤニ付テハ學者間爭ヒアリ或ハ肯定シ或ハ否定ス然レトモ總テノ行爲ハ必ラス廣義ノ結果ヲ伴フモ狹義ノ結果ハ必ラスシモ伴フモノニアラス例ヘハ殺人罪ニ反シテ誹毀罪ノ如キハ單ニ誹毀ナル行爲アルヲ以テ足リ犯罪ノ成立ニ對シテハ別ニ一定ノ結果ヲ發生スルノ必要ナシ從テ論者ノ或ハ之レヲ肯定スルモノハ廣義ノ結果ヲ指シ或ハ之レヲ否定スルモノハ狹義ノ結果ヲ指稱スルモノニシテ畢竟字義ノ爭ヒタルニ過キス然レ共

結果ハ行爲ノ要素ナリヤ否ヤ

結果ハ行爲ノ要素ナリヤ否ヤ學者間爭ヒアリ左ノ三說ニ分ル

(甲)說　結果ナケレハ行爲ナシ故ニ行爲ハ犯罪ノ已遂ニ缺ク可カラサル外界ノ影響即狹義ノ結果ヲ一要件トスト、

(乙)說　行爲ノ觀念ハ意思活動及ヒ之レニ接續スル力ノ進行ニヨリテ成立スルモノニシテ狹義ノ結果ヲ包含セスト、

(丙)說　行爲ノ要素ハ意思活動ノミニシテ之ニ伴フ影響ハ意思活動自體

行爲ノ客觀的分類

作爲及不作爲ノ觀念

ト分離シテ互ニ對立セシムベク結果ハ行爲ニ對スル處罰ノ有無若クハ刑ノ輕重ニ關係アルノミニシテ行爲ノ要素ニアラスト

惟フニ行爲ノ意義ヲ嚴格ニ論スルトキハ行爲ト結果トヲ分離對立セシムルコトヲ得ヘク行爲ハ當然結果ヲ包含スルモノト云フコトヲ得ス然レトモ行爲アレハ行爲ニ接續スル力ノ進行アルハ當然ニシテ行爲アルモ行爲ニ伴フ中間影響ナシト云フハ不當ナリ故ニ(乙)說ト(丙)說トハ單ニ其言語ヲ異ニスルノミニ過キス何レニ從フモ不可ナシ、

然レ共刑法上行爲カ違法タルニハ法益侵害ノ結果若クハ危險アルコトヲ要スルカ故ニ犯罪行爲ハ意思活動及ヒ之レニ伴フ一定ノ影響ヨリ成ルモノト認ムルコトヲ至當トス。

三 行爲ノ客觀的分類、

(a) 作爲及不作爲ノ觀念、

行爲ハ之レヲ別チテ作爲及不作爲ノ二トス犯罪カ作爲ヲ以テ其內容トスル場合ニハ作爲犯ナリ犯罪カ不作爲ヲ以テ其內容トスル場合ニハ不作

爲犯ナリ、作爲犯不作爲犯ノ區別ハ行爲カ作爲ナリヤ不作爲ナリヤニヨリテ別ル換言スレハ犯罪カ成立シタル後チニ於テ其外形ヨリ觀察シテ其犯罪カ積極行爲ニヨリテ成立シタルトキハ作爲犯ト稱シ消極行爲ニヨリテ成立シタルトキハ不作爲犯ト稱ス、一般ノ犯罪ハ法ノ禁止ニ違反スル犯罪ニシテ作爲犯ナリ然レ共特種ノ犯罪ハ法ノ命令ニ反スル犯罪ニシテ不作爲犯ナリ變死者ヲ葬ルニ檢視ヲ經サル罪（刑法一九二條）ノ如キハ後者ノ適例ナリ、（前編犯罪ノ分類參照）

不作爲ニヨル作爲犯アリヤ

通說ハ肯定ス

(b) 不作爲ニヨル作爲犯アリヤ、

法ノ禁止ニ違反スル犯罪ハ又不作爲ヲ以テ犯シ得ルヤ否ヤハ議論ノ存スル所ナリ通說ハ一定ノ條件ノ下ニ之ヲ認ム一定ノ條件トハ作爲ノ義務アルモノカ若シ其義務ヲ履行シタリシナランニハ其犯罪事實ヲ生セサリシナルヘシト認メラル可キ場合ニ於テ其義務ノ不履行即不作爲ハ茲ニ犯罪トナル例ヘハ母ハ子ヲ哺乳スルノ義務アルニ拘ラス其義務ヲ履行セスシテ哺乳セサリシ爲メ子女遂ニ餓死シタリト假定スルトキハ母カ哺乳ヲ

一派ノ學者ハ否定ス

與ヘサリシトノ不作爲ニヨリテ殺人罪ナル作爲犯ヲ犯シタルモノナリト爲ス、學者ノ所謂不純正不作爲犯ナルモノ之レ也、然レ共一派ノ學者ハ不作爲ニヨリテ結果ヲ惹起スルコトハ理論上想像スルコト能ハスシテ不作爲ニヨル行犯ヲ否認スルモノアリ近時多數ノ學者ハ或ハ不作爲ニ因果關係アリト主張シ或ハ法律上因果關係ト同視スヘキ關係アリト主張シ不純正不作爲犯ノ成立ヲ肯定ス(不作爲ト因果關係論參照)

予輩ハ理論上不作爲ニヨル作爲犯ヲ認ムルモノ也、從テ作爲ト不作爲トハ如何ニシテ區別スルカノ問題ヲ生ス。

作爲ト不作爲ノ區別

(c)作爲ト不作爲トノ區別、

第一絶對的ニ區別セントスル說

第一　絶對的ニ區別セントスル說、

作爲ト不作爲トノ區別ヲ絶對的ニ定メントスルノ論者ハ作爲ヲ以テ動作ナリトシ不作爲ヲ以テ靜止ナリトス卽身體カ運動ノ狀況ニアルトキハ作爲トシ身體カ不動ノ地位ニアル場合ハ不作爲ナリトス、

其批評

然レ共一ノ擧動ハ積極的ニ之ヲ觀察スルトキハ動作ニシテ消極的ニ

之ヲ觀察スルトキハ靜止也、例ヘハ茲ニ步行スル人アリ之ヲ步行ノ方面ヨリ觀察スルトキハ作爲ナリ、然レ共他ノ方面例ヘハ飲食シツツアルヤ否ヤノ點ヨリ觀察スルトキハ不作爲也、從テ絕對的ニ作爲不作爲ヲ定ム可カラス、

第二原因力ノ有無ヲ以テ區別セントスル說

第二　原因力ノ有無ヲ以テ區別セントスル說、

作爲ニハ原因力アリ不爲作ニハ原因力ナシ之レ兩者ノ異ナル所ナリト不作爲ニ原因力ナシト主張スル論者ハ皆此ノ說ヲ採ルカ如シ、

其批評

然レトモ不作爲ニ原因力アリヤ否ヤノ問題ハ不作爲ノ本質ヲ論定シテ而シテ後チニ起ルヘキ問題ニシテ原因力ノ有無ニヨリテ不作爲ノ本質ニ差異ヲ來スヘキモノニアラス、不作爲ハ元ナリ原因力ハ末ナリ若シ夫レ此ノ說ニ從フヘシトセハ不作爲ニ原因力アリヤ否ヤノ問題ハ論理上問題タルノ形式ヲ有セサルニ至ラン、

第三區別否認說

第三　區別否認說、

不作爲ニヨリテ作爲犯ヲ犯シ得ルモノトスルトキハ作爲犯ハ最早

作爲犯ニアラサルナリ、若シ夫レ不作爲ニヨリテ作爲犯ヲ犯シ得ルトセハ不作爲犯ハ又不作爲犯ニアラサル也、從テ兩者區別ノ標準ナルモノアルナシト。

其批評

予輩モ理論上ノ見解トシテハ此說ニ從ハントスルモノナリ然レ共予輩ノ云フ所謂作爲不作爲ハ學者ノ主張スルカ如キ見解ニ從ツテ區別セントスルモノニアラス一定ノ行爲カ作爲ナリヤ否ヤヲ定ムル場合ニハ先ツ如何ナル觀察點ヨリシテ作爲ナリヤ不作爲ナリヤヲ定メントスルナリ換言スレハ相對的ニ區別ヲ求メントスルナリ

第四相對的ニ區別スル說

第四　相對的ニ區別ヲ求メントスル說、

一ノ犯罪カ作爲犯ナリヤ否ヤハ其犯罪カ成立シタル後ニ於テ其外形ヨリ觀察シ具體的ニ定ムヘキモノニシテ其犯罪カ積極行爲ニヨリテ犯サレタルトキハ作爲犯ナリトシ消極行爲ニヨリテ犯サレタルトキハ不作爲犯ナリトス例ヘハ母カ子ニ乳ヲ與ヘサリシカ爲メニ子カ死亡セリトセハ母カ乳ヲ與ヘサリシテフ消極行爲ニヨリテ犯サレタルモノナル

カ故ニ之レヲ不作爲犯ナリトシ學者ノ所謂不純正不作爲犯モ亦此ノ觀察點ヨリ不作爲犯ノ一分類ト見解ス、

第二節　因果關係論

第一、因果關係ノ觀念

因果關係ノ觀念

普遍的因果關係

宇宙ノ森羅萬象ハ一切原因結果ノ法網ニヨリテ支配セラレ前因後果互ニ無限ノ連鎖ヲナシ盡過去際ヨリ盡未來際ニ至ルマテ聯關相續シツヽ次第無窮ニ至ルモノナルハ既ニ進化論ノ敎ユル所ニシテ總テノ前行事實ハ總テノ後行事實ノ原因ニシテ普通因果關係ト稱スルトキハ此ノ普遍的連鎖中ニ一定ノ限界ヲ認メ其限界內ニ於テ一定ノ前行事實ト一定ノ後行事實トノ間ニ存スル因果關係ヲ指稱ス蓋シ因果關係トハ宇宙ノ或ル現象ト他ノ或ル現象トノ間ニ存スル條件的關係ニシテ甲現象ナカリセハ現ニ生シタル具體的ノ乙現象モ又發生セサルヘキコトヲ推理シ得ヘキ狀態ヲ云フモノ也、

因果關係ノ存在ハ責任負擔ノ前提條件ナリ

如何ナル條件カ結果ニ對スル原因ナリヤ

第一說

其批評

斯ノ如ク宇宙ノ萬象ハ總テ因果律ニヨリテ支配セラルルト雖モ法律上發生シタル一定ノ外界ノ現象ヲ或ル者ノ行爲ニ歸スルニハ其行爲ト其現象トノ間ニ條件的關係ナカル可カラス換言スレハ其行爲ナカリセハ其現象ナカルヘシトノ關係ノ必在スルヲ要ス蓋シ因果關係ノ存在ハ行爲者カ外界ノ現象ニ就テ責任ヲ負フノ前提條件ナレハ也、從テ刑法上ニ於ケル狹義ノ結果危險狀態ノ到來、乃至非表現的ノ結果等亦皆該行爲ト因果關係アルコトヲ要ス。

然ラハ如何ナル條件カ結果ニ對スル原因ナリヤ、

第一說、一定ノ結果ヲ惹起スヘキ前行事實ノ總計ヲ原因トシ其各個ヲ條件トスル說、

外界ニ或ル現象ノ發生スルニハ素ヨリ前行事實各個ノ競合的作用ニヨリテ一定ノ結果ヲ發生スルコトアリト雖モ又連續的作用ニヨリテ發生スル間接ノ原因及直接ノ原因アリ果タ又起果條件アリ妨果條件アリ共ニ後行事實ニ對シテ條件的關係ヲ有ス然ルヲ其總計ヲ原因トシ其各

箇ヲ條件トスト說明スルトキハ全部ヲ合スルニ非ラサレハ原因ト稱スルコトヲ得ス從テ例ヘハ死ナル結果ニ對シ刀ヲ揮ツテ殺スノ行爲アルモ又條件ニシテ原因ト稱ス可カラサルニ至ラン、

第二說

第二說、一定ノ結果ニ對シテ普遍的ナルモノカ原因ニシテ然ラサルモノハ條件ナリトノ說.

ゼボンス曰ク結果ノ發生上必要ニシテ缺クヘカラサル前提條件ノミカ原因ニシテ然ラサルモノハ條件也而シテ其必要ニシテ缺クヘカラサルモノナリヤ否ヤハ諸種ノ類似事實ヲ集メ其總テニ共通ナルモノハ即チ必要缺ク可カラサルモノニシテ原因也、共通ナラサルモノハ條件也ト、

其批評

然レトモ其類似事實中ヨリ共通普遍ノ條件タル原因ヲ見出スト云フハ困難ナリ否寧ロ不可能事ニ屬ス、

第三說

第三說、前行事實ノ各箇ヲ其結果ニ對シテ原因トスル說、

一定ノ結果ニ對スル條件ハ種々アリト雖モ其結果ニ對シ何レヲ必要トシ何レヲ不必要トシ果タ何レカ共通普遍ニシテ何レカ然ラサルカヲ區

別スルハ殆ント不可能事ニ屬スルカ故ニ一ノ條件タル現象ハ總テ皆其結果ニ對シテ原因ナリトセサル可カラスト。

予ハ此ノ說ヲ取ル

蓋シ宇宙ノ萬象間總テ因果關係ヲ以テ連繫セラレ而シテ此ノ連鎖中ニ一定ノ限界ヲ認メ其限界中ニ於テ因果關係アリトセハ其限界內ノ行爲ハ積極的ノ助成條件ナルト消極的ノ助成條件ナルト果タ又結果ニ對スル直接ノ原因ナルト間接ノ原因ナルトハ敢テ問フ所ニアラサレハ也。

然レ共此ノ論理上ノ因果關係ノ觀念ハ直チニ之ヲ刑法上ノ因果關係ニ利用スルコトヲ得ルヤ否ヤニ付キテハ學者ノ見解頗ル區々タリ、

蓋シ以上ノ如ク一定ノ結果ニ對スル總テノ條件ヲ以テ皆原因ナリトスルトキハ因果關係ノ範圍ハ無限ニ擴大セラレ宇宙ノ森羅萬象生々滅々ノ現象ハ皆之レ原因結果ノ關係ヲ以テ拘束セラレ人ヲ殺シタルモノハ其殺サレタル人カ扶養シツツアリシ家族カ餓死ニ瀕シテ他人ノ家ニ放火シタルカ如キ場合ニ於テモ又殺人ナル原因カ放火ナル結果ヲ生シタルモノナ

リト論結セサル可カラサルニ至ルヘシ此ニ於テ刑法上ニ於テハ因果關係ヲ一定ノ範圍ニ於テ限界セサル可ラス從テ其限界ニ就テ諸種ノ學說ヲ生シ或ハ論理上ノ因果關係ノ觀念ヲ排シテ刑法上ノ因果關係ハ別種ノ因果關係ナリトシ或ハ因果關係ノ限界ヲ否認スルモノアリ以下學說ノ大要ヲ敍述スヘシ。

第二、因果關係ノ限界

最後條件說

(甲) 最後條件說

結果ニ對シ直接セル條件ヲ原因トシ直接セサルモノヲ條件トスル學者ハ最後條件卽チ結果ノ發生ニ對シテ最後ニ加ヘタル條件ヲ以テ原因トス間接ナル條件ヲ原因ト認メサル點ニ於テ旣ニ予輩ノ意見ト抵觸ス

其批評

換言スレハ間接條件ハ何故ニ原因タリ得サルカ若シ夫レ此ノ說ニ從フトキハ間接關係ヲ利用シ其關係ヲ認識シテ犯罪事實ヲ發生セシメタル場合モ亦旣遂トシテ罰ス可カラサルニ至ルヘシ

勢力附與說

(乙) 勢力附與說

此說ハ物理學上ノ勢力不滅說ヨリ來レルモノニシテ即チ勢力ハ不滅也宇宙ノ現象ハ結局勢力カ一ノ形體ヨリ一ノ形體ニ移動スルニ過キス故ニ此ノ勢力ヲ與ヘタルモノハ原因ナリ然レトモ斯ノ如キ現象ヲ發生セシムルニ都合ヨキ狀況ヲ與ヘタルモノハ原因ニアラス條件也ト、

其批評

此觀念ニヨレハ被害者ニ對シテ鐵拳ヲ與ヘタルモノハ結果ニ對シ原因タルモ被害者ヲ取押ヘテ毆打セシメタルモノハ原因ヲ與ヘタルモノニ非スト云フ結論ヲ生スルニ至ルヘシ、

特別條件說

(丙) 特別條件說、(結果ニ對スル動力ノ程度ニヨリテ區別スル說)

此ノ說ハメッケルノ主張スル所ニシテ曰ク特定ノ現象ニ關聯スル無數ノ條件中特種ノ價値ヲ有セサルモノハ殆ント無關係ナル影響ノミヲ有シ得ルモノナルカ故ニ行爲ト結果トノ間ニ於ケル特種ノ條件ニ限リテ原因トナス換言スレハ數多ノ條件關係中刑法上ニ關係アルモノト然ラサルモノトヲ區別スト。

其批評

然レ共各原因ハ相共同シテ結果ヲ惹起シタルモノナルニ其有力ナル

モノノミヲ原因トシ輕微ナルモノヲ原因トセスシテ前者ニノミ責任ヲ歸セントスルハ不當也況ンヤ有力ナルモノト輕微ナルモノトヲ區別スル標準夫レ自體カ既ニ不明ナレハ也、一顰一笑ノ微作用ト雖モ時ニ心理上ニ大影響ヲ及ホシ以テ刑法上重大ナル因果關係ヲ發生スルコトアルオヤ、

常態標準說

(丁)常態標準說

行爲カ生活上ノ狀態ニアルトキハ條件タルニ過キサルモ常態ニ反シタルトキハ其行爲ヲ原因トスト。

其批評

然レトモ生活上ノ常態ヲ離レサル行爲ハ社會ノ常規ニ違反セサルノ行爲也、從テ正當行爲若クハ行爲ノ違法性ヲ缺如スルモノナルヘク又ハ無過失ニヨリテ無罪タルヘク之ヲ以テ因果關係ナキカ故ニ無罪トスルハ不當也、

論理的因果關係說

(戊)論理的因果關係說

因果關係ハ論理上ニ於テモ法律上ニ於テモ同一意義ニ從フヘキモノニ

シテ異ナリタル觀念ヲ有スルモノニアラス故ニ論理上ノ意義ニ於テ當該行爲カ特定ノ現象ト因果ノ關係ニ立ツトキハ即チ一定ノ前行事實ナカリセハ他ノ一定ノ後行事實ナカルヘキコトカ論理的ニ推理シ得ラルヘキ場合ニ於テハ即チ其前行事實ハ後行事實ノ原因也ト此ノ說ハ因果關係ノ限界ヲ否認スルモノ也、

此說ヲ主張スルモノ殊ニリストノ如キハ刑法上ノ因果關係ハ論理上ノ意義ニ從フヲ以テ原則トスルモ之ニ對シテハ現行法上二箇ノ例外アリトシ敎唆及從犯ノ場合ニ於テハ責任能力者ノ任意ニシテ故意アル介入行爲ハ新ナル獨立ノ因果關係ヲ生スルモノニシテ他ノ行爲ト既ニ發生シタル結果トノ間ニ因果ノ關係ヲ中斷スルモノナリト解シ、岡田博士ノ如キハ因果連絡ノ有無ハ外界物質上ノ關係ニシテ故意ヲ有スル者カ刀ヲ下シテ殺スモ故意過失ナキモノカ刀ヲ下スモ其致命傷ト死ナル結果トノ間ニ存スル因果ノ關係ニ異ナル所ナキカ故ニ故意行爲ノ介入ニヨリ因果關係ノ中斷ヲ認ムルコト能ハサルモ責任能力アリ且責任條件ヲ有スル者カ因果連絡中ニ介入スルトキハ其以後ノ因果連鎖ニ對スル責任ハ其行爲ニ於テ之ヲ負擔セサル可カラス換言スレハ因果關係ノ中斷ニアラスシテ責任更新ナリト説明セラル（因果中斷論參照）

其批評

思フニ科學ハ一定ノ目的ノ範圍內ニ於テ一定ノ領域ヲ有ス社會學ニハ社會學ノ領域アルカ如ク刑法ニハ又刑法固有ノ領域アリ然ルニ宇宙一切ノ事物ハ皆相連續シテ究極スル所ナク因果ノ關係ヲ以テ結約セラレ渾然一體ヲナシテ無始無終圓ヲ畫イテ端ナキカ如シ從テ此ノ説ノ如ク一定ノ前行事實ト一定ノ後行事實トノ間ニ論理的關係ヲ認メ之ニヨリテ處罰ノ範圍ヲ明ラカニセントスルモ萬有現象界ニ於ケル刑法固有ノ必要的領域ハ到底明ラカニスル能ハサルヘシ、

相當因果關係説

（己）相當因果關係論

刑法上ニ於ケル因果關係ノ問題ハ因果律ノ性質ヲ基トシ更ラニ刑法固有ノ目的ニ從ヒ特別ノ因果關係ノ觀念ヲ攻究セサル可カラス而シテ刑法上ニ於ケル因果關係ノ問題ハ或ル行爲ト或結果トノ關聯カ因果ノ關

其判定ノ方法

係ヲ形成スルニハ如何ナル性質ヲ具備セサル可カラサルカヲ攻究セサル可カラス抑モ刑法ハ或行爲ト或結果トノ間ニ因果關係アルトキニ限リ又其理由ニ於テノミ處罰スルモノナルカ故ニ行爲トノ聯絡ヲ罰スルコトカ刑法ノ目的ニ適合シ其性質ニ適合スル場合ニ於テノミ因果關係ヲ構成スルモノト認メサル可カラス從テ行爲ヨリ通常生スル結果ニ對シテハ其行爲ハ原因ナルモ然ラサルモノニ對シテハ條件也、而シテ一定ノ結果カ一定ノ行爲ヨリ通常生ス可キヤ否ヤハ其行爲ヨリ判定シ得ヘキニアラス必ラスヤ其行爲及其他ノ狀況ヲ參酌セサル可カラス從テ其判定ノ方法ニ關シテ三說アリ、

(イ)犯人カ主觀的ニ認識シタル事實ヨリ通常生スヘキ結果ニ限ルトスル說

(ロ)通常人カ犯人ト同一地位ニアラハ必ラス認識シタリシナルヘキ事實ヨリ通常生スヘキ結果ニ限ルトスル說、

(ハ)行爲ノ當時存在シタル事實ヨリ通常生スヘキ結果ナリヤ否ヤニヨリ

テ判定セントスル說、

其孰レタルヲ問ハス主眼トスル所ハ行爲及其前提タルヘキ狀況ト結果トノ間ニハ通常人ノ觀念上相當ナリト認メラルヘキ關係アルコトヲ要スト。

此點ニ就テ獨逸ノクリヒスマン氏ハ曰ク因果關係ヲ制限スル方法ニ二途アリ即チ

(A)法律カ意思責任ノ伴ハサル結果ニ對シテ刑責ヲ負ハシムル場合ヲ根據トシ斯ノ如キ場合ニ關スル規定ノ內容目的及他ノ場合ニ關スル關聯上ヨリ觀察シテ標準的ノ因果觀念ヲ發見スルコト。

(B)刑法ニ於ケル所罰ノ目的ヨリ觀察シテ因果關係ノ制限ヲ原則的ニ解釋スルコトヲ要ス而シテ現行刑法ハ有責行爲ヲ以テ刑罰必至ノ指針トナシ且刑罰量定ノ標準トナス從テ現行刑法ハ反社會的行爲ヲ標準トシテ行爲者ニ反動スルモノナリ故ニ此ノ法律上ノ目的ヨリ觀察シテ其行爲ヲ罰スルコトカ刑法ノ目的ニ適スト云フ場合ニ限リ行爲ト

其批評

予輩ハ必要的因果關係說ヲ採ル

結果トノ間ニ因果關係ヲ認メサル可カラスト。

然レトモ因果關係ハ外界物質的ノ關係也、意思責任問題ト混淆スルハ不當ナリ、假リニ意思責任問題ト混淆セサルトスルモ何レノ條件ヲ以テ相當ノ原因トナシ何レノ條件ヲ以テ相當ノ原因ニアラスト斷スヘキカハ即チ行爲ノ影響ノ大小強弱ニ基ク區別ヲ認ムルモノニシテ直チニ此ノ普通ノ觀念ヲ刑法ニ適用スルハ正當ニアラス例ヘハ被害者ノ不攝生ナルヲ利用シ殺人ノ意思ヲ以テ人ヲ傷ケタルトキハ相當因果說ニヨレハ殺人未遂ヲ以テ論セサル可カラサルヘシ之レ予輩ノ首肯スル能ハサル點也、

惟フニ各種ノ科學ハ各其研究ノ對象ニヨリ其目的ニ從ツテ一定ノ限界ヲ有ス心理學ニハ心理學ノ領域ト目的トアリ生理學ニハ生理學ノ領域ト目的トアリ刑法學ニ於テモ亦其固有ノ領域ト目的トヲ有ス故ニ刑法上ニ於ケル因果關係ノ限界モ亦刑法ノ領域ト目的トノ範圍內ニ於ケル必要ナル限度ニ制限セサル可カラス

吾人ハ曩キニ刑法上ノ因果關係モ亦哲學上ノ因果關係ト同一ナルコトヲ主張シタリキ從テ一派ノ學者ノ主張スルカ如ク刑法上ニ於テハ特種ノ因果關係ヲ認ムルコトヲ得ス、只論理的因果關係説ニ從フトキハ宇宙萬象ノ間互ニ牽連シテ窮極スル所ナキカ爲メニ刑法學ノ目的ト領域トヲ超越スルコトアルハ當然ノ論結ナリ從ツテ吾人ハ論理的因果關係ニ對シテ刑法ノ領域ト目的トノ上ヨリ必要ノ範圍内ニ於テ一定ノ限界ヲ設ケント欲ス、此意味ニ於テ吾人ハ必要的因果關係説ヲ主張セント欲スルモノ也、必要的因果關係説ハ或ハ相當因果關係説ト略ホ其範圍ヲ同ウスルコトアルヘシ然レ共前掲相當因果關係説ニ於テ例示シタルカ如キ不都合ヲ避ケ得ヘク又實際ノ適用ニ於テ論理的因果關係説ト其趣キヲ同ウスヘシ然レ共刑法固有ノ領域ト目的トノ關係上一定ノ限界ヲ付スル上ニ於テ之ト異ル、

第三　不作爲ト因果關係

不作爲犯ニ二種アリ純正不作爲犯ト非純正不作爲犯ト之レ也、純正不作爲犯ハ法ノ命令ニ違反スル犯罪也、非純正不作爲犯ハ不作爲ニヨル行犯也、不作爲ニヨリテ作爲犯ヲ犯シ得ルヤ否ヤハ議論ノ存スル所ナリシモ近時ノ趨勢ハ殆ント不作爲ニヨル行犯ヲ認メサルモノナキノ狀態ニ到達セリ、不作爲犯ニ因果關係アリヤ否ヤハ今尙ホ學者ノ論爭スル所ニシテ又尤モ興味アル未解決ノ問題也今學說ノ大要ヲ列擧シテ短評ヲ加ヘン、

第一、消極說

不作爲ハ無爲ノ狀態也無ハ有ヲ生セサルハ萬古ノ眞理ナリ故ニ不作爲ナル無的ノ狀態ト結果トノ間ニハ因果關係ヲ生スヘキモノニアラス不作爲ハ單ニ義務ニ違反シテ結果ノ發生ヲ妨止セスト云フ關係アルノミ換言、不作爲ニ於ケル意思ノ發動ハ物界ノ狀態ニ放任スル行動ニシテ任意ニ外圍ノ進行ニ變更ヲ加フヘキ動作ヲ爲サヽルカ爲メニ生ス而シテ放任セラレタヽル物界ノ狀態ハ外圍ノ進行ニ因リテ生スルモノニシテ意思ノ發動ハ單ニ外圍ノ進行ヲ遮斷セサルカ爲メニ之ヲ完成セシムルニ

過ス從テ不作爲ノ内容タル結果ハ外圍ノ原因ノ爲メニ惹起セラルルモノニシテ意思發動ハ之ヲ防止セサルニ止マル故ニ意思發動ト結果トノ間ニハ因果ノ關係ヲ存セス單ニ外圍ノ因果關係ヲ遮斷セスト云フ關係ヲ有スルニ過キス而シテ此ノ不作爲カ罪トナルニハ一定ノ作爲ノ義務ヲ怠リタル場合也然レトモ其作爲ノ義務ヲ怠ルコトニヨリ生シタル結果ハ法律上ニ於ケル因果關係ト其價値ヲ同フスルカ故ニ同一ニ處分スト。然レトモ、

(1) 人カ刑法上責任ヲ負フニハ其行爲ト結果トノ間ニ因果關係ノ存スルコトヲ要ス因果關係ナクシテ行爲ノ責任ヲ認メントスルハ不當ナリ、

(2) 因果關係ト類似ノ關係アリト云フノミノ理由ヲ以テ同一ニ處分スヘシトナスハ論理ニ適合セサルノミナラス類似關係アリト云フノミヲ以テ科刑スルコトヲ得ルニ至ラハ即チ刑法ノ適用ニ於テ其範圍ヲ超越シ明文ナクシテ尙ホ所罰スルヲ得ルニ至ルノ恐レナシトセス、

(3) 義務違反ナラサルモノハ何故ニ結果ヲ發生スルモ因果關係ト類似ノ關

係アリト云フ能ハサル歟作爲ノ義務ナキモノニ於テモ其不作爲ナカリセハ結果ヲ發生セサリシナルヘシト推理サレ得ヘキ狀態ニ於テハ同一ノ結論ニ到達スルニアラスヤ、

積極說

第二、 積極說

不作爲ニ因果關係アリト論定スルカ爲メニハ古來幾多ノ說明方法ヲ案出セラレタリ參考ノ爲メ其大要ヲ錄ス、

他行爲說

(1) 他行爲說

不作爲犯者カ義務ヲ果タササルハ他ノ行爲ヲ爲シツツアルカ爲メナリ即チ他ノ行爲カ其結果ヲ發生セシメタル原因也、例ヘハ母カ乳兒ヲ餓死セシメタルハ裁縫ヲ爲シツツアリシカ爲メ也、故ニ裁縫ハ乳兒餓死ノ原因也ト、

本問ノ要點ハ當該行爲ヲ爲ササルコトカ結果ノ原因タルヤ否ヤニアリ他ノ行爲ノ作爲不作爲ハ問題外ナリ本問所求ノ答辯ニアラス、

先行爲說

(2) 先行々爲說

先キニ積極行爲アルトキニ限リ之レト合シテ不作爲カ原因トナルモノ也、例ヘハ醫師カ手術ヲナシ中途ニシテ手術ヲ止メタル場合ニ患者カ多量ノ出血ノ爲メ死亡シタルトキハ即チ先行々爲タル手術ト相俟チテ不作爲カ原因トナルト、

然レトモ先行々爲ハ無責任行爲也、其後ニ至リテ故意ヲ生シタレハトテ先ノ無責任行爲カ責任行爲ト變スルハ責任不溯及ノ刑法ノ大原則ニ背反ス、

他因利用說

(3) 他因利用說

外部ノ變更ヲ惹起スル無數ノ因果連鎖ハ或ハ人ノ意思活動ニヨリ或ハ自然外界ノ運動ニヨリテ支配セラル人カ其因果連鎖ヲ自己ノ手中ニ有シ之レヲ支配スルトキハ其因果連鎖ハ其人ニ出テタリト云フコトヲ得、而シテ其結果ヲ生スルニハ自カラ惹起スルコトアリ他ノ原因ヲ利用スルコトアリ他因ヲ利用スルトキハ外部ノ行動アルコトヲ要セス之レ不作爲ニヨル行犯ノ場合ナリ、如斯傳來的ニ又ハ原始的ニ因

果連鎖ノ支配力ヲ有スルトキハ其結果ヲ支配者ノ行爲ニ歸スルコトヲ得サル可カラス即チ其結果ヲ其人ノ行爲ニ歸スルニハ因果連鎖カ其支配力内ニアリタルヤ否ヤニヨリテ區別スト。

此説ニハ哲學上ノ根據ヲ付スルニ於テハ又一箇有力ナル説トナルヘシ然レトモ以上ノ所説ノミニテハ消極説ニ歩ヲ進ムル僅カニ一歩ノミ、

(4) 義務違反ノ不作爲ニ原因力アリトノ説

凡ソ一定ノ結果ハ所謂起果條件ノ勢力ヲ直接ニ增加セシムル事實及ヒ結果ノ發生ヲ妨害セントスル條件ヲ壓伏スル事實ニヨリテ惹起セラル而シテ人カ法律上妨果ノ義務ヲ有スルトキハ其妨果條件ヲ成立セシメサル意思活動即チ不作爲ハ其結果ニ對スル原因也、蓋シ前者ナケレハ後者ナシト推理シ得ヘキ關係アルカ故ニ兩者ノ間ニ因果ノ關係ヲ認ムルニ支障ナキ也、因果關係ノ觀念ハ斯ノ如キ推理ニ外ナラサレハ也、然トモ斯ノ如ク妨果義務アル場合ニ於テ因果關係アリト云フトキハ即チ因果關係ノ本質タル物質的客觀的性質ニ背反スト云フ批評アランモ之レ不當ナリ義務違反ニヨリ結果ヲ生シ其結果ト義務違反トノ間ニ因果關係ヲ生スルモ其因果關係ハ決シテ無形的主觀的ノモノニアラス例ヘハ汽車ノ顚覆ナル結果ハ汽車顚覆ノ意思ヲ以テ鐵路ノ上ニ大石ヲ置キタル積極行爲ニ原因スルモ若シモ之レヲ知レル鐵路監視者カ其職務ヲ盡シ之ヲ除去スルニ於テハ汽車ノ顚覆ナル結果アルヘカラス從テ監視者カ大石ヲ除去セサリシ消極行爲モ亦此顚覆ナル結果ヲ生シタル原因ナリ要之、汽車ハ監視者ノ執務ヲ條件トシテ進行スルモノニシテ汽車進行ノ危險ニ對スル監視者ノ執務ト合シテ"バランス"關係ヲ形造スルモノ也故ニ監視者ノ消極行爲ハ此ノ"バランス"關係ヲ破ルモノニシテ即チ物理的因果ノ關係ヲ有スルモノ也ト、然レトモ例ヘハ汽車顚覆ナル結果ノ發生ヲ防止スル力アルモノハ必スシモ法律カ命シタル義務者ノミニアラス義務ナキモノノ行爲ト雖モ尚ホ妨果條件タルコトヲ得ルモノ也、從テ義務ナキモノノ妨果行爲ヲ阻害スルモノハ又其結果ニ對シ因果關係ヲ有ス果シテ然ラハ義務ナキモノノ不作爲モ亦原因アリト云ハサル可カラサルニ至ラルヘシ、

(5) 總テノ不作爲ニ原因力アリトノ説

此説ヲ主張スル論者ハ曰ク結果ヲ惹起シタル不作爲カ其義務違反タルト否トヲ別タス苟クモ本人カ作爲ニヨリ結果ヲ妨止スルコトヲ得ヘカリシ場合ニ於テハ皆其結果ニ對シテ原因アリ詳言スレハ他ノ狀況ノ下ニハ此ノ變狀ハ發生セサリシト云フ關係ヲ有スル以上ハ此ノ狀況ハ即チ結果ニ對シテ原因力ヲ有ス故ニ若シ此ノ變狀ノ發生カ或ル狀況ニ依テ防止セラレ得タリシト云フ關係ヲ有スル場合ニ於テハ或ル狀況ヲ與ヘサリシ意思實行ト變狀トノ間ニ於テ因果ノ關係ヲ認ムルヲ得ヘシ即チ不作爲ノ場合ニアリテモ結果ヲ妨止セサリシ意思ノ實行ト結果トノ間ニハ因果關係ヲ認メ結果ヲ防止シ得ヘキ意思實行ノ能力アリ且此ノ不作爲ハ結果ニ對スル客觀的引責原因ト認ムル

コトヲ得ル也、

然レトモ不作爲カ刑法上犯罪トナルニハ此ノ因果關係カ更ラニ違法ナルコトヲ要ス即チ他ノ進行ヲ遮斷シ得ルニ拘ラス遮斷セサルコトカ違法ナル場合ニアラサレハ刑法上犯罪ヲ構成セス違法ナル場合ハ即チ作爲義務違反ノ場合ナリ或學者ハ義務違反ヲ以テ違法トスルハ問ニ答フルニ問ヒヲ以テスルモノナルカ故ニ其違法ト稱スル場合ハ公秩良俗ニ反シタル場合ナルコトヲ要スト說明セルカ如シ然レ共刑法上ニ於テハ公秩良俗ニ反スルコトハ即チ義務違反ナリ若シ夫レ公秩良俗ニ反シテ尙ホ義務違反ナラサル場合アリトセハソハ刑法ニ於テ所罰スルコトヲ得サル範圍外ノ行爲ニシテ刑法上ニ於テ論究スルノ必要ナシ。

結論

勝本博士嘗テ不作爲ニ原因力ナシト云フ論者ニ敎ヘテ曰ク「若シ夫レ不作爲者ノ義務付ケラレタル作爲ト防止セサリシ結果トノ關係カ物質的關係

第四說ト第五說トハ刑法上ニ於テハ同一ナリ

ナルコトニ付テ尚ホ了解シ難キモノアランカ保姆ハ小兒ノ墜落ヲ防カンカ爲メニ設ケタル椽側ノ手スリヲ代表シ其小兒ノ墜落ヲ防止スヘク義務付ケラレタルハ宛モ若干錢ヲ投スレハ之ニ乘リタル人ノ重量ヲ指シ示スヘク仕組マレタル自働衡器又ハ若干時ヲ經過スレハ目覺ヲ鳴ラスヘク旋《ゼン》條《マイ》ヲ捲キ上ケラレタル時計ト異ナラサルコトヲ會得セハ疑問ハ氷解スルコトヲ得ヘシ」ト（法學新報第十五卷第十一號第十三號參照）

要之(4)說ト(5)說トヲ比較研究スルニ(4)說ハ刑法ヲ前提トシテ其範圍内ニ於テ因果關係ヲ說明シ(5)說ハ一般ノ因果關係ノ概念ヲ說明シテ而シテ刑法上ノ因果關係ニ及フ從ツテ立論ノ根據ヲ異ニシ說明ノ方法ヲ異ニスルモ共ニ刑法上ノ因果關係ニ於テハ些ノ軒輊アルコトヲ見ス。

第四　因果關係ノ中斷

因果關係ハ人ノ行爲ノ介入ニヨリテ中斷セラルトスルヲ通說トス、介入トハ甲行爲ノ因果關係ニ乙行爲ノ因果關係カ合一スル場合ヲ云フ、（介入ト競合ト參照）

因果關係中斷ノ理由

第一說

因果關係中斷ノ理由ニ就テハ數說アリ、第一說ハ刑法上ノ因果關係ハ論理上ノ因果關係ト何等ノ差異ナシテフ前提ノ下ニ立論スルモノニシテ實質上ニ於テハ介入ニヨリテ中斷セラルルモノニ非ラサルモ法律カ敎唆從犯ニ關シ特ニ明文ヲ置クカ故ニ中斷アルモノト解セサル可カラスト云フ論旨ニシテ此ノ論者中ニハ或ハ敎唆從犯ノ場合ニ於テモ因果關係ノ中斷アリト認ムヘキモノニアラス敎唆及從犯ハ正犯ノ介入行爲ニヨリ責任ヲ更新スルニ過キスト論スルモノアリ第二說ハ自由意思ナル觀念ヲ基礎トシ因果關係ノ連續中ニ任意且自由ナル意思ニ基ク責任能力者ノ行爲ノ介入アルトキハ之レニ依リテ實質的ニ因果關係ヲ中斷スト說キ、第三說ハ第一說ト同シク刑法上ノ因果關係ト論理上ノ因果關係トノ間ニ何等ノ差異ヲ認メス且敎唆從犯ノ場合ト雖モ當然因果關係ヲ有スルモノニシテ換言甲行爲ヨリ乙行爲ヲ生シ乙行爲ヨリ丙結果ヲ生シタル場合ニ於テハ甲丙間ニ因果ノ中斷アルモノニアラス甲カ責任ヲ負フハ即チ丙結果アルカ爲メナリト說ク以下學說ノ大要ヲ述ヘン、

第二說

第三說

第一形式的中斷說、　刑法上ノ因果關係ハ即チ論理上ノ因果關係ニシテ只

第一形式的中斷說

刑法ノ規定ニ基ク例外

結論上ヨリ生スル例外

因果關係ノ限界ヲ異ニスルノミ從テ本來故意行爲ノ介入ニヨリ因果關係カ中斷サルルモノニアラス去レト法律ハ特ニ例外トシテ中斷ノ事由ヲ認メタリ、即チ左ノ如シ

刑法上ノ規定ニ基ク例外、

敎唆及從犯ハ正犯ノ行爲ヨリ生スル結果ニ對シテ一ノ條件ヲ與フルモノ即チ結果ニ對シテ原因力ヲ有スルモ刑法ノ規定ハ敎唆及從犯ヲ以テ正犯行爲ニ隨伴スルモノナリト爲ス從テ敎唆及從犯ノ行爲ハ結果ニ對シテ獨立ノ原因タルコトヲ得ス、

結論上ヨリ生スル例外、

結果犯ノ場合ニ於テ重キ結果ニ付テ責任ヲ負フニハ犯人ニ於テ故意又ハ過失アルコトヲ要セサルヲ通說トス從テ加重罪即チ結果犯ノ場合ニ於テ純然タル因果關係ノ原則ヲ一貫スルトキハ主觀的元素ヲ以テ制裁負擔ノ限界ヲ定ムル能ハス事實上因果關係ノ限界ヲ犯人カ豫見シ又ハ豫見シ得ヘカリシ點ニ於テ限界セサル可カラス例ヘハ毆打創傷ノ被

害者カ入院中流行病ニヨリテ死亡セル場合ハ其死亡ハ犯人ノ豫見シ又ハ豫見シ得ヘキ結果ニ非ラサルカ故ニ毆打創傷ノ點ニ於テ因果關係ヲ中斷セサル可カラスト、

以上ノ説ト前提ヲ同ウシテ結論ヲ異ニスル説アリ責任更新論之レ也、責任更新論ハ岡田博士ノ主張スル所ニシテ其論旨ニ曰、凡ソ天地間一切ノ事物ハ其間盡ク因果關係アリ甲ノ殺人行爲ニ對スル乙ノ死亡ナル結果ニ就テハ其行爲ノミナラス太陽モ亦其原因ノ一也、然レトモ太陽ヲ以テ殺人行爲ノ原因トナササルハ畢竟責任能力及責任條件無キカ爲メノミ責任能力及責任條件ハ外界無始無終ノ因果連鎖ノ某ヨリ某ニ至ル迄ヲ擧動者ニ負擔セシムル心的關係ニシテ行爲ノ獨立タルヤ否ヤヲ分ツ根本也、獨立ノ行爲(即責任能力アリ且責任條件ヲ有スル者ノ行爲)カ因果連絡中ニ介入スルトキハ其以後ノ因果連鎖ニ對スル責任ハ其行爲ニ於テ之ヲ負擔セサル可カラス是レ即チ責任ノ更新ナリト説キ有責行爲カ介入スルモ以前ノ行爲ノ原因ハ依然其進行ヲ繼續スルコト疑ナキカ故ニ因果關係ノ中斷アリト

教唆從犯ハ例外ニアラス

結果犯ノ觀念ト矛盾ス

責任更新論ノ謬論理

認ムルヲ得スト說明ス、

然レ共敎唆及從犯ハ因果關係ノ中斷ヲ認メスンハ說明スル能ハサルカ苟クモ論理上ノ因果關係ト刑法上ノ因果關係トヲ同一ナリトシ而シテ敎唆、從犯ニ就テ因果關係ノ中斷ヲ認メスシテ說明シ得ヘシトセハ論理ヲ一貫スル點ニ於テ其說ニ從ハサル可カラス予輩ハ因果連絡ノ中斷ヲ認メスシテ說明ノ方法アリト信スルモノ也、

加重罪即結果犯ニ就テハ根本觀念ニ於テ誤謬ニ陷ル、何トナレハ結果犯ハ結果ノ豫見ヲ要セサル犯罪也、從テ此說ノ如ク豫見シ又ハ豫見シ得ヘキ意思責任ヲ以テ因果關係ノ限界ヲ定メントスルハ結果犯ノ本質ト相容レサレハナリ、

責任更新論ニ至ッテハ予輩ノ首肯シ得ヘカラサル點數多アリ即刑法上ノ因果關係カ論理上ノ因果關係ト同一ナリトセハ而シテ甲乙兩者共ニ犯意ヲ有シ共ニ結果ニ對シテ共ニ原因力ヲ與ヘタルモノナリトセハ兩者共ニ其結果ニ就テ責任ヲ生スルヲ論理上ノ歸結トス從テ

一ノ結果ニ對シ介入者ニ責任ヲ生シ他ノ行爲者ニ對シテハ責任ヲ阻却ストノ論理ヲ生ス可キモノニアラス而シテ博士ハ此點ニ就テハ何等道破スル所ナシ思フニ責任更新論ハ前説ト説明ノ方法ヲ異ニスルニ過キサルモノニシテ却テ論理ノ潰裂ヲ來スモノ也、

只タ博士ノ説カ前説ト異ナル所ハ前説ハ因果關係ノ中斷ニハ故意行爲ノ介入ヲ要ストシ此説ニ於テハ故意行爲ト過失行爲トヲ問ハストスルノ點ニ於テ異ナル、

第二實質的中斷説

第二實質的中斷説、論理上ノ因果關係ヲ直チニ取ッテ以テ刑法上ノ因果關係ニ利用スルハ不當也、

原因ト條件トヲ區別ス

刑法ノ關係スル所ハ種々ノ條件關係中特別ノ價値ヲ有スルモノノミニ限ルモノニシテ刑法上ニ於テハ行爲ト結果トノ全然例外的ナル連鎖ハ責任ヲ發生セサルモノ也、此ノ責任ハ或ハ當該狀態ノ下ニ或ハ少ナクトモ其一般性質上結果ノ發生ヲ助成スルニ適當ナル即チ結果ヲ發生スルニ危險アリト認メラルル行爲ヲ條件トシテ生ス從テ甲者殺意ヲ以テ乙

教唆從犯ハ實行的關與ナキカ故ニ因果關係ヲ中斷ス

勝本博士ノ說

者ヲ乃傷シタルモ創傷重大ナラサリシ爲メ乙者カ甲者ヲ捕ヘントシテ追尾シタルニ過チテ河中ニ陷落シテ溺死シタル場合ニ於テハ乙者ノ死亡ト甲者ノ行爲トノ間ニハ「當該狀態ノ下ニ又ハ一般的性質上」因果ノ關係アリト云フコトヲ得ス即チ全然例外的ナル因果ノ關係ハ故意又ハ過失ヲ阻却スル事由トシテ觀察セラルルモノ也故ニ多數人カ犯罪的結果ノ惹起ニ故意若シクハ過失ヲ以テ干與シタル場合ニ於テハ多クノ事情中或モノハ結果ニ對スル原因的干與ノ一般的影響輕微ナルカ爲メ處罰セラレサルコトアリ或ハ一般的影響ノ重大ナルカ爲メ處罰スルコトアリ而シテ法律ハ其關係スル總テノ原因的干與ヲ以テ結果ヲ惹起スル行爲ナリトナサスシテ實行的干與ノミヲ以テ結果ヲ惹起スル行爲ナリト認ム從テ敎唆從犯ハ此ノ如キ實行的干與ナキカ故ニ實質的ニ其原因結果ノ關係ヲ中斷スト、

勝本博士モ亦此說ト同一說ヲ主張セラル試ミニ其論旨ヲ摘出セン、

「普通ノ因果律ノ觀念ヲ其儘刑法上ニ應用スルモノトセハ責任ノ窮極ス

ル所ナク子ニシテ罪ヲ犯サハ父母祖父母溯ツテハ太古ノ祖先亦責任ヲ負ハサル可カラサルニ至リ不當ナル論結ヲ生スルカ故ニ必要ナル條件即チ他ノ條件ハ或ハ存シ或ハ存セサルモ敢テ妨ケスト雖モ此ノ條件ニ限リテハ必ス存在スルコトヲ要スト認ムヘキ條件ノミヲ以テ原因トシ此ノ原因ヨリ續出スル影響中原因ニ近接セルモノノミヲ結果ト爲ササル可カラス而シテ刑法上所謂原因ハ個人ノ自由意思ヨリ出テタル行爲ヲ以テ第一原因トシ夫レ以上ニ溯ルヲ許サス結果ハ豫見スルコトヲ要シ又ハ豫見シ得ヘキ範圍ヲ限度トセサル可カラス既ニ自由意思ニ基ク行爲ハ第一原因ニシテ原因ノ觀念ハ其以上ニ溯ルヘキモノニ非ストセハ或者ノ行爲ニヨリテ發生シタル因果連鎖中ニ他人ノ自由意思ニ基ク行爲カ介入シタルトキハ第一行爲ト結果トノ連絡ハ第二行爲ニヨリテ中斷セラルヘキモノト認ムヘキハ當然ナリ、此ノ關係ニ就テハ獨逸法曹ノ所謂故意行爲ハ過失ニ基ク行爲ヲ包含スルモノナレハ若シ夫レ共犯者間ニアリテハ分體同心ノ關係アルヲ以テ共犯者中ノ一人ノ行爲ハ他

ノ一人ノ行爲ト結果トノ因果連絡ヲ中斷スルコトナシ、又結果ニ就テハ思想ノ及フ範圍ニ責任ヲ制限ス」ト云フニアリ

然レトモ予輩ハ曩キニ論述セシ如ク刑法上ニ於ケル因果關係ハ當該行爲カ結果ニ對シテ條件的關係ヲ有スル以上ハ總テ皆原因ナリトノ說ヲ採ルカ故ニ或ル條件中ニ重要ナルモノト否トヲ分ツ說ニ左袒スル能ハス結果ニ就テハ博士ハ思想ノ及フ範圍ニ制限スト稱セラルルモ若シ斯ノ如クナルトキハ例ヘハ甲者カ乙者ノミニヨリテ生活ヲ維持スル丙者ハ乙者ノ死亡ニヨリ餓死スヘキコトヲ豫想シ乙者ヲ殺シ從テ丙者カ餓死シタリトセハ甲者ハ乙者並ニ丙者ニ對スル殺人罪ノ責任ヲ負ハサル可カラサルニ至ラン、

第三中斷否認說

第三 中斷否認說、 刑法上ノ因果關係モ論理上ノ因果關係モ共ニ同一ニシテ只刑法ノ領域ニ於テハ刑法ノ目的ニ適合スル必要ノ限度迄因果關係ヲ認ムヘシトノ說ヲ採ル論者ハ因果關係ノ中斷ヲ認メス從テ敎唆及從犯ニ就テハ因果關係ヲ中斷スルモノニアラス即チ敎唆及從犯ハ正犯行

爲ニヨリ丙ノ死亡ナル結果ヲ惹起シタル場合ニ於テハ共ニ其結果ニ對シテ原因力ヲ有スルモノニシテ敎唆及從犯ハ敎唆及從犯トシテ丙果ニ對シテ責任アリ正犯行爲者ハ正犯行爲者トシテ丙果ニ對シテ責任ヲ生スルモノトス何トナレハ苟クモ甲者ト丙果トノ間ニ因果關係アラン

カ乙者カ其間ニ介在スルト否トハ法律上何等ノ影響ヲ及ホスヘキ理由ナケレハ也、故ニ丙果ニ對シテ原因ヲ與ヘタルモノハ甲者然リ乙者然リ從テ勝本博士ノ所謂共犯ノ場合ト同シク因果關係ノ中斷若クハ責任更新説ヲ認ム可カラスト信ス。

以上ノ概説ニヨリテ實質的中斷説ヲ認ムル學者ハ論理ノ根底ニ於テ吾人ト其主義ヲ異ニシ形式的中斷説ニ至リテハ論理ヲ貫徹セサルモノナルコトヲ推知シ得ヘシ然レ共中斷否認論ハ未タ學界ニ於テ廣ク認メラレサルカ如シ、

學者ノ所説ニヨレハ形式的中斷ト實質的中斷トヲ問ハス故意行爲ノ介入ニヨリテ因果關係ハ中斷セラルルモノトス於此、介入ノ意義如何ハ

競合トハ何ソヤ

介入トハ何ソヤ

競合ト介入トノ共存

當然因果關係中斷ノ前提問題トナル而シテ學者ノ稱シテ介入ト云フ觀念中ニハ介入ニ非スシテ競合ナル場合アリ競合トハ何ソ因果關係カ各共同シテ結果ヲ發生シタル場合ヲ云フ介入トハ何ソ一ノ因果關係カ他ノ因果關係ト合一シタル場合ヲ云フ例解スレハ甲乙各別ニ丙者ヲ毆打シ依テ死ナル結果ヲ生シタル場合ハ競合ナリ甲カ先ツ或行爲ヲナシ其行爲ノ結果タル行爲カ甲ノ行爲ト離レテ或ル結果ヲ生シタル場合ハ介入ナリ兩者ノ區別ハ結果ニ對スル原因力ノ進行ガ時ヲ異ニスル點ニアリ即チ競合ハ同時的共同原因ニシテ介入ハ異時的共同原因ナリ然レ共競合ト介入ト共存スル場合アリ例解スレハ甲者ノ行爲アリタル後乙者又一ノ行爲ヲナシ甲行爲ト乙行爲ト相合シテ結果ヲ生シタルトキハ介入ト競合トノ共存ノ場合ナリ換言スレハ行爲ニ前後アルモ結果發生ニ對スル原因力カ同時ニ發生スル場合ナリ要之介入タルト競合タルト果タ兩者共存タルトヲ問ハス又學者ノ所謂異時的ナルト同時的ナルトヲ問ハス結果ニ對スル共同原因タル點ニ於テハ即チ相同シ從テ實質的中

斷説ハ兎モ角論理ノ根底ニ於テ吾人ノ見解ト相異ルモノナルカ故ニ其結論ヲ異ニスルハ當然ナリト雖モ形式的中斷説ニ至ツテハ因果關係論ノ根底ニ於テ吾人ト見解ヲ同ウスルニ拘ハラス從犯及敎唆犯ノ場合ニハ法律カ其刑ヲ減刑シ若シクハ正犯ニ準スト規定スルカ故ニ中斷アリト云フニ至ツテハ法定ノ結果ヨリ犯罪ノ原因ヲ推及セントスルモノニシテ本末顚倒ノ議論ナリ、試ミニ之ヲ純粹競合ノ場合即チ學者ノ所謂共同正犯ノ場合ニ見ルニ正犯者各自ニ對シテ其刑ヲ異ニスルコトアルモ以テ因果關係ノ中斷ヲ認ム可カラザルニ於テオヤ從テ從犯及敎唆犯ニ於テモ曩キニ論述シタルカ如ク因果關係ノ中斷ヲ認メサルモ他ニ説明ノ方法アルニ於テハ强イテ論理ヲ曲折シテ以テ法規ノ説明ヲ難解ナラシムルノ必要ナキニ非ラスヤ。

第五 刑事責任ノ終點

以上予輩ハ刑事責任ノ主觀的原因ト客觀的原因換言スレハ犯意(過失)ト行爲(作爲及不作爲)及其間ニ存セサル可カラサル因果關係ヲ論述シ終レリ於此乎刑事

一方ニ於テハ犯意ヲ限度トシ他方ニ於テ因果關係ノ終點ヲ限度トス

責任ハ如何ナル限度ニ及フヘキカノ標準ヲ明カニセサル可カラス從テ刑事責任ノ限度ハ必スシモ因果關係ノ限度ト同一ニアラス之ヲ因果關係論中ニ論スルハ只說明ノ便宜ノ爲メノミ而シテ從來ノ學說ニヨルトキハ犯意ノ存スル限度ニ及フトシ或ハ因果ノ連絡スル限度ニ及フトス然レトモ犯意アルモ結果ナケレハ旣遂ノ責任ヲ生スルコトナキカ故ニ刑事責任ハ犯意ノミヲ標準トス可カラス之ト同シク結果發生スルモ犯意(又ハ過失)ナケレハ罰スルコトヲ得サルカ故ニ刑事責任ハ因果ノ連絡存スル限度ニ及フモノト斷スヘカラス即チ刑事責任ハ一方ニ於テハ犯意ヲ限度トシテ限界シ他方ニ於テハ因果關係ノ及フ必要的範圍ニ於テ限界セサル可カラス換言スレハ犯意(若クハ過失)ニヨル行爲ハ其行爲ト結果トノ間ニ因果關係アルヤ否ヤ其犯意(若クハ過失)ハ結果ニ對シテ豫見シ若クハ豫見ス可カリシモノナルヤ否ヤニヨリテ決セサル可カラス。

然レトモ犯意(過失)ナキニ尙ホ刑事責任ヲ負擔セサル可カラサル場合アリ結果犯之レ也、

結果犯ニ對スル刑事責任

結果犯トハ結果ニ對シテ認識豫見ヲ缺如シタル場合也、而シテ法律ハ斯ル結果ノ發生ニ對シテ犯意以上ノ刑事責任ヲ負擔セシム即チ人ヲ毆打スルノ犯意ナリシニ拘ラス毆打ナル原因カ發展シテ「死」ナル結果ヲ惹起シタルトキハ「死」ナル結果ニ對スル刑罰ヲ負擔セシム從テ結果犯ニ對スル刑事責任ノ限度ハ犯意ノミヲ標準トス可カラサルヤ明カナリ於此、結果犯處罰ノ理由ニ關シテハ或ハ因果關係ノミヲ以テ說明セントスル者アルニ至ル而シテ同シク因果關係ヲ以テ說明スルニ當リテモ其限度ヲ異ニス即チ或ハ絕對的ニ因果ノ連絡スル限度ニ於テ處罰スヘシト稱シ或ハ相當因果關係ノ範圍ニ限定スヘシト說ク刑罰ノ目的ヲ報復主義又ハ事實主義ノ上ニ置ク論者ハ刑事責任ノ限度ヲ絕對的ニ因果關係ノ連續スル點ニ及フト主張ス從テ本問結果犯ニ於テモ又報復主義ノ上ヨリ斷論シテ因果關係カ犯人ノ豫期以外ノ偶然ナル事實ニヨリテ發展スルモ尙ホ結果犯トシテ處罰スヘシト論ス然レ共吾人ハ曩キニ論述シタルカ如ク刑罰ノ目的ハ報復主義ニアラスシテ目的主義ニアリ事實主義ニ非スシテ人格主義ニアリト

結果犯處罰ノ理由如何

信スル者ニシテ結果犯ニ於ケル加重處罰ノ理由モ亦結果ヲ惹起シタル行爲其モノカ犯人ノ惡性ヨリ出テタルモノ換言スレハ犯人カ其結果ヲ豫見シ得ヘカリシモノナルコトヲ豫想シテ加重責任ヲ負擔セシムルモノナリト信スルカ故ニ結果犯ニ對スル刑事責任ノ終點ハ犯人カ認識ス可カリシ事實ヨリ通常生ス可キ結果ニ限定セント欲ス蓋シ犯罪所罰ノ理由ヲ人格主義目的主義ニ置ク以上ハ犯人ノ惡性ノ表現以上ニ超越シテ所罰スルトキハ却テ社會防衛ノ目的ニ背反スルノ結果ヲ生スレハ也從テ意外ニシテ偶然ナル事情ニ基ク結果ニ就テハ刑事責任ヲ負擔スルコトナシ例ヘハ甲者乙者ヲ毆打創傷シタルニ乙者カ治療ノ爲メ病院ニ至ルノ途中落雷ノ爲メ死亡セリト云フ場合ニ於テ因果關係ヲ標準トスルトキハ毆打致死ヲ以テ論セサル可カラサルモ刑事責任ノ限界ヲ通常生スヘキ範圍ニ限ルトキハ毆打創傷ノ責任ヲ負擔スルニ止マル、故ニ結果ニ於テハ相當因果關係若クハ必要的因果關係論ノ決定ト同一ニ歸着スト雖共只其原因ニ於テ即チ立論ノ根據ニ於テ予輩ハ刑事責任ノ限界ヲ犯意（過失）及因果關係ニ依テ定メントシ後者ハ單ニ因果關係ノミヲ以テ定メントスル點ニ於テ異ル。要之刑事責任ノ限度ニ就テハ刑法典ニ明規ナキカ故ニ一般理論ノ解決ニ俟タサル可カラスト雖モ民法ニ於テハ損害賠償ノ限度ヲ明定シタリ民法四百十六條即チ之レナリ又以テ吾人ノ所説ノ資料タルヲ得ン歟。

第五章　違法阻却ノ事由

第一節　違法行爲ノ概念

違法行爲ノ意義

犯罪ハ違法行爲也違法行爲トハ形式上ニ於テハ法ノ命令又ハ禁令ニ違反スル行爲也換言スレハ法規ノ禁スルコトヲ行ヒ若シクハ法規ノ命スルコトヲ爲ササル行爲也實質上ニ於テハ法規ニヨリ保護セラルル利益即社會ノ共同生活上刑罰制裁ヲ以テ保護スルノ必要アル利益ヲ侵害スル行爲也約言スレハ法規ニヨリテ保護セラルル共通利益ト抵觸スル非社會性ヲ有スル行爲也。

蓋シ法律ハ社會ノ共通利益ヲ保護スル機關ニシテ如何ナル範圍如何ナ

違法行爲ノ對象社會個人

直接個人ノ法益ヲ侵害スル點ヨリスル犯罪ノ區別

ル形式ニ於テ各個人ノ利益ヲ保護スヘキカヲ規定シ反面ニ於テハ一定ノ範圍一定ノ方法ニ於テ個人ノ自由ニ對スル法律上ノ限界ヲ定ムルモノニシテ此限界ヲ超越スル行爲特ニ犯罪ヲ如何ニシテ抑壓スヘキカノ方策ハ常ニ社會ノ共通利益即チ其行爲カ社會共同生存ノ要件ニ適合スルヤ否ヤヲ標準トシテ決セサル可カラス從テ社會ノ共通利益即チ共同生活ノ要件カ犯罪ニヨリ如何ニ侵害セラルルカノ關係ハ以テ法定刑ノ範圍及ヒ輕重ヲ定ムルニ重要ナル標準ナリ、故ニ刑法カ犯罪豫防ノ手段トシテ處罰スル行爲ハ共通利益ノ侵害若クハ危害ニヨル反社會的行爲也、

反社會的行爲ハ其對象ニヨリテ二箇ニ分別スルコトヲ得即チ(一)ハ直接ニ社會ノ利益ノミヲ侵犯スルモノ例ヘハ猥褻罪ノ如シ(二)ハ直接ニ個人ノ權利ヲ侵犯スルモノ例ヘハ窃盜罪ノ如シ然レトモ(二)ノ場合ハ又間接ニ於テ必ラス社會ノ共通利益ヲ侵害スルトキニ非ラサレハ犯罪トナラス。

今直接ニ個人ノ法益ヲ侵害スル點ヨリ犯罪ヲ區別スレハ(一)實害罪。(二)危害罪。(三)危險罪ノ三種トナスコトヲ得ヘク而シテ危險罪ニアリテハ直接ニ

個人ノ法益ヲ害スルコトナシト雖其間接ニ保護セラルル社會共通ノ利益ヲ標準トシテ觀察スルトキハ何レノ犯罪ト云ヘトモ社會共通ノ利益ニ對スル侵害ナラサルナシ。

民法上ノ違法行爲

民法ニ於テハ其第九十條ニ於テ公ノ秩序又ハ善良ノ風俗ニ反スル事項ヲ目的トスル法律行爲ハ無效トストト規定シ積極的ニ違法ナル概念ヲ明カニシ以テ人ノ自由活動ハ常ニ公秩良俗ヲ以テ最後ノ限界トナセリ刑法ニ於テハ積極的ニ違法ノ何タルカヲ規定セスシテ消極的ニ違法ヲ阻却スル事由ヲ列擧ス。

違法行爲ニ對スル學說

然レトモ違法行爲ニ就テハ學者間ニ主觀主義及ヒ客觀主義ノ議論アリ、

一主觀主義

一　主觀主義、法律上意思能力ナシト看做サレタル責任無能力者ノ行爲若クハ意思責任ナキモノノ行爲ハ法ノ命禁ノ範圍外也、故ニ責任無能力者又ハ意思責任ヲ有セサルモノノ行爲ハ法ノ命禁ニ違反スルモ違法トナルヘキモノニ非ラス。蓋シ此等ノ者ノ行爲ハ禽獸ノ行爲若クハ自然力ト何等ノ選フ所ナク而シテ法律カ禽獸若クハ自然力ニ對シテ一定ノ行爲ヲ命令若クハ禁止スルコトナケレハナリト。

二客觀主義

二客觀主義、客觀主義者ハ曰ク法ノ命禁ニ順行セサル行爲ハ社會共通ノ利益ヲ侵害スル反社會的行爲ナリ此反社會的行爲ヲ稱シテ違法行爲ト云フ從テ行爲ノ違法タルニハ責任能力者ノ行爲タルト否トニ關セス尚違法タルヲ妨ケス換言スレハ責任能力ノ有無及意思責任ノ有無ハ行爲ノ違法性ト何等ノ關係ヲ有セスト、

客觀說ヲ採ル其結果

予輩ハ客觀說ニ左袒スルモノ也、從テ左ノ如キ結果ヲ生ス

主觀的不論罪原因ト客觀的不論罪原因

客觀的不論罪原因ハ一般的ニ行爲其モノノ犯罪性ヲ消滅セシメ主觀的不論罪原因ハ一身的ニ犯罪ヲ不成立ナラシム蓋シ客觀的不論罪原因ハ行爲ノ違法性ヲ阻却スルニヨリ犯罪ヲ不成立ナラシメ其結果トシテ原則上加擔者ノ行爲ヲ併セテ阻却シ主觀的不論罪原因ハ責任無能力、意思無責任等ニシテ此ノ原因ヲ缺クカ爲メニ犯罪ノ成立ヲ妨ケ共犯ノ成立ヲ不能ナラシムルモ斯ル原因アル行爲ヲ利用シタル第三者ヲシテ間接正犯ノ責任ヲ負ハシムルノ結果ヲ生ス。

客觀的不論罪原因ト除刑原因

客觀的不論罪原因ハ之ヲ除刑原因ト區別セサル可カラス除刑原因トハ犯罪ノ特徴ヲ有スル行爲ノ存在スルニ係ハラス犯罪者ニ對シテ國家ノ刑罰權ヲ除外スヘキ事情ヲ云フモノニシテ此事情ハ個人ニ專屬スルモノナリ從テ此ノ事情ヲ有スル個人ノ行爲ニ加擔シタルモノハ免刑ス可カラス。

現行刑法ニ於テ行爲ノ違法阻却ノ事由トシテ規定シタルモノ二アリ即チ、緊急行爲及ヒ權利行爲之レ也、緊急行爲ニハ緊急防衛行爲ト緊急避難行爲トアリ學者ノ說明スル所ニヨレハ緊急防衛行爲ハ權利行爲ノ一種ナリトスルカ如シ而シテ總テ權利行爲ハ違法行爲ニ非ラス從テ權利行爲ヲ以テ違法阻却ノ事由トシ若シクハ客觀的不論罪原因トスルハ決シテ論理ノ當ヲ得タルモノニ非ラス何トナレハ權利行爲ハ罪トナルヘキ行爲ニアラス違法トナルヘキ行爲ニ非ラサレハナリ然レ共吾人カ違法阻却ノ事由トシテ兩者ヲ併セ論スル所以ノモノハ畢竟了解ニ容易ナラシメンカ爲メニ從來ノ學者ノ編別ニ從フノミ。

緊急行為ノ意義

緊急行為ノ二種別

其一緊急防衛

其二緊急避難

第二節　緊急行為

第一款　總說

緊急行為ハ自己又ハ他人ノ法益ヲ保全センカ爲メニ緊急必要ナル場合ニ他人ノ法益ヲ侵害スル行爲ヲ云フ換言スレハ自己ノ法益ノ保全カ緊急必要ナルカ故ニ他人ノ法益ヲ侵害スルヲ以テ其行爲ノ特色トスル行爲也

緊急行爲ニ二種アリ卽チ

(一)自己若クハ他人ノ法益ニ對スル侵害カ緊急行爲ニヨリテ攻擊セントスル法益ノ主體ヨル來ル場合此場合ヲ緊急防衛ト稱ス

(二)自己若クハ他人ノ法益ニ對スル侵害カ緊急行爲ニヨリテ攻擊セントスル法益ノ主體以外ヨリ來ル場合、此場合ヲ緊急避難ト稱ス

而シテ行爲ノ傾向ヲ案スルニ前者ハ常ニ一方的ニシテ後者ハ時ニ一方的ナルコトアリ時ニ双方的ナルコトアリ例ヘハ甲ノ殺害行爲ニ對スル乙ノ防衛行爲ハ前者ノ適例ニシテ不可抗力ニヨリ甲カ危險ヲ避ケントシテ

乙ノ法益ヲ侵害スル場合ハ後者ノ適例タル一方的ナル場合ニシテ甲乙兩人カ海中ニアリテ單ニ一人ノミヲ救助スルタケノ板片ヲ爭フノ場合ハ其双方的ナル實例也。

從來ノ學說ニヨレハ緊急防衛行爲ト緊急避難行爲トハ其性質ヲ異ニスルモノト觀察セラレ前者ハ權利行爲ニシテ後者ハ放任行爲ナリト唱導セラレタリキ斯ノ如ク緊急行爲ニ對スル基礎的觀念ヲ異ニスルノ結果ハ又緊急行爲ニヨル違法阻却ノ理由ニ就テモ各々其立論ノ根據ヲ異ニス。

第二緊急防衛ノ基礎的觀念

第二款　緊急防衛ノ基礎的觀念

甲自然法說

(甲)自然法說

カシウース曰、暴行ハ暴行ヲ以テ排除スルコトヲ得之レ自然法ヨリ出ツル所也故ニ武器ヲ有スルモノニ對シテハ武器ヲ以テ防衛スルコトヲ得故ニ若シ余盜賊タル爾ノ奴隷ヲ……余ヲ攻擊スルトキ殺スモ爾ハ余ニ對シテ何等訴ヲ起スコトヲ得サルヘシ何トナレハ自然ノ道

乙權利行爲說

(イ)不正消滅說

(ロ)刑罰權消滅說

理ハ吾人ヲ攻擊スル者ニ對シテ防衞スルコトヲ許セハ也、緊急必要ノ場合ニ已ムヲ得スシテ爲シタル行爲ニ就テハ責任ナシ何トナレハ凡テノ法律ハ暴力ヲ以テ暴力ヲ排除スルコトヲ許セハ也、是レ成文法ニアラスシテ自然法ナリト、然レトモ今日自然法說ニ贊スル者ナシ、

(乙)權利行爲說、

權利說モ古來種々ノ立脚地ヨリ立論セラル、

(イ)不正消滅說、ヘーゲル曰ク緊急防衞ハ權利行爲也何トナレバ不正侵害ハ權利ノ否認ニシテ緊急防衞ハ更ラニ之ヲ否認シ不正ヲ滅却スルモノナレハ也ト、

(ロ)刑罰權消滅說、カーララ曰ク凡ソ國家カ犯罪ニ對シ刑罰ヲ以テ防衞ノ權ヲ行フハ畢竟個人防衞ノ不備ヲ補足シ其過度ニ至ルヘキヲ羈束センカ爲メナリ然ラハ若シ夫レ一時國家ノ防衞力カ無能ナルニ際リ之レニ代リタル個人防衞ノ力獨リ能ク其程度ヲ超越スルコト

ナク十分ナル防衛ノ目的ヲ達スルニ於テハ國家ハ更ラニ之レヲ補足スヘキ不備アルヲ見出ササルカ故ニ之ニ干涉シテ刑罰權ヲ行フノ基礎ヲ失フヘシト、

(八)權利行爲說

(八)フエリー曰、緊急防衛ハ權利ナリ、何トナレハ不正ノ攻擊者即チ暴行者ハ非社會的行爲ヲ爲スモノニシテ國家ハ之ヲ撲滅スルヿヲ要ス然ルニ緊急防衛ノ行爲ハ斯ノ如ク國家カ撲滅ヲ要スヘキ非社會的行爲ヲ撲滅シテ社會共同ノ生存ヲ全フスルモノニシテ客觀的ニ見ルモ主觀的ニ觀察スルモ能ク國家立法ノ目的ニ適合スレハ也ト、

權利行爲說ノ論據

要之近世有力ナル學者ハ多クハ皆權利說ヲ取ル其立論ヲ見ルニ曰、凡ソ生命身體名譽財產等ノ權利ハ吾人カ生レナカラニシテ有スルモノタルハ明白ニシテ何等疑ナキ所ナリ從テ不法ニ之ヲ侵害スルモノアリ且ツ國家ノ救護ヲ俟ツ遑ナキトキハ吾人ハ之ヲ排除シテ此等ノ權利ヲ保全スルノ權利ヲ有スルモノトセサル可カラス然ラサレハ吾人カ自然ニ又ハ法律ニヨリテ享有スト稱セラルル所ノ生命身體名譽財產等ノ權利

其批評

ハ遂ニ其存在ヲ認ムルヿヲ得サルニ至ル可シ故ニ權利ヲ有スルモノハ其法律ノ範圍內ニ於テ其不可侵ヲ主張シ公力ニ訴ヘテ保護ヲ全フスルコト能ハサル場合ニ於テハ徒ラニ手ヲ拱シテ待ツコトナク違法ナル行爲ニ對シ權利自體ノ反撥的活動ヲナスコトヲ適法ナリト認ムル也ト

然レトモ緊急行爲ニ基ク行爲ハ自然ニ又ハ法律ニヨリ享有スル權利行爲ナリト云フト雖モ決シテ放任シタル行爲ニアラス換言スレハ防衞行爲夫レ自體ハ更ラニ之レニ因リテ自己カ防衞セントスル行爲ト同シク國法ノ保護スル他人ノ權利ヲ侵害スル行爲ナリ換言スレハ自己ノ權利ヲ保全センカ爲メニ更ラニ他人ノ權利ヲ犧牲ニ供スルモノ決シテ吾人カ衣食シ步行スルカ如キ行爲ト同一ナルモノニ非ラス

不正ノ侵害ニ對スル反撥的行爲ナルカ故ニ權利ナリトセハ正義若シクハ純理ヲ基礎トシテ權利ノ觀念ヲ定メントスルモノニシテ採ルニ足ラス若シ夫レ法律カ許容スルカ故ニ權利ナリト爲サハ緊急避難モ亦法律カ許容スルモノナルカ故ニ權利行爲トナササル可カラサル

ヘク暴行者ハ防衛行爲ノ結果ニ對シテ自己ノ權利ヲ主張スルコト能ハサルカ故ニ放任行爲ナリトスルトキハ暴行者カ暴行ヲ停止シタル場合ニ於テハ其瞬間ヨリ防衛者ハ權利ヲ失フニ至ラン、

(丙)自由意思喪失説

(丙)自由意思喪失説、（後段緊急避難行爲ヲ無罪トスル説參照）

緊急行爲ハ行爲者カ其事情ノ急迫ナル爲メ意思ノ自由ヲ喪失セル結果ナルカ故ニ之ヲ無罪トスヘシト。

此説ハ佛國派ノ學者ノ唱導スル所ニシテ人カ刑法上ノ責任ヲ負フニハ責任能力アリ犯意若クハ過失アリ且自由意思アルコトヲ要ス其自由ナル意思ヲ以テ決定セラレタル場合ニアラサレハ本人ニ刑事責任ナシ故ニ緊急已ムヲ得サル强制ニヨル行爲ハ此點ヨリシテ無罪トスヘシト。

其批評

此説ニヨレハ緊急行爲カ無罪トナルハ犯罪ノ客觀的要件即違法性ヲ欠缺スルカ爲メニアラスシテ主觀的要件ヲ欠如スルニ依ルトノ結論ニ到達シ違法行爲ノ觀念ニ反ス且一定ノ法益ノ衝突アル場合ニ於テハ本人カ自由意思ヲ喪失スルニ至ラサル程度ノ場合ニ於テモ尙ホ

其行爲ヲ放任シテ無罪タラシムルコトアルヲ忘レタルモノ也、

(丁)必要行爲說

(丁)必要行爲說、

緊急行爲ハ一ノ法益カ他ノ法益ト兩立スル能ハサル場合ニ急迫ニシテ國家ノ干涉ヲ容ルル餘地ナキカ故ニ無罪ニシテ其行爲ハ決シテ權利行爲ニアラス却テ自己又ハ他人ノ權利ヲ防衞センカ爲メ更ニ不正侵害者ノ權利ヲ侵害スル不法行爲ナリ換言スレハ甲ノ權利ヲ防衞センカ爲メニ乙ノ權利ヲ犧牲トスルモノニシテ權利侵害ノ行爲也從テ本來違法行爲也、只之ヲ罰セサルノ理由ハ此場合此ノ行爲ニ出ツルノ外途ナキカ爲メ已ムヲ得スシテ爲ス必要行爲ナルカ故ノミ決シテ權利行爲ニ非ラサル也何トナレハ防衞行爲ハ之ヲ要スルニ至リタル原因ハ暴行者ニ存スルモ之ニ依リテ當然暴行者ノ權利ヲ傷害スルコトヲ得ル權利ノ發生スヘキ理由ナク又暴行ハ排除セラレサル可カラサルモ爲メニ自己ノ有スル諸般ノ權利ヲ喪失スル理由ナケレハ也、故ニ緊急防衞行爲ハ防衞者モ暴行者モ共ニ生命、身體、財產等國法カ保護スル權利ヲ有シ而カモ二者

緊急防衛ト緊急避難ノ差異

ノ權利カ互ニ競合シテ兩存スルコト能ハサル狀態卽チ權利衝突ノ場合ニ於ケル必要行爲也從テ緊急避難行爲トノ差異ヲ求ムレハ單ニ

(一)自己ノ權利保存ノ爲メ一方カ他方ヲ害スル行爲カ彼レニアリテハ危難ヲ避クルカ爲メ危險ノ原因タラサル他人ニ對シテ行ハレ、

(二)他人ノ權利保全ノ爲メニ害セラルル者カ彼レニアリテハ主觀客觀孰レノ方面ヨリ觀察スルモ何等爲ス可カラサル惡行卽チ不正行爲ヲ爲シタルニアラサルモ此ハ主觀的ニ觀察スルモ客觀的ニ觀察スルモ不正行爲ヲ爲シタルノ差アルノミ。

然レ共現行刑法ノ規定幷ニ立法者ノ意思ハ防衛行爲ヲ以テ權利行爲トシ避難行爲ヲ以テ違法阻却ノ事由トスルカ故ニ現行刑法ノ解釋トシテハ緊急防衛行爲ハ之ヲ權利行爲トシテ說明セサル可カラス、

第三款　緊急防衛ノ成立要件

緊急防衛ノ成立要件

緊急防衛行爲ノ成立要件トシテハ

急迫不正ノ侵害アルコト
加害行爲ハ權利ヲ防衞スル爲メ不正ノ侵害者ニ對シテ行ハルルコト
加害行爲ハ已ムヲ得サルノ範圍ニ於テ行ハルルコト

第一急迫不正ノ侵害アルコト

第一、緊急防衞ノ成立スルニハ急迫不正ノ侵害アルコト

(一)侵害アルコト

(一)侵害アルコト、侵害トハ他人ノ權利ニ對スル積極的ノ攻擊ヲ意味シ純然タル不作爲ハ侵害ニアラス而シテ此ノ侵害ナケレハ防衞ヲ存セサルコトハ當然也、

(二)急迫ナルコト

(二)急迫ナルコト、現在切迫セル侵害ナルコト從テ未來ノ侵害ニアラサルコト換言スレハ侵害カ直接ニ開始セラレントスルノ狀態ニ切迫シ若シ開始セラレタルトキハ尙ホ其行爲カ繼續中ナルコトヲ要ス、而シテ侵害終了ノ時期ハ多クハ實害完成ノ時期ニ一致スヘキモノナレトモ既遂ノ時期トハ必スシモ一致セサル場合アリ(舊刑三一五條第二項)緊急防衞ハ侵害ノ急迫ナルコトヲ要スルカ故ニ將來ノ侵害ヲ慮リ之ニ對スル豫防方法ヲ講シ侵害ノ發生スルニ當リテ其効果ヲ生セシム

ルカ如キハ不當ニアラスト雖モ又緊急防衛行爲ニアラス、

(三)侵害カ不正ナルコト

(三)侵害カ不正ナルコト、不正トハ違法ヲ意味ス卽チ適法行爲ニ對シテ緊急防衛ナク緊急防衛ハ常ニ不正行爲ニ對スルコトヲ要ス從テ緊急防衛ノ程度ヲ超越スル行爲ハ又不法ナルカ故ニ之ニ對シテ緊急防衛ヲ認ムルコトヲ得(緊急行爲ヲ權利行爲トスルトキハ反對ノ論結ヲ採ラサル可カラス)緊急防衛ノ條件トシテハ急迫不正ノ侵害ヲ以テ十分トシ其侵害行爲カ刑法ノ適用ヲ受クヘキ行爲タルコトヲ要セス。

無能力者動物ニ對シテ防衛權アリヤ

無能力者動物ニ對シテモ防衛權アリヤ、

第一說積極說

第一說　侵害行爲ノ違法ナルヤ否ヤハ客觀的ニ判斷スヘキモノナルカ故ニ引責無能力者ハ勿論動物ニ對シテモ又防衛權アリト、

第二說動物ニ對シテノミ防衛權ナシ

第二說　動物ニ對シテハ防衛權ナキモ苟クモ人タル以上ハ責任能力ノ有無如何ニ係ハラス其違法行爲ニ對シテハ防衛行爲ハ成立ス只タ無意ノ身體ノ運動ハ行爲ニ非ラサルカ故ニ防衛權ナシト、

印度刑法

印度刑法第九八條　犯罪タルヘキ行爲カ行爲者ノ年少ナルコト、理解力ノ不熟ナルコト、精神ニ障碍アルコト若クハ酩酔セルコトノ爲メ又ハ或誤解ノ爲メ其犯罪ヲ構成セサル場合ニ於テモ亦其行爲ニ對シテ緊急防衛ヲ行フコトヲ得、

第三説消極説

第三説　不法ノ侵害カ客觀的ニ違法ナルノミナラス主觀的ニモ又違法ナル場合ニアラサレハ防衛權ナシ故ニ無能力者又ハ動物ニ對シテハ緊急避難アルノミ緊急防衛ヲ認ム可カラスト、

第二説ヲ取ル

予輩ハ違法行爲ノ觀念ニ於テ論述シタル理由ニヨリテ第二説ヲ採ル

第二要件

第二　加害行爲ハ急迫不正ノ侵害ヲ排斥スルニ依リ自己又ハ他人ノ權利ヲ防衛スル爲メ已ムヲ得サルニ出テタルコトヲ要ス、

(一)加害行爲ハ自己又ハ他人ノ權利ヲ防衛スル爲メナルコト

(一)、加害行爲ハ自己又ハ他人ノ權利ヲ防衛スル爲メナルコト

防衛ハ侵害終了前ニ於テノミ存スヘク侵害終了後ニ於テハ防衛ナク只復讐アルノミ又不法行爲ノ現存スル場合ニモ防衛スヘキ權利ナキトキ換言スレハ自己又ハ他人ノ權利ナキトキハ防衛權ナシ（百七十四條公然猥褻ノ行爲ヲ爲シツツアル時ノ如キ）然レ共權利侵害ノ存スル以上ハ其權利ノ如何ヲ區

（二）加害行爲ハ急迫不正ノ危害ニ對スルコト

（三）加害行爲ハ止ムヲ得サルニ出テタルコト

止ムヲ得サル行爲ノ意義

第一權利說論者ノ主張

別スルコトナク防衛權アリ（舊刑法ハ三一四、三一五條ニ於テ身體生命財産ニ對スル放火其他二三ノ權利ニ制限セリ）

（二）加害行爲ハ急迫不正ノ侵害其モノニ對スル排斥手段タルコト

加害行爲ハ急迫不正ノ侵害ヲ爲ス者ノ攻擊力ヲ擊退スル手段トシテ行ハルルコトヲ要シ不法ノ攻擊ヲ排斥スル手段ハ必ラスシモ攻擊者ノ生命身體ヲ害スルモノタルコトヲ要セス（例ヘハ攻擊者ノ刄ヲ奪フカ如キ手段モ可ナリ）苟クモ攻擊者ニ對スルモノナル以上ハ緊急不正ノ侵害ヲ排斥スルニ必要ナル手段ハ其態樣ノ如何ヲ問ハス、

（三）加害行爲ハ已ムヲ得サルニ出テタルコト

止ムヲ得サル行爲トハ如何ナル行爲ヲ云フカニ就キテハ防衛行爲ヲ權利行爲ナリトスルト必要行爲ナリトスルニ依テ其意義ヲ異ニス、

第一、權利行爲論者ハ曰ク急迫不正ノ侵害ヲ受ケタルモノカ逃避シ得ルト官廳ノ保護ヲ求メ得ルト將タ又侵害ヲ豫見シタルト否トニ關係ナク只防衛ニヨル加害行爲カ侵害ヲ排斥スル爲メ必要ナル程度內ニ止マルトキハ之ヲ以テ已ムヲ得サル行爲ト爲スコトヲ得ト。

第二必要說論者ノ主張

後說ヲ採ル

急迫不正ノ侵害アリシヤ否ヤ

防衛行爲カ止ムヲ得サルニ

第二、必要行爲說ヲ採ル論者ハ曰ク止ムヲ得サルノ行爲トハ腕力ヲ用ユルノ外急迫不正ノ侵害ヲ排斥スルノ手段ナキコト及其加害行爲カ必要ナル程度內ニ行ハレタルコトヲ要ス從テ逃避シ得ルニ拘ラス尚反擊ヲ加ヘタルトキハ防衛行爲ニアラス假リニ防衛行爲ハ權利行爲ナリトスルモ侵害者ニ對シテ衝突スル行爲ハ防衛者自身ニモ又危險ナル行爲ナリ逃避シ得ラルヘキ安全ナル方法アリトセハ逃避スヘシト命令シテ以テ選擇ノ自由ヲ制限スルモ決シテ不當ニアラス寧ロ兩全ヲ得ルノ道也故ニ好ンテ暴行者ヲ反擊スルハ決シテ防衛行爲ノ本旨ニアラス、

理論上ニ於テハ後說ヲ採ラサル可カラサルモ法典ノ解釋トシテハ前說ヲ採ラサル可カラス

急迫不正ノ侵害アリシヤ否ヤ從テ防衛行爲カ止ムヲ得サルニ出テタルヤ否ヤヲ決スル標準、

主觀主義　防衛者自身ニ判斷スヘキモノニシテ防衛者カ急迫不正ノ

出テタルヤ否ヤチ決スル標準

主觀主義
客觀主義

客觀主義チ正當トス

自己ノ不正行爲ニヨリ急迫不正ノ侵害チ招キタルトキ

舊刑法ノ規定

侵害アリ從テ防衞行爲ハ止ムヲ得スト信シタルトキハ其加害行爲ニ就テ防衞權ヲ認ムルコトヲ得ト。

客觀主義　此ノ問題ハ嚴格ニ客觀的方面ヨリ觀察スヘキモノニシテ客觀的ニ判斷シテ如此キ條件ナキニ拘ラス之レアリト信シテ加害行爲ヲ爲シタルトキハ防衞權ナシト。

蓋シ緊急行爲ハ客觀的違法阻却ノ事由也故ニ其判斷モ裁判官ニ於テ防衞者及攻擊者ノ力量、攻擊ノ緩急ヲ斟酌シテ決セサル可カラス若シ夫レ急迫不正ノ侵害アリト誤認シテ爲シタル加害行爲カ罪トナルヤ否ヤハ別問題也。

自己ノ不正行爲ニヨリ急迫不正ノ侵害ヲ招キタルトキ、

舊刑法ニ於テハ其第三百十四條但書ニ於テ此ノ問題ヲ消極ニ決定セリ從テ舊刑法ニ於テハ自己カ不正行爲ヲ爲シタルカ爲メ被害者ノ怒リニ觸レ殺傷セラレントスル場合ニハ甘ンシテ其犧牲ニ供セラルルカ然ラサレハ之ヲ防衞スルニ就キ刑責ヲ負擔セサルヲ得サリキ此

侵害行爲ヨリ生スヘキ害ハ防衛行爲ヨリ生スル害トハ均等ナルコトヲ要スルヤ

第一急迫ノ程度ヲ以テ定ム

ノ法條ノ甚タ不當ナルハ學者間議論ノ一致スル所ニシテ新刑法ニ於テハ全然此規定ヲ削除セリ。

蓋シ緊急防衛行爲ハ必要行爲ナリ其本質ハ寧ロ不法行爲也從テ自カラ不正行爲ニヨリテ侵害ヲ誘致シタル場合ト雖モ加害者ノ行爲カ其必要ノ程度ヲ超越スル場合ハ即チ又違法行爲也之レニ對シテ緊急防衛ヲ存スルハ當然也然レトモリストカ云フ如ク侵害者ヲ殺害スル意思ヲ以テ急迫不正ノ侵害ヲ誘致シ其侵害アルヲ待ッテ之レヲ防衛スルカ爲メニ侵害者ヲ殺害スルモ尚防衛ナリト云フハ極端也權利ノ濫用ナレハ也。

侵害行爲ヨリ生セントスル害ト防衛行爲ヨリ生セントスル害トハ均等ナルコトヲ要スルカ。

此問題モ又權利行爲説ト必要行爲説トニヨリテ二派ニ分ルルカ如シ。

第一説　防衛ノ程度ハ侵害サレタル法益ノ大小ニヨリテ定マルモノ

第二或範圍ニ於テ比例ヲ失セサルコトヲ要ス

印度刑法

ニアラスシテ侵害ノ急迫ノ程度ニヨリテ定マルモノナルカ故ニ侵害ノ目的タル法益ト防衛行爲ニヨリ害セラレタル法益ト均等ナルコトヲ要セス若シ夫レ直接切迫セル侵害ニ對シ法益ノ均等ナルヤ否ヤノ注意義務ヲ防衛者ニ負ハシムルハ過度ニ過クレハナリトハ權利行爲論者ノ主張スル所也。

第二說　二個ノ法益ハ全然對當ナルコトヲ要セサルモ或ル範圍ニ於テ比例ヲ失セサルコトヲ要ス然ラサレハ已ムヲ得サル行爲ト云フコトヲ得ス從テ緊急防衛ニアラストハ必要行爲說ヲ採ル當然ノ論結也。

此ノ點ニ就テ印度刑法典ノ規定ハ參照ノ價値アリ曰ク。

暴行カ生命ニ危害ヲ來シ其他重大ナル傷害ヲ生スヘキモノナルトキ又ハ不自然ナル獸慾ヲ充タシ若クハ誘拐略取竊盜監禁ヲナスノ目的ニ出テタルトキハ暴行人ヲ殺シ若クハ其他ノ加害ヲ爲スコトヲ得ルモ其他ノ場合ニ於テハ暴行人ヲ殺スコトヲ得ス

又財產防衛權ヲ行フモノハ暴行カ强盜夜間家宅侵入放火其他ノ重ナル

害ヲ生ス可キ竊盜等ノ犯罪タルヘキ場合ニ限リ暴行人ヲ殺スコトヲ得ルモ其他ノ場合ニ於テハ之ヲ殺害スルコトヲ得ス。

断定

要之被害法益ト侵害法益トハ均等ナルコトヲ要スルヤ否ヤノ問題ハ權利行爲說ニヨルト必要行爲說ニヨルトヲ問ハス刑法々典ノ解釋上ノ問題ニシテ又刑法々理ノ問題ナリ既ニ刑法典ニ於テハ防衞行爲ノ超越ヲ罰スルノ法條ヲ設ケタルノミナラス之ヲ刑法ノ法理ヨリ論スルモ刑罰ハ社會防衞ノ必要ナル程度ニ限定セサル可カラス從ッテ吾人ハ本問ニ就テハ第二說ヲ採ラント欲ス或ハ法典ノ解釋上權利行爲ヲ採ル以上ハ本問ニ於テ第一說ヲ採用スルヲ以テ理論ヲ貫徹スルカ如キモ之レ素ヨリ皮相ノ見解ニシテ刑法々規制定ノ大趣旨ヲ沒却スルモノ也何トナレハ第一說ニ從フトキハ甲カ演壇ニ立チテ乙者ヲ誹毀スル場合ニ於テハ乙者カ緊急防衞トシテ甲者ヲ銃殺スルモ尙ホ所罰スルコトヲ得サルカ如キ結果ヲ招致スヘク之レ豈ニ法ノ眞趣旨ニ合スルモノナランヤ。

第四款　緊急避難ノ基礎的觀念

緊急避難無罪ノ學說

緊急避難行爲ノ基礎的觀念モ亦緊急防衛行爲ノ基礎的觀念ト同一ニシテ必要行爲ニヨリ無罪ナルコトハ曩キニ緊急行爲ニ就テ論述シタル所ノ如シ然レ世緊急防衛ト緊急避難トハ古來其觀念ヲ異ニセルモノト見解サレタル結果緊急避難ヲ無罪トスルニ就テ種々ノ議論ヲ試ミラレタリ今其要點ヲ摘出シテ參考ニ資ス。

第一說共同財產說

第一說　共同財產說

此說ハ國際法學者トシテ有名ナルグロチウースニヨリテ宣言セラレタル所ニシテ其大意ニ曰ク原始時代ニ於テハ總テノ財產ハ皆吾人ノ共有ニ屬シ吾人各自ハ自由ニ之レヲ利用スルコトヲ得タリキ然レトモ社會ノ進ムニ從ヒ共同財產ヲ有スルハ種々ノ點ニ於テ不都合ヲ生シ一般生存ニ不便ナルヨリ共諾ニ基キ個人所有權ヲ創始スルニ至リシモノナリ然ラハ共同財產ト云フコトハ財產其モノノ本體ニシテ

第二説自由意思喪失説

第三説選擇ノ自由喪失説

個人所有權ハ畢竟ソノ假ノ地位ニ過キサルモノナルカ故ニ一朝必要アルトキハ其本體ニ復歸スヘキモノナリ從テ必要ニ迫マラレタル者ハ自由ニ他人ノ所有權ヲ侵害スルコトヲ得ヘシ蓋シ之ヲ原人ニ問ハハ彼等ハ却テ彼等カ所有權ヲ創始シタル趣旨ニ適合スルモノニシテ何等背戻スルコトナシトシテ首肯セントト此説ハ今日ニ於テモ尙社會主義ノ一派ニヨリテ主張セラルル所ナリ、

第二説　自由意思喪失説、

緊急ノ危難ニ際シテ作爲不作爲シタル者ハ其犯シタル罪ヨリモ尙重大ナル危險アルヲ恐レ之レヲ避ケンカ爲メ作爲不作爲シタルモノニシテ人ハ專ラ自己ノ存立ヲ慮ルニ急ナルモノナルカ故ニ自カラ危害ニ陷リテハ脅喝サレ易ク從テ又常ニ之レヲ避ケンコトヲ欲スルモノナリ故ニ危害ニヨリ威嚇サルル時ハ既ニ完全ナル自由意思ヲ有セス隨テ又之レニ抵抗スル力ヲ有セス故ニ其行爲ハ無罪タリト。

第三説　選擇ノ自由喪失説、

二個ノ切迫シタル實害中其一ヲ選ソニアラサレハ他ヲ避クルコトヲ得サル狀態ニアルトキハ已ニ無形ノ强制ヲ受クル狀態ニアルモノトス此ノ場合ニ於テ犯罪行爲ヲ選ヒタルモノハ全タク無意ニアラス故ニ選擇ノ自由ヲ停止セラルルコトナシト雖共其選擇ノ範圍ハ極メテ狹隘ナル範圍内ニ限局セラレタルニ拘ラス其何レカヲ選ハサル可カラサルノ狀態ニアリ從テ斯ノ如キ狀態ニ於テハ非凡ナル君子人ニ非ラサルヨリハ一犯罪行爲ヲ選ハサルヲ得ス故ニ無罪トスルナリト

第四說　刑罰無效說、

凡ソ國家カ刑罰ヲ科スルハ犯人ニ對スル威嚇犯罪ノ豫防若シクハ改善等ノ必要ニヨルモノニシテ其何レカノ目的ヲ達シ以テ國家ノ秩序ヲ全フセントスルニアリ隨テ此目的ヲ達スルコトヲ得ヘキ場合ニアラサレハ刑罰ヲ科スルモ啻タ徒勞ニ屬スルノミナラス不正タリ案スルニ緊急狀態ニ因ル行爲ハ刑罰ヲ受クル苦痛ヨリモ更ラニ重大ナル害惡ヲ避ケンカ爲メニ行爲スルモノナリ、故ニ刑罰ハ之レニ對シテ

第五説緊急權利説

第六説刑罰免除説

其他ノ主義避難行爲ト同一ナリ

何等ノ效果ヲ有セサルカ故ニ科刑ノ問題ヲ生スヘキニアラスト。

第五説　緊急權利説、

危難ニ遭遇シタルモノカ他人ノ權利ヲ犧牲ニシテ自己ノ權利ヲ救濟セサルハ寧ロ愚鈍タルヲ免カレスト認メ得ヘキ場合例ヘハ些少ノ財産ヲ害セサランドスルカ爲メ自己ノ生命ヲ失フ場合ノ如キハ自己ノ生命ヲ救濟スルカ爲メ他人ノ財産ヲ侵害スルノ必要アリ必要ハ權利ヲ生スト。

第六説　刑罰免除説、

危難ニ遭遇セルモノカ他人ノ權利ヲ犧牲ニシテ己レノ權利ヲ救濟スルコトナク寧ロ自己ノ權利ヲ拋棄シテ他人ノ權利ヲ救濟スルハ最高ノ德義ニ適合スル場合アリ然レトモ最高ノ德義ヲ以テ刑罰ノ基礎トナスコトヲ得サルカ爲メニ之レニ對シテハ刑罰ヲ免除スト、

其他種々ノ説アリト雖モ要之主觀説ト客觀説トノ二ニ出テス或ハ其間折衷的見解ヲ持スル學者ナキニ非ラスト雖共予輩ハ避難ト防衛行爲

トハ同一ナリト思惟スルカ故ニ同シク必要行爲ニヨル免刑説ヲ採ル、

第五款　緊急避難ノ成立要件

緊急避難行爲ノ成立要件防衛行爲トノ異點

緊急避難行爲ノ成立要件ハ左ノ如シ、

現在危難ノ存スルコト

危難ガ自己又ハ他人ノ生命身體自由若クハ財産ニ對スルコト、

加害行爲カ危難ヲ避クル爲メ止ムヲ得サルコト

加害行爲ハ避ケントシタル害ノ程度ヲ越ヘサルコト

第一要件現在ノ危難ノ存スルコト

第一、現在ノ危難ノ存スルコト

危難トハ天災其他偶然ナル事實ニヨリ實害ヲ生スル虞アル狀態也、豫期セラレサル他人ノ行爲モ亦危難タルコトヲ得ヘク而カモ其行爲ハ必スシモ違法ナルコトヲ要セス（此點ハ緊急防衛ト異ナル第一點ナリ）

避難行爲ニ對シテ避難行爲アリ

從テ避難行爲ニ對シテ避難行爲ヲ生スルコトヲ得ヘク防衛行爲ノ如ク防衛ノ程度ヲ超越スル場合ニアラサレハ又防衛權ナキト其實質ヲ異ニス去レト法律上豫期セラレタル他人ノ適法行爲ニ就テハ避難行爲ナ

舊刑法七十五條

(一)危難ハ現在ナルコト

(二)危難ハ自己又ハ他人ノ生命身體自由財産ニ對スルコト

第二要件 加害行爲ノ條件

シ例ヘハ死刑執行者ニ對シテ死刑囚ニ避難行爲ヲ認ム可カラス正當防衞ニ對シ避難行爲ヲ認ム可カラス、

舊刑法第七十五條第一項ニ於テ責任能力ノ阻却ニ干シ第二項ニ於テ違法性ヲ阻却スヘキ客觀的ノ事由ニ關シ避難行爲ヲ認メタルモ新刑法ハ全然如斯區別ヲ認メス何レモ第三十七條ニ右兩者ヲ包含セシメタリ故ニ兩者共ニ緊急避難ノ觀念ニ屬ス、

(一)危難ハ現在ナルコト即チ急迫ナル危難アルコトヲ要ス故ニ切迫セサル危難又ハ過去ノ危難ハ緊急行爲ノ原因タルコトヲ得ス、

(二)危難ハ自己若クハ他人ノ生命身體自由若クハ財産ニ對スルモノナルコト從テ右列擧以外ノ法益例ヘハ名譽ニ對シテハ避難行爲ヲ認メス(之レ防衞行爲ト異ナル第二點也)防衞行爲ノ場合ハ廣ク權利防衞ノ爲メニスル加害行爲ヲ認メタルモ緊急避難ノ場合ハ第三十七條列擧ノ法益侵害ニ限ル、舊刑法ニ於テハ自己若シクハ親族ノ生命身體ニ對スル危難ノミニ就テ避難行爲ヲ認メタリ、

第二、加害行爲ハ左ノ條件ヲ具備スルコトヲ要ス、

(一)加害行爲ハ危難ヲ避クル爲メ止ムヲ得サルニ出テタルコト

(二)加害行爲ハ避ケントシタル害ノ程度ヲ越ヘサルコト

避ケントシタル害ト避難行爲ヨリ生シタル害

(一)加害行爲ハ避難ヲ避クル爲メ已ムヲ得サルニ出テタルコト換言スレハ危難ヲ避クル爲メニハ其加害ヲナスノ外ニ何等ノ手段ナカリシコトヲ要ス故ニ危難ノ原因タル人又ハ物ニ對シテ緊急防衞ヲ行ヒ又ハ反撃ヲ加ヘ其危難ヲ排斥スルコトヲ得ルカ又ハ逃避其他ノ手段アルトキハ緊急避難トシテ第三者ヲ害スルコトヲ得ス換言スレハ其場合ニハ第三者ニ對スル加害行爲ハ無罪トナスコトヲ得ス、

(二)加害行爲ハ避ケントシタル害ノ程度ヲ越ヘサルコトヲ要ス、危難ヲ避クル爲メ止ムコトヲ得サル行爲ヨリ生シタル害ハ行爲者カ其危難ニヨリ發生スヘキコトヲ認メタル害ノ程度ヲ越ヘサルコトヲ要ス此ノ點ハ新刑法カ新ニ採用シタル所ニシテ舊刑法ハ此ノ規定ヲ缺如シタル結果危難行爲タリ得ル場合ハ廣汎トナリ從テ種々ノ弊害ヲ生シタリキ、

然ラハ其避ケントシタル害ト避難行爲ヨリ生シタル害トノ輕重ヲ判斷スル標準如何。

トノ輕重ヲ定ムル標準

第一説刑罰保護ノ厚薄ニヨリテ定マル

第二法益ノ種類ノ異同ニヨリ法益ニ

第一説　刑ノ輕重ノ順序ト各種ノ法益ニ對スル刑罰保護ノ厚薄ニヨリテ定ムヘキモノナリト主張ス曰ク刑罰ノ實質ハ法益ノ剝奪ナルカ故ニ刑罰ノ輕重ハ法益ニ對スル害ノ輕重ヲ定ムル一材料タルヘク又刑罰保護ハ重キ法益ニ厚ク輕キ法益ニ薄キノ理ナルカ故ニ其厚薄ヲ以テ法益ニ對スル害ノ輕重ヲ決スル一材料トナスコトヲ得ヘシ此趣意ニヨリ法典第九條ニ於ケル刑ノ順序及身體、生命、自由、財產等ニ對スル犯罪ノ刑ノ輕重ヲ比照シ綜合シテ定ムヘキモノナリ、

然レトモ重大ナル財產上ノ害ハ時トシテ身體又ハ自由ニ對スル些細ノ害ヨリモ重シト認ムルヲ得ヘク又分量上大小ノ差異アル同種ノ害ニ付キテハ其分量ノ如何ニヨリ輕重ヲ決定スヘキモノナリ、

而シテ避難行爲ニヨル加害行爲ハ必ラスシモ具體的ニ實害ヲ生スルモノニアラス從テ無形ノ害アル場合ニモ前段ノ見解ニ從フ、

第二説　法益ニ對スル害ノ程度ハ其法益ノ種類ノ異同ニヨリ之ヲ決スルコトヲ得ス元來避難行爲ハ個々ノ場合ニ於テ各個人ノ法益ノ救濟

對スル害ノ程度ヲ決スルコトヲ得ス

緊急行爲ニ據ル加害行爲カ程度ヲ超ヘタルトキ

ニ關スルモノナルカ故ニ避難行爲者ノ地位境遇理想其他一身的事情ノ如何ニヨリ避ケントシタル害ノ價値ヲ判斷シ以テ避難行爲ヨリ生シタル害トノ輕重ヲ定ムヘキモノナリ例ヘハ淫賣婦ハ殆ント貞操ノ觀念ヲ有セサルニ反シ節婦ノ之ヲ重ンスルヤ寧ロ生命ニ代ユルモノアリト。

此説ハビンヂングノ主張スル所ニシテ予モ亦暫ク此ノ説ニ從ハント欲ス。

緊急行爲カ程度ヲ越ヘタルトキハ一般ノ原則ニ從ヒ犯罪ヲ構成ス然レトモ法律ハ情狀ニヨリ其刑ヲ減輕又ハ免除スルコトヲ得ト規定ス若シ夫レ緊急避難ヲ幻覺シタルニ因リ加害行爲ヲ爲シタルトキハ罪トナルヘキ事實ノ錯誤ニ基クモノナルカ故ニ故意犯ヲ構成セス（犯意論參照）然レトモ危難ニヨリ犯罪ノ不成立ヲ來スハ本人カ當該危險ヲ犯スヘキ義務ヲ有セサル場合ニ限ルモノニシテ危難ニ際シテ尙一定ノ行爲ヲ爲スヘキ業務上ノ特別義務ヲ負擔スル場合ニハ其義務違反ハ行爲ノ違

法タルヲ免レサルモノトス例ヘハ看護婦又ハ醫師カ傳染ノ恐レアルヲ理由トシテ患者ヲ遺棄スル場合ノ如シ。

第三節　權利行爲

現行刑法ハ其第三十五條ニ於テ「法令又ハ正當ノ業務ニ因リ爲シタル行爲ハ之ヲ罰セス」ト規定ス其罰ス可カラサルハ客觀的ニ違法ナラサルカ爲メニシテ行爲者カ例ヘハ違法ナリト幻覺スルモ權利行爲ハ權利行爲ナリ行爲者ノ意思如何ニヨリテ違法行爲ト變スルモノニ非ス而シテ法令ニヨリ爲シタル行爲トハ法令ニ於テ直接ニ命令若クハ許容セラレタル行爲ニシテ正當ノ業務トハ成文法令又ハ慣習ニヨリ正當ナリト認メラルル業務ヲ意味ス然レトモ此等ノ行爲ハ權利ノ正當ナル行使トシテ其權利ノ範圍内ニ於テノミ適法ナリトセラルルモノニシテ其權利ノ範圍ヲ超越シ公序良俗ヲ破ルノ行爲ハ權利ノ濫用ナリ殊ニ權利ノ行使ニ託シテ他人ヲ害スルハ違法ナリ此ニ於テカ權利ノ行使ハ如何ナル條件ノ下ニ適法ナリト認

ムヘキカノ問題ヲ生ス

抑モ法律カ一定ノ權利ヲ認ムルハ其權利カ社會ノ共同生活上有益ナルヲ以テ也即チ權利ハ社會上一定ノ目的ヲ有スルモノニシテ決シテ絶對ナルモノニアラス隨テ社會カ認メタル趣旨ニ從テ其權利カ行使セラルル場合ニ限リ適法ナルモノト云フコトヲ得ヘシ故ニ概括的ノ説明トシテハ權利ノ社會的認諾ニ違反シタル行爲ハ權利ノ濫用ナリト見解スルコトヲ得ヘシ然レ共之レ素ヨリ權利ノ概括的説明タルニ止マルモノニシテ社會カ認諾シタル權利ノ如何ナルモノナルカハ各時代ニ於テ具體的ニ定ムヘキ問題ナリ今刑法々規ト照合シテ權利行爲タルヘキモノノ中顯著ナルモノニ就テ説明ヲ下セハ左ノ如シ。

第一法令ニ因ル行爲

第一、法令ニ因ル行爲、

如何ナル行爲カ法令ニ因リテ爲サレタル行爲ナルヤ否ヤハ各種ノ法規ヲ探究シタル後ニアラサレハ具體的ニ之ヲ決定スルコトヲ得スト雖モ其主ナルモノハ左ノ如シ、

(一)公ノ職務ノ執行行爲

職務執行々爲ノ權限及形式ノ解釋權ハ何人ニ屬スルカ

(イ)下級官吏ニ解釋權ナシ

(ロ)下級官吏ニ解釋權アリ

(一)公ノ職務ノ執行々爲、

公ノ職務ノ執行ニハ官吏、公吏カ本屬長官ノ命令ニ從テ爲ス場合ト直接ニ法令ニ基キ自己ノ權限トシテ爲ス場合トアリ共ニ其行爲ノ違法ナラサル點ニ於テハ同一ナリ舊刑法第七十六條ニ於テハ單ニ前者ノ場合ノミヲ規定シタルハ狹キニ失ス、

而シテ公ノ職務ノ執行ニ關シテハ一定ノ權限ト一定ノ形式トアリ此權限ヲ超エ其形式ヲ守ラサル行爲ハ職務ノ執行トシテ無效ナリ然レトモ其權限及形式ニ關スル法規ノ解釋權ハ何人ニ存スルカハ刑法上ノ問題ニアラスト雖モ本問ヲ決スル先決問題タリ此先決問題ニ對シテ行政法學上ニ於テハ三說アリ。

(イ)說　下級官吏ハ本屬長官ノ命令ノ形式若シクハ實質ヲ調査スルコトナク絕對ニ其命令ニ服從スヘキ義務アリト、

(ロ)說　ハ之ト正反對ニシテ下級官吏ハ長官ノ命令ノ形式及實質ヲ審査スルコトヲ得ルモノニシテ若シ其命令ノ形式及實質カ法規違反ノモ

（八）折衷說

（二）親權者ノ懲戒行爲

折衷說ヲ通說トス

ノナルトキハ之レニ服從スルノ義務ナシトシ、

（八）說ハ兩說ヲ折衷セルモノニシテ下級官吏ハ本屬長官ノ命令アル場合ニ於テ其形式ヲ審査スルコトヲ得ルモ實質ニ就テハ斯ノ如キ權能ナシトス此說ヲ近時ノ通說トス、

其理由トスル所ヲ聞クニ下級官吏ハ長官ノ命令カ長官ノ職權ノ範圍内ニ於テ發セラレタルモノナルヤ否ヤ其命令ノ形式ハ法令ノ規定ニ適合スルモノナリヤ、命令セラレタル事項ハ自己ノ職務ノ範圍内ニ屬スルヤ否ヤノ點ヲ審査シ消極的斷定ヲ下スヘキ場合ニ於テハ其命令ニ服從スルノ義務ナシ特ニ長官ノ命令事項カ明ラカニ犯罪行爲ナル場合ニ於テハ何人モ犯罪行爲ヲ爲スノ職務アリト云フコトヲ得サルカ故ニ下級官吏カ之レニ服從義務ナキハ明瞭ナリト云フニアリ予輩ハ暫ク通說ニ從フ、

（二）親權者ノ懲戒行爲

民法第八百八十二條ニ規定シテ曰ク「親權ヲ行フ父又ハ母ハ必要ナル

範圍內ニ於テ其子ヲ懲戒シ又ハ裁判所ノ許可ヲ經テ之ヲ懲戒場ニ入ルルコトヲ得ト即チ此ノ規定ノ範圍內ニ於ケル懲戒行爲ハ權利行爲トシテ無罪ナリ、

（三）精神病者ニ對スル看護行爲

（三）精神病者ニ對スル監護行爲、精神病者監護法第一條ニハ精神病者ノ監護義務者ヲ定メ第二條ニハ監護義務者ニ非ラサレハ精神病者ヲ監護スルコトヲ得サル旨ヲ規定ス故ニ右規定ノ結果トシテ許容セラルル監護行爲ハ監禁罪トナラサルモノトス、

（四）現行犯人ニ對スル逮捕行爲

（四）現行犯人ニ對スル逮捕行爲、刑事訴訟法第六十條ニ曰ク「何人ニ限ラス重罪又ハ禁錮ノ刑ニ該ル可キ輕罪ノ現行犯アル場合ニ於テハ直チニ被告人ヲ逮捕スルコトヲ得」ト故ニ司法警察ノ職務ニ從事セサルモノト雖モ右規定ノ範圍內ニ於テ現行犯人ヲ逮捕スルコトヲ得、

第二正當行爲
正當行爲ノ意義

第二　正當行爲、

正當ナル行爲トハ直接ニ個別的ニ法令ノ禁止スル行爲ニアラスシテ概括的ニ正當ナリト認メラルル業務ノ實質タルモノニシテ之ヲ法令ニ基ク

行爲ト區別ス可キ理由ナシ唯所謂法令ニ基ク行爲トハ法令ニ於テ具體的ニ許容セラレタルモノヲ指稱シ正當行爲トハ法律ノ特別ノ明文ヲ俟タスシテ權利ト認メラル可キモノヲ指稱ス醫師ノ手術相撲ノ角力ノ如キハ此種類ニ屬スルモノナリ、

醫師ノ手術ノ正當ナル範圍

醫師ハ手術ノ正當ナル範圍

(一)治療ノ目的ヲ達スル爲メニハ法令ノ禁止セサル範圍内ニ於テ醫學上知得スル總テノ手段ヲ適用スルコトヲ得、

(二)然レトモ醫師ハ治療ニ就テ知識ト技術トヲ有セサル特定ノ疾病ヲ治療スルコトヲ得ス

(三)手術ハ其影響ニ付テ充分ナル理解力ヲ有スル患者ノ承諾アレハ周圍ニ反對者アルモ罪ヲ構成セス此ノ理解力ナキモノニ對シテハ正當保護者ノ依託アレハ可也

(四)生命ニ危險ヲ及ホスモノハ患者ノ承諾アルトキト雖其手術者カ動物試驗若シクハ學問上ノ理由ニヨリ良好ナル轉歸ヲ生スル確

信ヲ有スルカ為メ故意ノ欠缺スル場合ニ非ラサル限リ處罰ヲ免カレス

(五)成、不成不確實ニシテ未曾有ノ手術ハ不成ニ歸スルモ身體傷害タルニ止マル範圍内ニ於テノミ患者ノ承諾ニヨリ實行スルコトヲ得（以上ヲ近時ノ通説トス）

刑法第三十五條後段ニ對スル批難

刑法第三十五條後段ニ對スル立法上ノ非難

現行刑法第三十五條ニ於テハ法令ニ基ク行為ノ外正當ノ業務行為ニヨル權利侵害ヲ無罪ト規定ス從テ法令ニ基ク行為ノ外正當行為トシテ無罪トナルヘキ行為ハ正當ノ業務行為ノミニ限定サル從テ自己ノ土地ニ對スル所有權ノ正當ナル行使ニ依テ隣地ノ家屋ニ影響ヲ及ホスヘキコトアルトキハ業務行為ニアラサルカ故ニ（多クハ故意ヲ欠如シ過失罪トナルヘキモ）建物毀壞罪ヲ構成スルモノト論セサル可カラサルカ如シ要之苟クモ正當行為ナランニハ業務行為タルト否トヲ區別セス常ニ犯罪ノ成立ヲ阻却スルモノナリトスルヲ可也トセン即チ現行法ノ規定ハ狹キニ失ス、或ハ云フ法律カ特ニ「故ナク」（家宅侵入ニ關スル規定)「擅ニ」又ハ「不法」(逮捕監禁罪ニ關スル規定)等ノ語ヲ用ヰタル場合ハ即チ業務行爲ニアラサルモ一般正當行爲ヲ無罪トスル趣意ニシテ現行刑法ノ規定ヲ補足スルモノナリト論スルモノアルモ之レ不當ノ解釋也此等ノ規定ハ只タ犯罪ノ一般要件タル行爲ノ違法ヲ明言シタルモノニシテ特ニ之ヲ明言スルハ修辭上ノ理由ニ基クニ過キス決シテ業務行爲ナラサル一般正當行爲ヲモ無罪トスルノ意ニアラス。

自救行爲

第三、自救行爲

自救行爲トハ權利カ侵害セラレタル場合ニ於テ官憲ノ救護ヲ俟ツコトナク自ラ直チニ其原狀恢復ヲ爲スコトヲ云フ蓋シ法律上保護セラレタル利益ニ對シ切迫セル危難ヲ防衞排除シ又ハ現ニ傷害セラレタル狀況ヲ恢復シ若シクハ適法ナル請求權ノ擔保又ハ請求權實行ノ爲メ法律上認許セラレタル方法ニ依テ相手方ノ意思ニ反シ公ノ力ヲ藉ラスシテ行フ所ノ行爲ハ違法ニ非ラス而シテ其適用ハ多クハ占有ノ回收若シクハ請求ノ擔保又ハ實行ニアリ

獨逸民法ノ例

近世ノ立法例ニ於テハ自救行爲ハ多クハ民法ニ規定ス例ヘハ獨逸民法二百二十九條乃至三百一條ニ於テ「自救ノ目的ノ爲メニ物ノ占有ヲ奪ヒ又ハ物ヲ毀損シ又ハ逃走ノ恐アル債務者ヲ抑留シ又ハ權利ノ行使ニ對スル障碍ヲ排除スル行爲ハ公ノ力ヲ藉ルノ猶豫ナク且ツ時期ヲ失スルトキハ後日ノ請求ヲ無效ナラシメ又ハ著シク困難ナラシムル場合ニ限リ違法ニ非ラスト規定シ八百五十九條ニ於テ不法ノ占有侵害ニ對シ即時取還ノ權利ヲ認メタリ我カ民法ニ於テハ何等ノ規定ナシ

舊刑法ノ規定

舊刑法ハ其第三百十五條第二號ニ於テ盜贓ノ取還ニ關シ自救行爲ヲ認メタリ新刑法ニ於テハ何等ノ規定ナキモ自救行爲ヲ犯罪ナリト認メタルニ非ラス自明ノ理トシタルナリ今學理上自救行爲ノ要件ヲ擧クレハ左ノ如シ。

自救行爲ノ要件

第一要件

第一權利カ侵害セラレタルコト又ハ

其實行ニ對シ障碍アルコト

第二要件

第二公ノ力ヲ藉ルノ猶豫ナキコト

第三要件

第三時期ヲ失スルトキハ後日請求ヲ無效ナラシメ又ハ著シク困難ナラシ

自己ニ對スル加害ハ法ノ放任スル所也

自己ノ法益ヲ害スルト同時ニ他人ノ法益ヲ害スルトキハ此限ニアラス

個人ノ身體生命ニ關スル加害ノ無罪ノ理由

ムル場合ナルコト

第四節 自害及承諾

第一款 自己ニ對スル加害

自己ニ對スル加害ハ一般ニ法ノ放任スル所ニシテ違法ナラサルカ爲メニ罪トナラサルモノ也蓋シ刑法ニ於テハ「人ヲ殺シタル者ハ」「人ノ身體ヲ傷害シタル者ハ」ト規定シ總テ皆他人ノ法益ヲ侵害スル場合ニ於テ犯罪ヲ構成スルモノトス故ニ自己ニ屬スル法益ノ侵害ハ法律ノ禁止セサル範圍內ニ於テハ其處分ノ自由ヲ有スルヲ以テ原則トス然レトモ自己ノ法益ヲ侵害スルト同時ニ他ノ法益ヲ侵害スルノ危險アル場合ハ法律ハ特ニ之ヲ禁止ス例ヘハ徵兵ニ募集セラルルモノカ自己ノ身體ヲ傷害シ又ハ自己ノ家ニ放火スル場合ノ如シ、

或學者ハ曰、人ハ社會ノ一員ニシテ其生死存亡ハ常ニ社會ノ生活利益ニ重大ナル影響ヲ及ホス故ニ自己ノ身體生命ハ社會ノ一員トシテ之ヲ自ラ處分スルコトヲ得ス換言スレハ人格的權利ハ公益上ノ權利ナルカ故ニ自カラ處分スルコトヲ得ス只タ自己ニ對スル加害行爲カ罪トナラサルハ法律カ他人ニ對スル加害行爲ヲ犯罪ノ構成要素トナスニ基クモノナリト。

然レトモ法律カ財產關係ヲ規定スルモ亦社會公益ノ爲メニシテ法律ハ單ニ一個人ノ利害ノミニ關シテ法規ヲ制定スルモノニアラス一個人ノ利害カ延ヒテ社會ノ利害ニ影響ヲ及ホスヘキ範圍內ニ於テ之レヲ法律保護ノ目的物トナスカ故ニ法律ノ規定ニ違反スル行爲ハ皆公益ニ反スルモ法律カ禁止セサル行爲ハ必ラスシモ權利行爲ニアラサルモ又違法行爲ニアラス然ラハ法律ノ規定ニヨリ保護ヲ享受スル利益ハ如何ナル範圍ニ於テ處分ノ自由ヲ存スルカノ問題ハ其利益カ人格的權利ニ關スルヤ果タ財產的權利ニ關スルヤノ問題ニアラスシテ法律ノ規定カ其處分ヲ禁シタルヤ否ヤニヨリテ之ヲ區別セサル可カラス即チ自己ニ對スル加害行爲カ罪トナラサル理由ハ一ニ自己ノ處分權ノ範圍ニ屬スル

ヤ否ヤ換言スレハ處分カ法律ノ禁スル所ナルヤ否ヤニヨリテ區別セサル可カラス而シテ法律ハ僅少ノ例外ヲ除クノ外自己ニ對スル加害行爲ヲ罰スルノ法條ヲ規定セサルカ故ニ規定ナキ範圍ニ於テ自己ニ對スル加害ハ無罪ナリトス。

第二款　被害者ノ承諾ニヨル加害

被害者ノ承諾ニヨル加害

被害者ノ承諾カ犯罪ニ及ホス影響ハ各法典ニヨリテ異ル古代ノ羅馬法ニ於テハ承諾シタル者ニ對シテハ犯罪ナシトノ原則ヲ採用シ近代印度刑法モ亦之レニ倣フニ反シ墺國刑法ニ於テハ其反對ノ原則ヲ採用ス而シテ我現行刑法ニ於テハ何等ノ明文ナキカ故ニ理論ニヨリテ決セサル可カラス思フニ自己ニ對スル加害行爲カ罪トナルヤ否ヤノ標準ハ既述ノ如シ然ラハ被害者ノ承諾ニヨル加害モ亦一定ノ範圍ニ於テ行爲ノ違法ヲ阻却スルノ效果ヲ生ス然ラハ其範圍如何學説三アリ。

違法阻却ノ範圍

第一積極説

第一　積極説　法益ノ享受者ハ原則トシテ其法益ヲ加害シ處分スルコト

ヲ得ルモノナリ故ニ其處分權ノ範圍內ニ於テ與ヘラレタル承諾ハ違法ヲ阻却ス換言スレハ法律カ法益享受者自身ノ加害行爲ヲ罰シ若シクハ本人ノ囑託又ハ承諾ニヨル行爲ヲモ罰スル旨ノ規定ヲナシタルモノノ外ハ總テ承諾ハ違法ヲ阻却ス。

第二消極說

第二 消極說　社會ノ權力ハ單ニ一私人ノ利益ノ爲メニ處罰ヲ行フニアラスシテ社會ノ公益ノ爲メニ存スルモノナルカ故ニ一私人ハ自己ノ身體ニ付テモ公秩良俗ニ關スル法律ヲ犯スノ權利ヲ他人ニ認容スルコトヲ得ス從テ被害者ノ承諾ハ原則上犯罪ノ成立ニ影響ヲ及ホスヘキモノニアラス特ニ被害者ノ意思ニ反スルコトヲ以テ犯罪構成ノ要素トスル一定ノ犯罪ニアリテハ被害者ノ承諾ハ違法ヲ阻却スヘキモノニアラス。

第三折衷說

第三 折衷說　法益カ個人的ナルトキハ犯罪ハ承諾ニヨリテ不成立トナルモ法益カ公共的ナルトキハ承諾アルモ犯罪ヲ構成スト。

通說ト予ノ主張

通說ハ折衷說ニ傾ムケリ然レトモ余ハ寧ロ積極說ヲ採ラント欲ス

身體傷害ニ對スル承諾 第一 積極說

承諾ニヨル加害ニ於テ尤モ議論セラルル點ハ身體傷害罪也同シク三箇ノ學說アリ

第一說 積極說、

(一)法律ハ他人ノ身體ヲ害スルモノヲ罰ス故ニ直接被害者タル個人ノ利益ノ爲メニ刑罰保護ノ存スルハ明ラカ也、

(二)徵兵忌避ノ場合ノ如キハ身體傷害罪トシテ處罰スルニアラス國家ノ徵兵權ヲ危害スルモノトシテ處罰スルモノ也故ニ此點ヨリシテ承諾ニヨル傷害罪ヲ罰ス可シトノ論結ヲ生スルモノニ非ス

(三)承諾ニヨル殺人ハ其刑著シク輕減セラルルカ故ニ反對說ニ從フトキハ身體傷害罪ト非常ナル刑ノ不權衡ヲ生ス

(四)總テノ傷害ニ就テ承諾ノ効果ナシト云フハ一般ノ法律觀念ト矛盾ス

(五)立法論トシテハ傷害罪ニ就キテモ二百二條ノ如キ特別規定ヲ設クルノ必要アランモ解釋論トシテハ此規定ノ存セサル限リ傷害ハ違

法ヲ阻却スト見解セサル可カラス、

第二說　消極說、

(イ)刑罰ハ個人ノ利益保護ノ爲メニ存スルニアラスシテ社會公益ノ爲メニ之ヲ科スルモノナリ從テ被害者ノ承諾トハ何等ノ關係ナシ

(ロ)囑托又ハ承諾ニヨル傷害ノ場合ハ多クハ情死若クハ不治ノ病者カ苦痛ヲ免カレンカ爲メニ承諾又ハ囑托スルモノナルカ故ニ傷害ノ場合ト當事者ノ心情ヲ異ニス從テ囑托又ハ承諾ニヨル殺害ノ場合ニ輕キ刑罰規定ヲ設ケタルハ當然ニシテ承諾ニヨル場合ト同一徹ニ論ス可カラス。

(ハ)立法者カ二百二條ノ如キ規定ヲ設ケタルハ若シ明文ナキトキハ囑托又ハ承諾ニ基ク殺害モ通常殺人罪ト等シク重ク處分セサル可カラサルカ故ニシテ元來罰ス可カラサル性質ノ行爲ヲ特ニ處罰スルノ必要ヲ感シタルカ爲メニ非ス。

(ニ)從テ又承諾ニヨル傷害ニ就テノ規定ナキハ違法ヲ阻却スルノ理由

トナラスシテ却テ普通傷害罪ト同一轍ニ處罰スヘキモノナリトノ結論ヲ生ス。

第三折衷說　個人的法益ト公共的法益トヲ分別ス

第三說　折衷說、

折衷說ハ曩キニ論述シタルカ如ク個人的法益ト公共的法益トニ分別シ個人的利益ハ承諾ニヨリテ違法ヲ阻却スルモ公共的法益ハ違法ヲ阻却セス而シテ傷害罪ハ人ノ身體ニ關シ人ノ身體ハ社會ノ公益ニ關スルモノナルカ故ニ承諾ニヨル傷害ハ違法ヲ阻却スルモノニ非スト

斷定

消極論者ノ主張スルカ如ク刑罰ハ社會公益ノ爲メニ存スルモノニシテ積極論者ノ主張スルカ如ク單ニ個人ノ爲メニ存スルモノニアラス然レトモ一面ニ於テ又法律ハ被害者ノ意思狀態ヲ條件トシテ公共ノ爲メニ處罰ヲ行フモノニシテ全然被害者ノ意思ヲ無視スルハ一般ノ法律觀念ニ矛盾ス、要之、折衷說ハ曩キニ論シタルカ如ク採ルニ足ラス積極說ト消極說トハ例令其ノ理由ヲ異ニスルモ論理ヲ一貫スル點ニ於テハ同シ通說ハ消極說ニ傾ムクカ如キモ現行刑法上ノ解釋論トシテハ寧ロ積極說ヲ採用スルヲ

以テ穩當ナル見解ニ非ラサルカヲ疑フ

第六章　錯誤論

錯誤ノ觀念

事實ノ錯誤

法律ノ錯誤

錯誤ノ觀念（刑法第三十八條）

錯誤トハ主觀ト客觀トノ齟齬也、換言スレハ認識ト對象トノ齟齬也、學者ノ所說ニヨレハ錯誤ヲ分別シテ二トナス事實ノ錯誤法律ノ錯誤之レ也、事實ノ錯誤トハ或ル事實ノ存在若クハ發生ヲ存在セス若クハ發生セスト認識シ又ハ或ル事實ノ不存在ヲ存在セルモノノ如ク幻覺スルヲ云フ、而シテ法律學上ニ於テ研究スルヲ要スル事實ノ錯誤ハ法律上行爲ノ成立ニ關係ナキ具體的事實ノ錯誤ニアラスシテ法律カ概括的ニ行爲ヲ犯罪タラシメ又ハ刑罰ヲ加重スル爲メ必要ナリト規定シタル法律上ノ要素タル事實ノ錯誤ノミニ關ス。

法律ノ錯誤トハ或ル法規ノ存在ヲ認識セス又ハ或ル法規カ不存在ナルニ拘ハラス存在セリト認識スルコトヲ云フ、

錯誤ハ不知ノ一種ニシテ又事實ノ不存在也

過失ノ錯誤ト未遂

法律ノ錯誤ト事實ノ錯誤トノ區別ノ標準

從テ錯誤ハ一方ヨリ見ルトキハ事實ノ不知ナリ他方ヨリ見ルトキハ認識ニ對スル事實ノ不存在ナリ。

事實ノ實在ヲ認識セサル點ヨリ見ルトキハ過失ハ即チ錯誤ノ一種ニシヲ認識ニ對スル事實ノ不存在ナリ。

認識ニ對スル事實ノ不存在テフ點ヨリ觀察スルトキハ未遂モ亦錯誤ノ一場合ナリ而シテ認識ト對象トノ齟齬ナルカ故ニ錯誤ハ犯罪ノ主觀的要件ト客觀的要件トノ兩者ニ關係ス通常學者カ錯誤ヲ犯意ノ項目中ニ於テ說明スルハ犯罪ノ客觀的要件ノ一タル事實ノ存在不存在ハ一ニ認識ノ有無ト關聯スルカ爲メニシテ恰モ刑法上主觀客觀兩要素ニ關スル過失ヲ犯意ノ條下ニ論スルト同シク單ニ說明ノ便宜ノ爲メノミ。

學者ハ錯誤ヲ事實ノ錯誤ト法律ノ錯誤トニ分別シテ說明ス然レ共事實ノ錯誤ト法律ノ錯誤トハ如何ニシテ區別スルカ其區別ノ標準如何ニ就テハ定說ナキカ如シ或ハ兩者ノ區別ヲ否認スルモノアリ或ハ兩者ノ區別ヲ認ムルモ其區別ノ標準如何ニ就テハ何等言及セサルモノアリ蓋シ一定ノ

事實ヲ違法ナラスト信スルコトハ之ヲ法律ノ錯誤ト云フヲ得ヘシト雖又他方ヨリ觀察スルトキハ故ナクシテ一定ノ事實ヲ爲スノ意思ヲ缺クモノニシテ之ヲ事實ノ錯誤ト云フコトヲ得レハナリ例ヘハ證據顯著ナルトキハ現行犯人ニ非ラスト雖モ逮捕スルコトヲ得ヘシト信シテ逮捕シタルトキハ一面ニ於テハ法律ノ不知ナリ他面ニ於テハ不法ニ人ヲ逮捕スルノ意思ヲ缺クモノニシテ事實ノ錯誤ト見ルコトヲ得ヘシ從テ兩者ノ區別ハ到底抽象的ニ明劃ニスルヲ得ス强ヒテ兩者ヲ區別セントセハ違法ニ非ストシテ認識シタル事實カ一般ノ見解上社會生存ノ目的ニ違反スル場合ハ之ヲ法律ノ錯誤トシ社會ノ生存目的ニ違反セサルトキハ之ヲ事實ノ錯誤ト觀察セハ蓋シ大過ナカラム歟(前編社會科學的觀察參照)

以下學者ノ所説ニ從ヒ事實ノ錯誤ト法律ノ錯誤トニ分別シテ説明ス

第一、事實ノ錯誤

法律上行爲ノ要素ニ關スル事實ノ錯誤ヲ分チテ二トナス抽象的事實ノ錯誤ト具體的事實ノ錯誤ト之レナリ、

甲抽象的事實ノ錯誤

(1)抽象的事實ノ存在ヲ認識セサルトキ

(2)事實ノ不存在ヲ存在スト認識スルトキ

(3)事實ト認識トカ別種ノ犯罪ニ係ルトキ

(甲)、抽象的事實ノ錯誤、

抽象的事實ノ錯誤トハ本人ノ觀念シタル事實ト實在ノ事實トカ其法律上ノ價値ヲ異ニスル場合ヲ云フ此ノ場合三アリ、

(1)、抽象的事實ノ存在スル場合ニ之ヲ認識セサルトキ、

例ヘハ前方ニ人ナシト信シテ發砲シタルニ實際ハ人アリシ場合ノ如シ此場合ハ殺人ノ結果ヲ生スルモ罪トナルヘキ事實ヲ知ラサルモノナルカ故ニ犯意ヲ阻却ス。

但事實ノ不認識ニ就テ不注意アリタルトキハ過失ノ問題ヲ惹起ス、

(2)、抽象的事實ノ存在セサル場合ニ存在スト認識スルトキ、

例ヘハ前方ニ人アリト信シテ發砲シタルニ實際ハ人ナカリシ場合ノ如シ此ノ場合ハ犯意アリテ犯罪事實ナシ故ニ犯罪ノ不完了トシテ未遂若クハ不能ノ問題ヲ生ス、

(3)、事實ト認識トカ別種ノ犯罪ニ係ルトキ、

此場合ニハ二說アリ

(A)說

(A)說、此場合ハ單ニ前述(1)(2)兩場合ノ混合シタルモノニ過キス從テ實在ノ事實ニ就テハ過失ノ有無ヲ以テ論シ、認識ノ事實ニ就テハ犯罪ノ不完了ヲ以テ論ス、但シ事實ト認識トカ其罪質ヲ同ウスル場合ハ其輕キ一方ノ既遂ヲ以テ論スヘシトスルヲ通說トス、

例ヘハ人ト信シテ發砲シタルニ他人ノ飼養セル動物ナリシ場合ニハ動物ヲ殺シタル事實アルモ其事實ニ就テハ犯意ナキカ故ニ過失ノ問題ヲ生シ人ヲ殺サントシタル點ニ於テハ犯意アルモ其事實ナキカ故ニ犯罪ノ不完了トシテ論シ若シ親ヲ殺サントシテ親ニアラサル人ヲ殺シタル場合ニハ人ヲ殺サントシテ殺人ノ結果ヲ生シタルモノナルカ故ニ殺人ノ既遂ヲ以テ論ス可シト

(B)說

(B)說、本問ノ場合ヲ單ニ(1)(2)兩者ノ混同ト見スシテ特別ナル場合ト觀察スル學者ハ左ノ如キ見解ヲ持ス曰ク苟クモ罪ヲ犯スノ意アリテ罪トナルヘキ事實アラハ即チ犯罪ハ完全ニ成立ス之ヲ法文ニ徵

斷定

スルニ第三十八條第二項ノ規定ハ即チ此ノ原則ノ例外ヲ認メタルナリ換言スレハ罪ヲ犯スノ意アリテ罪トナルヘキ事實アラハ即チ犯罪ハ完全ニ成立スルモ此ノ原則ヲ絶對ニ貫徹スルニ於テハ罪本重カルヘクシテ犯ストキ知ラサル場合ニ於テ例ヘハ馬ヲ殺スノ意思ヲ以テ人ヲ殺シタル場合ニ於テモ殺人既遂ヲ以テ論セサル可カラサルノ結果ニ到達スルカ故ニ此ノ原則ヲ緩和スルカ爲メニ設ケタル例外規定タルナリ故ニ

犯意輕クシテ事實重キトキハ輕キ犯罪ノ限度ニ於テ犯罪既遂ノ責ヲ負ヒ其重キ一方ニ就キテハ過失ノ問題ヲ生スヘク犯意重クシテ其事實輕キトキハ其事實ニ就テハ當然已遂ノ罪ヲ負ヒ其重キ一方ニ就キテハ犯罪不完了ノ問題ヲ生ス、

而シテ一行爲カ二個以上ノ法條ニ觸ルル場合ナルカ故ニ之ヲ想像上ノ數罪倶發トシテ論スヘシト。

予ハ後説ヲ採ル、

(乙)具體的事實ノ錯誤

(乙) 具體的事實ノ錯誤

具體的ニ生シタル事實ト本人カ認識シタル事實トノ間ニ齟齬ヲ生シタルモ共ニ法律上同一價値ヲ有スル犯罪ナルトキハ之ヲ具體的事實ノ齟齬ト稱ス、此ノ場合ニモ又議論アリ。

(1)既遂ヲ以テ論スヘシトノ說

(一) 既遂ヲ以テ論ス可シトノ說、本人ノ觀念カ實在ノ事實ニ齟齬スルモ抽象的ニ齟齬セサルトキハ故意ヲ阻却セス換言スレハ二者共ニ刑法上同一ナル概括的事實中ニ入ルモノナルトキハ故意ノ成立ニ影響ヲ及ホサス蓋シ實在ノ事實カ本人ノ觀念ニ存スル行爲ト別異ノ行爲ヲ爲スモ抽象的ニ論シテ之ト同一ナル刑法上ノ性質ヲ有スル行爲ヲ成立セシムルトキハ完全ナル故意ヲ存シ其故意ニ對スル事實アリタルモノト認メラルレハ也ト

(2)場合ヲ分チテ論スヘシトノ說

(二) 場合ヲ分チテ論ス可シトノ說

(A) 錯誤カ要點ニ關スルヤ否ヤニヨリテ區別ス

抽象的ニ論シテ實在ノ事實ト本人ノ觀念ニ存スル事實トカ同一ノ

(A)錯誤カ要點ニ關スルヤ否ヤニヨリテ區別ス

犯罪事實ナルモ具體的ニ觀察シテ相互ノ間ニ齟齬ヲ存シ其齟齬カ要點トナル可キ事項ニ關スルトキハ犯意ヲ阻却シ然ラサルトキハ犯意ヲ阻却セス。

換言スレハ實在ノ事實カ法律上罪ノ客觀的方面ヲ具足スルモ本人ノ觀念ニ存スル特定行爲ノ要點ヲ完成セサルトキハ既遂犯ヲ成立セシメスト、茲ニ要點ト稱スルハ本人カ行動ヲ採ルノ前提トシタル事項ヲ云フ即チ本人カ事實ノ錯誤ヲ發見セハ行ハサリシ時ハ其事實ハ其行爲ノ前提タル要點ナリ、

此ノ說ハ民法ニ所謂法律行爲ノ要素ハ法律上行爲ヲ成立セムルカ爲メ必要ナル抽象的事實ノ外當事者カ行爲ヲ採ルノ前提トナシタル具體的事實ヲ包含シ之ニ付キテ錯誤ヲ生スルトキハ法律行爲ヲ無效トスルノ觀念ヨリ來レルモノ也、民法九十五條ニ規定シテ曰ク意思表示ハ法律行爲ノ要素ニ錯誤アリタルトキハ無效トストト

(B)事實ト認識トカ

(B)此說ハ事實ト認識トカ具體的ニ一致スルコトヲ以テ犯罪ノ既遂ト

具體的ニ一致スルコトヲ以テ犯罪ノ既遂トスル説
(イ)目的ノ性質ノ錯誤
(ロ)目的其物ノ錯誤

スル説也分チテ二トス、

(イ)目的ノ性質ノ錯誤(無形ノ錯誤)

(ロ)目的物其モノノ錯誤(有形ノ錯誤)

目的物ニ關スル無形ノ錯誤トハ觀念ノ向フ所ノ目的物ニ對シテ結果ヲ生シタルモ其目的物カ本人ノ豫期シタルモノニアラサリシ場合ヲ云フ換言、現在ノ事實ニ錯誤アリシ爲メ本人ノ豫期シタル目的物ト異ナリタル目的物ニ對シ功ヲ奏シタル場合ヲ云フ(例、甲ヲ乙ト信シテ殺害シタル場合ノ如シ)

目的物ニ關スル有形ノ錯誤トハ觀念ノ向フ所ノ目的物ニ對シテ功ヲ奏セスシテ別異ノ目的物ニ對シテ同一ノ結果ヲ生シタル場合ヲ云フ換言現在ノ目的物ニ對シテ錯誤アリシカ爲メニ別異ノ目的物ニ對シ功ヲ奏シタルニ非ラスシテ外部ノ故障ニ起因シテ別異ノ目的物ニ對シ結果ヲ生シタル場合ヲ云フ、此ノ場合ニハ本人ノ觀念ト現ニ生シタル結果トノ間ニ有形ノ齟齬ヲ生ス(右方ノ人

ヲ殺サントシタルニ技能拙劣ノ爲メ左方ノ人ヲ殺シタルカ如キ場合)

無形ノ錯誤ハ故意ヲ阻却セス其要點ニ關スルト否トハ問フ所ニ非ス。

有形ノ錯誤ハ現ニ生シタル結果ニ就キテハ故意ニ基ク責任ナシ故ニ之ヲ包含スル罪ノ既遂罪ヲ成立セシメスシテ本人ノ觀念ニ存スル結果ヲ包含スヘキ罪ノ未遂犯ヲ成立セシムルニ止マル從テ實在ノ結果ニ就テハ過失犯ヲ成立セシムルコトアリ然ラサルコトアリ、

C因果ノ聯絡アルヤ否ヤニヨリテ區別スル説

(C) 因果ノ聯絡アルヤ否ヤニヨリテ區別スル説、

抑モ故意ハ罪トナルヘキ總テノ事情ヲ認識スルニヨリテ成立スルモノニシテ其一ヲ缺クトキハ即チ故意ノ存在ヲ認ムルコトヲ得ス而シテ罪トナルヘキ事情中ニハ因果關係ヲモ包含スルカ故ニ因果關係ニ就テ一定ノ錯誤アルトキハ意思活動即チ行爲其モノ、意思活動ノ結果若シクハ其他ノ犯罪事實ニ關シテ錯誤アル場合ト均シク

断定

断定ノ理由

故意ノ阻却ヲ認メサル可カラス換言スレハ因果關係カ本人ノ豫定シタル因果關係ト相當連絡ヲ缺キテ發展シタル場合ニハ故意ノ既遂罪ヲ存スルコトヲ得サルモノニシテ故意ノ未遂罪ト過失罪ノ既遂罪トヲ認メ得ルニ過キスト、

予ハ既遂ヲ以テ論スヘシトノ(一)説ヲ採ル

蓋シ法律ハ人ヲ殺スノ意思ヲ以テ殺人ノ結果ヲ生シタルトキハ殺人罪トシテ所罰シ其人ノ甲タルト乙タルトハ問フ所ニアラス從テ具體的ニ生シタル事實カ本人ノ認識シタル事實ト齟齬ヲ生スルモ法律上同一價値ノ犯罪ナル場合ニ於テハ既遂ヲ以テ論スルヲ至當トスレハ也、

第二法律ノ錯誤

第二　法律ノ錯誤、

分チテ二トス刑罰法令ノ錯誤及刑罰法令以外ノ法令ノ錯誤之レ也、

(甲)刑罰法令ノ錯誤

(甲)　刑罰法令ノ錯誤(自己ノ行爲ニ對シテ生ス可キ法律上ノ效果即刑罰ヲ規定スル法則ニ就テノ錯誤)

(イ)幻覺罪

(イ)　自己ノ行爲カ不法ナラサルニ拘ラス之ヲ不法ナリト認識スルト

（ロ）不法行爲ヲ不法ナラスト認識スル場合

乙刑罰法令以外ノ法令ノ錯誤

キ此ノ場合ヲ幻覺罪ト稱ス幻覺罪ハ犯罪トナラス客觀的ニ不法ナラサレハ也、

（ロ）自己ノ行爲カ不法ナルニ拘ラス不法ナラスト認識シタルトキ此ノ場合ニハ犯罪成立ス、

犯罪成立ノ理由ニ三個ノ說明方法アリ即チ、

(1) 法律ハ何人モ之ヲ知ラサルモノト認メラルルコトナシ、從テ法律ノ不知ハ之ヲ恕セス、

(2) 犯意ヲ以テ反社會性ノ發現ナリトシ反社會的事實ヲ知ツテ而カモ尙之ヲ敢テスルトキハ即チ惡性ノ發現ナリ、罰セサル可カラスト、

然レトモ此ノ原則ヲ貫徹スルトキハ往々犯人ニ過酷ナルコトアリ此ニ於テ刑法ハ第三十八條第三項但書ニ此ノ原則ヲ緩和セリ、

（乙）刑罰法令以外ノ法令ノ錯誤（自已ノ行爲ニ對シ法律上ノ効果ヲ生スル前提トナルベキ法律關係ヲ規定スル法則ニ就テノ錯誤）

消極說

(乙)刑罰以外ノ法令ノ錯誤

積極說

斷定

此ノ場合ノ錯誤ハ犯罪ノ成立ヲ阻却スルヤ否ヤニ積極消極ノ爭アリ。

（一）消極說　法律ノ錯誤ハ絕對ニ故意ヲ阻却セス從テ法律ヲ知ラサルヲ以テ罪責ヲ免ルルコトヲ得ス其法律カ刑罰法例タルト其レ以外ノ法例タルトハ問フ所ニ非ラスト、

（二）積極說　此說ハ刑法ノ不知ト他ノ法則ノ不知トヲ分別シ前者ヲ以テ故意ヲ阻却セサル法律ノ錯誤トシ後者ヲ以テ故意ヲ阻却スヘキ法律ノ錯誤トス其理由トスル所ニ曰ク、元來犯罪ヲ成立セシメ又ハ刑罰ヲ加重スルノ前提トナルヘキ法律關係ハ刑法上ニ於テハ一ノ犯罪事實ナリ故ニ其不知ハ故意ヲ阻却ス換言スレハ刑罰法令以外ノ法令ノ錯誤ヨリ延テ成立セサル法律關係即チ事實ヲ成立セス又成立セルモノナリト信スルニ至ルモノニシテ結局事實ニ關スル錯誤ニシテ犯意ヲ成立セシメサレハナリト、

予ハ暫ラク積極說ニ從ハント欲ス

第一總說

犯罪ノ完了不完了ノ意義

其前提要件

第七章　犯罪ノ態樣

第一節　犯罪ノ完了不完了

第一　總說

犯罪ノ實行ニ着手シ又ハ實行ヲ終結スルモ其結果ノ發生セサル場合ヲ犯罪ノ不完了ト云ヒ特定ノ意思活動カ刑法各本條ニ於ケル犯罪ノ特別構成要素ヲ充實セシメタル場合ヲ犯罪ノ完了即チ旣遂ト稱ス犯罪ノ完了及不完了ハ特定ノ意思活動カ或犯罪ノ特別構成要素ヲ充實シタルヤ否ヤノ點ノミニ關スルモノナルカ故ニ其他ノ犯罪要素ハ總テ之ヲ具備スルコトヲ要ス從テ犯罪ノ完了及不完了ノ前提要件トシテハ、

犯意若クハ過失アルコト、

犯意若クハ過失ニ基ク責任能力者ノ行爲アルコト、

其行爲ヲ違法ナラシム可キ客觀的事實カ始メヨリ存在スルコト、

其行爲カ法定ノ要件ニ適合スルトキハ必ス之ニ對シテ刑罰制裁ノ豫

犯罪ノ完了不完了ハ個別的ニ定ム

通常未遂若シクハ豫備行爲タルニ止マルルモノモ法律ノ規定ニヨリテ犯罪完了ナルコトアリ

第一例

第二例

定アルコトヲ要ス、而シテ當該意思活動タル行爲ヲ違法ナラシムヘキ條件ハ常ニ客觀的ニ存在スルコトヲ要スルモノナルカ故ニ此ノ條件ノ欠缺スルトキハ假令行爲者カ之ヲ幻覺スルモ犯罪ヲ構成セサルヲ以テ犯罪ノ完了又ハ不完了ノ問題ヲ生スルコトナシ。

案スルニ刑法各本條ハ常ニ犯罪ノ既遂ニ至リタル狀態即チ犯罪ノ完了ヲ以テ標準トナスカ故ニ完了不完了ノ概念モ亦當該法條ニ於ケル要件カ充實スルヤ否ヤヲ個別的ニ定メサル可カラス而シテ法律ハ時ニ結果ノ發生ヲ以テ犯罪完了ノ要件トスルコトアリ時ニ意思活動ノ終結ノミヲ以テ完了トスルコトアリ時ニ豫備行爲ヲ以テ完了トスルコトアリ即チ、

(一) 行爲者ノ行爲ノ終結スルノミナラス行爲者カ其意思活動ニヨリテ遂ケントシタル直接ノ目的ノ成就ヲ以テ完了ノ要件トスル場合(殺人罪強盜罪ノ如シ)アリ。

(二) 或ハ斯ノ如キ目的ノ成就ヲ待タスシテ意思活動ノ終結ノミヲ以テ

之カ要件トスル場合アリ（僞證罪ノ如キ）

第三例

（三）或ハ意思活動カ終結ニ至ラスシテ本人カ單ニ其計畫ヲ爲シタルノミヲ以テ充分ナル要素トスルコトアリ（皇室ニ對スル危險罪ノ如キ）

從テ犯罪ノ完了不完了ノ概念ハ一々各本條ニ於ケル規定ノ性質上ヨリ觀察シ其各本條ニ於ケル特別構成要素ヲ具備シタル場合ヲ犯罪ノ完了トシ然ラサル場合ニ之ヲ犯罪ノ不完了ト稱ス（通常犯罪ノ完了ヲ既遂ト稱シ犯罪ノ不完了ヲ廣義ノ未遂ト稱ス）犯罪ノ不完了ニ三種ノ態樣アリ未遂犯（狹義）中止犯、不能犯之レナリ。

第二 犯罪ノ完了

犯罪完了ノ意義

行爲者カ特定ノ行爲ニヨリ犯罪事實ノ全部ヲ完了シタル場合ヲ犯罪ノ完了即チ既遂ト云ヒ然ラサル場合ヲ未遂（廣義）ト云フ理論上ニ於テハ如何ナル犯罪ニ就テモ既遂未遂ヲ區別スルコトヲ得ルモ現行法ニ於テハ犯罪構成要素ノ完成セサル程度ニ於テ行爲ヲ罰スヘキモノ即チ未遂犯ハ故意アル犯罪ニ就テノミ生ス故ニ故意ナキ犯罪特ニ過失犯ハ總テ犯罪構成事實ノ完成シタル場合ニアラサレハ絕對ニ之ヲ罰セス故ニ犯罪ノ未遂ノ問題

ハ故意アル犯罪ニ就テノ問題也。

行爲ナケレハ結果ノ發生ナシ從テ刑法上ニ於テハ豫備行爲ヲ罰セサルヲ原則トス故ニ既遂未遂ノ問題ハ着手行爲以後ニ就テノミ生スル問題ニシテ豫備行爲ニ就テハ既遂未遂ヲ生セサルヲ原則トス啻タ例外トシテ豫備行爲ヲ獨立ノ一罪トナシタル場合ニ於テハ即チ其豫備行爲ニ對シテ既遂未遂ノ問題ヲ生ス。

犯罪完了ノ時期

既遂ハ故意アル犯罪ニ就テモ故意ナキ犯罪ニ就テモ成立スヘキモノニシテ犯罪ノ既遂トナルノ時期ハ其構成要素ノ全部カ完成シタルトキナリ換言スレハ犯罪構成要素タル結果ノ生シタル時期也而シテ其結果ハ實行ノ終結ト共ニ生スルコトアリ其終結ノ後チニ生スルコトアリ。

危險ヲ生シタル程度ニ於テ既遂トナル場合

法律ハ特別又ハ一般ノ危險ヲ犯罪ノ構成要素トスルコトアリ此ノ場合ハ實害ヲ生セサルモ尚既遂犯ヲ成立セシム斯ノ如キ場合ニ於テ單ニ危險ヲ生スルニ止マル行爲ハ其實質上ヨリ論スルトキハ實害ヲ生シタル行爲ノ未遂犯ナルモ法律上ヨリ論スルトキハ完全ナル既遂ナリ而シテ危險ヲ

生シタル程度ニ於テ既遂トナルヘキ場合ハ左ノ如シ。

（甲）實害ヲ生スル行爲ト實害ノ危險ヲ生スルニ止マル行爲トヲ分別セスシテ兩者ヲ同一罪名ニ包含セシムル場合、

（乙）危險ヲ生スルニ止マル行爲ヲ實害ヲ生スル行爲ト分別シテ前者ヲ以テ後者ト獨立シタル別種ノ犯罪トナス場合ト之レ也。

犯罪カ既遂トナルニハ必ラスシモ犯人ノ目的ノ成就スルコトヲ必要トセス元來一般ノ場合ニ於テハ本人ノ有スル目的ハ犯罪ノ構成要素ニアラス刑罰加減ノ條件タルノミ斯ノ如キ場合ニ於テハ目的ノ成就カ既遂ノ要件タラサルハ明白也。

特別ノ目的ヲ有スル罪ノ既遂

法律ハ時トシテ行爲者ニ特別ノ目的ヲ有スルコトヲ以テ犯罪ノ要素トナス場合アリ斯ノ如キ場合ニ於テモ罪ヲ完成スル爲メニハ行爲者カ其目的ヲ有シタリシコトヲ以テ足リ必ラスシモ其目的ヲ達スルコトヲ必要トセス例ヘハ内亂罪ニ於テハ朝憲紊亂ヲ以テ特別ノ目的トス朝憲紊亂ノ目的ナケレハ他ノ犯罪ヲ構成スルハ兎モ角內亂罪トシテ處斷スルコトヲ得

ズ然レ共内亂罪ノ既遂トナルニハ特別ノ目的ノ成就即チ朝憲ヲ紊亂シタルコトヲ要セス即チ此ノ目的アリ而シテ他ノ罪素ヲ具備スル場合ニ於テハ内亂罪ノ既遂トナルモノ也故ニ特別ノ目的ハ單ニ故意ノ特別ノ要素ナルノミ犯罪ノ既遂未遂ニ關係ナシ故ニ行爲者カ目的ヲ成就セサリシ場合ニ於テモ完全ニ既遂犯ヲ成立セシム然レトモ目的ノ成就ト犯罪ノ要素タル結果ノ完成トカ同一事實ナル場合ニ於テハ素ヨリ目的ノ成就カ犯罪ノ既遂トナルモノトス。

犯罪既遂ノ要件

以上ノ理論ヲ綜合シテ犯罪既遂ノ構成要素ヲ擧クレハ左ノ如シ。

甲)行爲ノ終了

（甲）犯罪ノ構成要素タル行爲ヲ終結スルコト。

即チ刑法各本條ノ明文ニ從ヒ犯罪ノ構成要素トナルヘキ行爲ヲ爲スコトヲ實行ト稱ス既遂犯ノ成立ニハ實行ノ終結スルコトヲ要ス實行ヲ中止シ若クハ終結セサル場合ニ於テハ中止若クハ未遂ノ概念ヲ存スルモ既遂ヲ存セス。

乙)結果ノ發生

（乙）犯罪ノ構成要素タル結果ノ生シタルコト。

既遂犯ヲ成立セシムルニハ實行ニ隨伴シテ犯罪構成要素トナルヘキ結果ノ生スルコトヲ要ス實行終結スルモ結果ノ發生セサルトキハ既遂ニアラス未遂ナリ。

（丙）違法トナルヘキ事實ノ存在

（丙）行爲ヲ違法タラシム可キ客觀的事實ノ存在スルコト。實行ヲ終結シテ犯罪構成要素タル結果ヲ生スルモ行爲ヲ違法ナラシムヘキ事實カ行動ニ隨伴スルニ非ラサレハ既遂犯ヲ成立セシメス例ヘハ處女ヲ有夫ノ婦ト信シテ之ニ通シタル場合ノ如キハ行爲アリ結果アルモ行爲ヲ違法タラシムヘキ客觀的事實カ存在セサルカ爲メニ未遂犯（廣義）ノ問題トナルモ既遂犯ノ問題トナラス。

以上三要件ヲ具備スルトキハ即チ既遂犯ヲ存スルモノトス。

第三　犯罪ノ不完了

其一　未遂犯

未遂犯ノ意義（刑法第四十三條前段）

未遂犯ノ意義

未遂犯トハ犯罪ノ實行ニ着手シ又ハ實行ヲ終結シタルモ犯人意外ノ障碍ニヨリテ結果ヲ惹起スルニ至ラザリシ場合ヲ云フ。

未遂犯ノ要件

從テ未遂犯ノ概念ニハ右ノ三要素ヲ必要トス。

第一要件着手又ハ終了

第一、實行ニ着手シ又ハ實行ヲ終結シタルコト。

實行トハ犯罪ノ內容即チ犯罪ノ特別構成要素タル意思活動其モノヲ云ヒ實行ノ着手トハ豫備行爲ヨリ實行ニ移ル境界ヲ云フ換言スレハ豫備行爲ノ終點ハ實行行爲ノ起點ナリ。

凡ソ犯罪ハ行爲者ノ決意ニ基キ豫備行爲トナリ着手ヲ經テ實行ニ移ルモノナリ故ニ未遂ハ行爲者ガ實行ニ着手シタル以後ニ於テノミ存在シ得ル概念ニシテ豫備行爲ニ未遂アルコトナシ。

然レ共法律ハ時ニ罪ヲ犯サントスル豫告ヲ獨立罪トシテ處罰スルコトアリ例ヘハ脅迫罪ノ如キ即チ之レ也、又時ニ二人以上ノ者カ一定ノ犯罪ヲ犯サンコトヲ合意スルニヨリテ(即チ陰謀)一箇ノ獨立罪トスルコトアリ斯ル場合ニ於テハ例外トシテ未遂犯ヲ存シ一般ノ場合ニ於テハ犯罪ヲ犯サントスル決意アルコトヲ他人ニ告クルモ實行ノ着手ニアラサルカ故ニ未遂犯ヲ構成セサルモノトス準備行爲モ亦然リ。

第二要件 結果ノ不發生

第二、結果ヲ惹起スルニ至ラサリシコトヲ要ス。

行爲者ノ意思活動ニヨリ刑法各本條ニ定メタル一定ノ犯罪ノ構成要素ヲ充實シタル場合ニ於テハ例ヘ未タ行爲ヲ終結セサル場合ト云ヘトモ犯罪ハ茲ニ完了スルモノニシテ未遂犯トナラス從テ未遂犯トナルニハ行爲者ノ意思活動ニヨリ犯罪ノ構成要素ノ全部カ充實スルニ至ラサリシ場合ニ限ル。

第三要件 意外ノ障碍ニヨルコト

第三、結果ノ發生セサリシハ犯人意外ノ障碍ニヨルコトヲ要ス。

現行刑法ニ於テハ犯罪ノ實行ニ着手シテ之ヲ遂ケサリシ場合ハ總テ之ヲ未遂トシ只行爲者ノ思義ニヨリテ犯行ヲ中止シタル場合ハ刑ヲ減刑シ又ハ免除スルコトヲ規定ス行爲者ノ思義ニヨリテ結果ヲ發生セシメサリシ場合ハ即チ內由未遂ニシテ意外ノ障碍ニヨル場合ハ外由未遂ナリ而シテ內由未遂ノ場合ハ學者ノ所謂中止犯ト稱スルモノニシテ學理

意外ノ障碍トハ何ソヤ

物質的障碍説

後悔意外ノ總テノ事情説

上ノ見解トシテハ未遂ト中止トヲ區別スルコトヲ要ス其區別ノ標準ハ犯罪ノ未遂カ犯人ノ任意ニ出テタルカ將タ犯人意外ノ障碍ニ出テタルカニアリ（後段未遂犯ト中止犯トノ區別參照）

茲ニ所謂未遂犯ハ犯人以外ノ障碍ニヨリテ結果ヲ惹起セサリシ場合ナリ任意ニ既遂ニ至ラシメサリシ場合ハ未遂ニアラス中止犯ナリ。

意外ノ障碍トハ何ソヤ。

第一説ハ之ヲ物質的障碍ナリトナス然レトモ例ヘハ巡査ノ來ルヲ見テ犯人カ逃走シ以テ所定ノ結果ヲ惹起セサリシ場合ニ於テ「巡査來ル」トノ事實ハ未タ以テ物質的ニ犯罪ノ遂行ヲ妨害シタルモノト謂フコトヲ得サルモ其事實ノ爲メニ既遂タル能ハサリシ也故ニ其事實ハ尚犯人意外ノ障碍ト云フコトヲ得ヘシ。

第二説ハ後悔以外ノ總テノ事情ナリトス然レ共甲者アリ乙者ニ向ツテ手ヲ下シタルモ犯罪ヲ遂行スルノ時期ニアラスト認メ後日ヲ期シテ犯罪ヲ止メタルトキハ後悔ニアラサルモ未遂犯ニアラスシテ中止犯

通常妨害ヲ與ヘ得ベキ性質説

ナリ。

第三説ハ犯罪ノ成立ニ對シ通常妨害ヲ與ヘ得ル性質ノモノタルヲ以テ足ルトナス説ナリ故ニ巡査ヲ見テ犯行ヲ止ムルハ一般ノ現象ナルカ故ニ之ヲ犯人意外ノ障碍ト云フコトヲ得ヘシ要スルニ犯人ノ意思ニ因ラスシテ通常犯行ニ對シテ妨害ヲ與ヘ得ルモノハ其障碍カ物質的タルト將タ無形的タルトヲ問ハス總テ犯人以外ノ障碍ト云フコトヲ得ト。此説ヲ採ル。

未遂犯ノ態樣

未遂犯ノ態樣

未遂ノ態樣ニ二種アリ着手未遂ト缺効未遂ト之レ也。

着手未遂ノ意義

着手未遂 トハ實行ヲ終了シ能ハサリシ場合ヲ云フ換言スレハ犯罪ノ構成要件タル行爲カ一定ノ原因ニヨリ終局スルニ至ラスシテ中絶スルカ爲メニ充實スル能ハサリシ場合ヲ云フ例ヘハ窃盜犯人カ家屋ニ侵入シタルモ家人ノ目覺メタルニ驚キ物品ヲ盜ムコトヲ得スシテ逃走シタル場合ノ如キ之レ也。

缺效未遂ノ意義

缺效未遂トハ實行ヲ終結シタルモ結果ヲ發生スル能ハサリシ場合ヲ云フ換言スレハ犯人カ犯罪ノ結果ヲ發生セシムルニ適當ナリト認ムヘキ總テノ行爲ヲ終了シタルニ拘ラス犯人以外ノ障碍ニヨリ豫期シタル結果ノ發生セサリシ場合ヲ云フ而シテ如何ナル事實アレハ犯人ガ犯罪ノ結果ヲ發生セシムヘキ總テノ行爲ヲ終了シタリト認メ得ヘキカ一般ノ場合ニ於テハ例ヘハ毒殺ヲ爲サントシ其行爲ヲ終了シタルニ被害者カ之ヲ知リテ解毒劑ヲ服用シタリト云フカ如キ場合ニ於テハ行爲ノ終了ヲ認ムルニ困難ヲ感セサルモ格段ナル場合例ヘハ犯人カ殺人ノ意思ヲ以テ十箇ノ彈丸ヲ携帶シ被害者ニ向ツテ五箇迄發砲シタルモ命中セサリシ爲メ其行爲ヲ中止シタリト云フカ如キ場合ニ於テハ之ヲ行爲ヲ終了セルモノト認ムヘキカ即チ缺効未遂トス可キカ將タ中止犯トスヘキカハ頗ル不明ノ問題タルヲ失ハス(缺效未遂ト中止犯トノ區別參照)

過失犯ニ未遂犯アリヤ

過失犯ニ未遂犯アリヤ。

過失犯トハ不注意ナル意思ノ狀態ニ於テ或ル結果ヲ惹起シタル場合ヲ云

學理的見解

フ故ニ不注意ナル意思ノ狀態ニ於テ未遂犯ヲ犯シ得ルコトハ理論上之ヲ認ムルコトヲ得ト云フ者アリ然レ共刑法上ニ於ケル過失犯ハ必ス或ル結果ノ發生シタルコトヲ條件トス結果不發生ノ場合ニ於テハ過失ハ刑法上ノ問題トナルモノニ非ス從ツテ結果ノ不發生ヲ要件トスル未遂犯トハ其觀念ニ於テ互ニ相排斥ス之ヲ法文ニ徵スルニ舊刑法ニ於テハ其第百十二條ニ於テ罪ヲ犯サントシテ既ニ其事ヲ行フヲ以テ未遂罪成立ノ要件トシタリ即チ未遂罪ハ故意犯ニノミ生スルモノト規定シタルカ故ニ過失犯ニ未遂犯ヲ存スルコト能ハサルハ解釋上一點ノ疑義ヲ止メサリキ、現行刑法

現行刑法ノ解釋

ハ各本條中處罰ノ明文アルニアラサレハ未遂犯ヲ罰セサルヲ原則トシ而シテ過失犯ニ就テ此ノ明文ヲ存シタルモノナシ故ニ消極ノ斷定ヲ採ラサル可カラス。

結果犯ニ未遂犯アリヤ

結果犯ニ未遂犯アリヤ。

結果犯トハ一定ノ罪トナルヘキ行爲ニ特別ノ結果ノ加ハルニヨリテ刑罰ヲ加重スル犯罪ナリ而シテ結果犯ニ未遂犯アリヤ否ヤノ問題ハ左ノ二場

（一）通常ノ結果犯ニ未遂犯アリヤ

特別ノ結果犯ニ未遂犯アリヤ

兩行爲ノ未遂說

合ニ分別シテ觀察スルヲ便トス。

(一) 通常ノ結果犯ニ未遂犯アリヤ。

結果犯ハ現ニ發生シタル結果ヲ要素トスルカ故ニ既遂罪ニ付テノミ生スル概念ナリ、從テ通常ノ結果犯ニ對シテハ未遂犯アルコトヲ想像スル能ハス。

(二) 特別ノ結果犯ニ未遂犯アリヤ。

特別ノ結果犯トハ結果犯ノ基本タル行爲カ未遂ニシテ其未遂行爲ヨリ重キ結果ヲ發生シタル場合ヲ云フ例ヘハ婦女ヲ強姦セントシタルニ其壓力ニヨリ未タ強姦ヲ遂ケサルニ其婦女カ死シタル場合ノ如シ斯ノ如キ特別ノ結果犯ニ未遂犯アリヤ否ヤハ學者ノ論爭スル所ニシテ凡ソ三說アリ。

(イ) 基本タル行爲カ未遂ニシテ其未遂行爲ヨリ加重條件タル結果ヲ生シタルトキハ結果犯ノ未遂犯ヲ成立セシムト此說ニヨレハ前例ハ即チ強姦致死ノ未遂トナル。

基本行爲ノ未遂ト過失犯說

（ロ） 基本タル行爲ノ未遂犯ト重キ結果ヲ實質トスル過失犯トノ併合罪ナリト此說ニヨレハ前例ノ場合ハ强姦未遂罪ト過失罪トノ倶發ナリ。

兩行爲ノ既遂說

（ハ） 加重罪ノ既遂ヲ以テ論スヘシト此ノ說ニヨレハ前例ノ場合ハ强姦致死既遂罪ヲ以テ論セサル可ラス。

本問ニ就テ予輩ハ（イ）說ニ賛シ此場合ニハ結果犯ニ未遂犯アリト斷セント欲ス。

豫備行爲ヲ獨立犯トシタル場合ニ未遂犯アリヤ

豫備行爲ヲ獨立罪トシタル場合ニ未遂犯アリヤ。

法律カ着手又ハ陰謀ノ程度ニアル行爲ニ既遂ト同一ノ刑ヲ科シ又ハ此等ノ行爲ヲ獨立罪トシテ處分スルトキハ觀念上其未遂ヲ存スルコトヲ得ス（刑法七十三條七十八條ノ罪ノ如キ）然レ共法律ハ之ニ付テ特ニ其未遂ヲ罰スルコトヲ規定スル場合アリ斯ノ如キ場合ニ於テハ素トヨリ其豫備罪ノ未遂犯ヲ認メサル可カラス例ヘハ外國ニ於テノミ流通スル貨幣紙幣ノ僞造、模造ニ關スル罪ノ如キ之レ也。

不作爲犯ニ未遂犯アリヤ

不作爲犯ニ未遂犯アリヤ。

第一說　未遂犯ナシトノ說

第二說　缺效未遂ノミアリトノ說

第一說（消極） 純然タル不作爲犯ハ法律カ一定ノ場所及一定ノ時期ニ於テ一定ノ行爲ヲ爲スコトヲ命スル場合ニ其命令ニ違反スルモノナリ故ニ縱令其瞬間前ニ於テ其行爲ヲ爲ササルノ決意ヲ爲セル場合ト雖モ其犯罪ノ既遂トナル瞬間ニ至ル迄ニ行爲ヲナセハ不作爲犯トシテ處罰スル能ハス換言スレハ犯罪ノ既遂トナル瞬間ニ至ルマテニ行爲ヲナセハ犯罪ヲ構成セス故ニ純然タル不行犯ニ就テハ既遂ノ犯罪トナルカ然ラサレハ無罪トナルカ二者只其一途アルノミ不眞正不作爲犯モ又然リト。

第二說（折衷） 不作爲犯ノ眞正ナルト非眞正ナルトヲ問ハス着手未遂ヲ認ムルコトヲ得スト雖モ缺效未遂ヲ認ムルコトヲ得例ヘハ不眞正不作爲犯ノ場合ニ於テ鐵道線路ノ看守人カ汽車ヲ轉覆セシムルノ意思ヲ以テ汽車轉覆ノ原因トナリ得ヘキ障碍物カ線路ノ上ニ横ハルニ拘ハラス之ヲ除去セサル場合ニ於テ其障碍物カ汽車ノ通行前ニ犯人以外ノ力ニヨリテ除去セラルルトキハ未遂犯ヲ構成セス何トナレハ犯人ハ汽車ノ通行スル瞬間ニ至ルマテハ其障碍物ヲ除去スルノ餘地ヲ有スレハ也、反之汽

第三説著手未遂ヲモ認ムルコトヲ得トノ説

車ノ通行スル瞬間ニ障碍物カ除去セラレサリシニ拘ラス汽車カ無事ニ通過シタルトキハ即チ犯人意外ノ障碍ニヨリテ結果ヲ發生セサリシモノニシテ缺効未遂犯トナルト。

第三説（積極） 不作爲犯ニ就テハ缺效未遂ヲ存スルノミナラス著手未遂モ又想像スルコトヲ得蓋シ不行犯ニ於テハ犯人ノ身體ノ位置ハ原狀ノ維持ニシテ何等變轉進退スルコトナキモ其原狀維持ハ即チ犯人ノ作爲ト云フ反對重量ニヨリテ其進行ヲ阻止セラル可キ動力換言スレハ犯人ノ不作爲ニヨリテ妨果條件ヲ抑壓スルモノニシテ結果發生ノ主因ハ漸次結果ノ發生ニ向ツテ進行シ茲ニ作爲犯ニ於テ犯人ノ動作ニヨリ結果ノ發生ニ近接スルト全ク同一ノ狀態ヲ現出スヘク此ノ狀態ヲ現出シタル時期ニ於テハ所謂犯罪ノ著手ニ到達シタルモノニシテ此ノ時期以後ニ於テ更ラニ結果ノ發生ヲ妨ケラレテ既遂ニ至ラサルコトアルヲ想像スルコトヲ得、例ヘハ他人カ徴兵檢査ニ應セサルノ意思ヲ以テ豫メ自己ノ身體ヲ運動不能ノ狀況ニ陥レタル場合ノ如キ之レ也ト。

案スルニ眞正不作爲ニ於テハ未遂犯ヲ罰スヘキ明文ナキノミナラス觀念上ニ於テモ未遂犯ノ存スルコトヲ想像スルコト能ハス然レ共不眞正不作爲犯ハ元來其性質行爲ナルヲ以テ之レカ著手未遂及缺効未遂ヲ存スルコトヲ得ルモノト爲スヲ正當トス。

其二　中止犯

中止犯ノ意義

中止犯ノ意義（刑法第四十三條後段）

中止犯トハ犯人カ犯罪ノ實行ニ著手シ若クハ實行シタルモ任意ニ結果ヲ發生セシメサリシ場合ヲ云フ。

犯罪ノ實行ニ著手シ又ハ實行シタルコト、結果ノ發生セサリシコトハ未遂犯ト異ナル所ナシ啻タ其異ナル所ハ未遂犯ハ犯人意外ノ障碍ニヨリテ結果ノ發生セサリシコトヲ要シ中止犯ニアリテハ任意ニ結果ヲ發生セシメサリシコトヲ要ス故ニ未遂犯ト中止犯トノ區別ハ犯人意外ノ障碍ニヨルカ或ハ犯人ノ任意ニヨル中止ナルカノ一點ニ存ス現行刑法ニ

於テ自己ノ意思ニヨリ之ヲ止メタル場合トハ即チ任意ノ中止ヲ意味スルモノ也（刑法第四十三條）

未遂犯ト中止犯トノ區別

未遂犯ト中止犯トノ區別。

意外ノ障碍ニ因ル中止ト任意ノ中止

曩キニ説述セシカ如ク犯罪ノ既遂ニ至ラサル原因カ犯人ノ意思ニ因ラサル事實即チ意外ノ障碍ニヨルト犯人任意ノ中止ニ因ルトニヨリテ未遂犯ト中止犯トヲ區別スヘキモノトス而シテ犯人意外ノ障碍トハ犯罪カ既遂ニ至ルコトヲ妨ケ得ル外部ノ事情ヲ意味スルモノニシテ此ノ事情ニハ有形無形ノ強制ハ勿論被害者ノ抵抗、目的ノ不適合等ヲ包含ス。

具體的問題ニ於ケル兩者ノ區別ハ困難ナリ

未遂犯ト中止犯トノ區別ノ標準

然レ共具體的問題ニ付未遂犯ナリヤ中止犯ナリヤヲ定ムル場合ハ往々困難ナルコトアリ例ヘハ人ヲ殺サントシテ刄ヲ振リ上ケタルニ刄折レタルカ爲メ棍棒ヲ以テ打殺ザントシタル際自己ノ思義ニヨリ中止シタル場合又ハ十箇ノ彈丸ヲ携帶シテ人ヲ殺サントシテ既ニ五箇ヲ發砲シタルモ未タ結果ヲ發生セサリシ爲メ其犯行ヲ中止シタル場合ノ如キ犯人意外ノ障碍ト犯人ノ任意ノ中止ト競合スル場合アリ此ニ於テ乎未遂犯ト中止犯

トノ區別ニ就テハ古來幾多ノ學說アリキ。

フランク氏ノ說

フランク氏曰ク犯人カ吾レ之ヲ爲スコトヲ得ルモ爲スコトヲ欲セスト思惟シタル場合ニ於テハ自己ノ意思ニ基ク任意ノ中止ヲ存シ犯人カ吾レ之レヲ爲サンコトヲ欲スルモ爲スコト能ハスト思惟シタル場合ニハ未遂犯ノ成立ヲ認ムヘシト說明ス後段ノ標準ハ即チ犯人ノ意外ノ障碍ニヨリテ

其批評

犯行ヲ成就スル能ハサル場合ニ關スルカ故ニ正當ナル見解タルヲ失ハスト雖モ前段ノ標準ニ至リテハ不精確ナルヲ免レス何トナレハ外部ノ障碍ニヨリテ吾レ之レヲ爲シ得ルモ爲スコトヲ欲セスト思惟シテ中止スルコトアル場合ヲ中止犯ナリトスルトキハ未遂犯ハ多クハ中止犯トナルヘケレハナリ且犯人意外ノ障碍ト犯人ノ意思ニヨル中止トハ同時ニ存スルコトヲ得レハナリ例ヘハ一刀ノ下ニ殺人ノ行爲ヲ爲シ得ヘキモ巡査來ルカ故ニ殺人ノ行爲ヲ爲スコトヲ欲セストシテ中止スルコトアリ而シテ斯ノ如キハ尚ホ未遂犯トナレハ也。

然レ共凡ソ一ノ所爲ハ實際無數ノ所爲カ時間ト空間トニ於テ極メテ密

兩者區別ノ標準ハ普通ノ觀念ニ從フテ判斷スヘシ

接シテ一體ヲナシ以テ分離ス可カラサルカ如クニ見ユルモノナリ而シテ其時間ト空間トノ密接ナルヤ否ヤハ相對的ニ觀察スヘキモノニシテ絕對的ニ明劃ナル區劃アルモノニアラス故ニ普通吾人カ一所爲ト看做ス可キ限界ニ於テ定ムヘキモノニシテ吾人カ通常分別シテ想像シ得ヘカラサル程ニ接續セル所爲ニアラサルモ時間ト空間トカ著シク相接近シ前後ノ行爲カ犯人ノ意思ニヨリ接續セラレテ一體ヲ爲スト看做スヲ普通ノ觀察トスルトキハ即チ一箇ノ所爲ト看做ス可ク然ラサルトキハ數所爲ト看做スヘキモノナリ從テ意外ノ障碍ニヨル未遂ナルカ將タ任意ノ中止ニヨル未遂ナリヤ否ヤモ又斯ノ如キ標準ニヨリテ定メサル可ラス故ニ曩キニ揭ケタル問題ノ如キモ普通ノ觀念ニ從ヒ之ヲ中止犯トスルヲ穩當ノ見解トス況ンヤ刑事政策上中止犯ヲ認メタルハ斯ル場合ニ於テ未遂犯トシテ嚴罰スルトキハ犯人ハ其行爲ヲ遂行スルニ至ルヘキカ故ニ中止犯トシテ刑ノ輕減又ハ免除ノ恩典ニ浴セントスル意思ニヨリ犯行ヲ中止スルコトヲ奬勵セントスルノ理由ニ基キタルモノナルニ於テオヤ。（中止犯ヲ認メタル理由カ學理上正當ナリ

ヤ否ヤハ別論ニ屬ス)

中止犯ノ要素トシテ犯意チ終局的ニ放棄スルヲ要スルカ

中止犯ノ要素トシテ犯意ヲ終局的ニ放棄スルコトヲ要スルカ二說アリ。

第一說ハ中止犯ノ要素トシテ其實行ヲ中止スルニ至リタル遠因及動機ハ其種類ノ如何ヲ問ハサルモノトス從テ心神悔悟ノ結果ニヨルト將タ發覺ヲ恐レテ他日ノ好機會ヲ期スルト將タ又目的物ノ價値少ナキヲ發見シテ中止スルトヲ問ハス共ニ中止犯トナルモノトス。

終局的ノ放棄チ要セズトノ說

第二說ハ任意未遂トナルニハ行爲者カ既ニ著手シタル行爲ヲ續行セサルノミナラス其犯罪ノ意思ヲ終局的ニ放棄スルコトヲ要スト說ケルビンヂングノ如キ之レ也。

終局的ニ放棄スルチ要ストノ說

結論

按スルニ以上ノ二說ハ刑法カ中止犯ヲ認メテ以テ刑ノ輕減又ハ免除ヲ規定シタル立法上ノ政策論ト刑法々規ノ解釋論トニヨリテ結論ヲ異ニスルモノノ如シ刑事政策上ヨリ論スルトキハ刑ノ輕減又ハ免除ヲ認メタルハ犯罪ヲ減少セシメントスルノ目的ニ出ツルモノニシテ此目的ヲ達センカ爲メニハ犯罪ノ意思ヲ終局的ニ拋棄スルコトヲ要ス犯罪ノ意思ヲ終局

的ニ抛棄セサル者ニ對シ尚ホ此恩典ヲ與フルハ却テ犯罪ノ遂行ヲ謀ラシムルモノニシテ刑ノ輕減又ハ免除ヲ認メタル立法上ノ意思ニ反スト云フニアリ然レ共刑法々規ノ解釋論トシテハ單ニ自己ノ意思ニヨリ犯罪ヲ中止シタル場合ト規定スルカ故ニ更ラニ他日ノ好機會ヲ捉ヘテ犯罪ヲ遂行セントスル意思ヲ留保シテ實行ヲ中止スルモ中止犯タルニ妨ケナシ。

中止犯ノ態樣

中止犯ノ態樣ニ二種アリ一ハ一旦實行ニ著手スルモ任意ニ其實行ヲ中止シタル場合ニシテ他ハ一旦實行ヲ終結シタルモ任意ニ其結果ノ發生ヲ妨止シタル場合也。

實行終結後ニ於ケル中止ニハ左ノ要件ヲ要ス。

其要件

(一)　結果ノ生スル虞レアル間ニ於テノミ中止スルコト

(一)　結果ノ生スル虞レアル間ニ於テノミ中止スルコト即チ結果ノ發生ヲ妨止スルコトヲ要ス既ニ結果ノ發生シタルトキハ既遂トナリ危險ノ既ニ去リタル場合ハ缺効未遂トナルモノニシテ共ニ中止犯トナルコトナシ。

(二)中止ノ爲メニ妨果ノ効チ奏スルコト

妨果行爲ガ意外ノ障碍ニヨリテ效チ奏セザリシ場合ハ如何

(三)犯人ノ行動ニヨリ中止スルコト他人チシテ妨止セシムルモ妨ケナシ

(二) 中止ノ爲メニ妨果ノ効ヲ奏スルコトヲ要ス、或ル一派ノ論者ハ結果ノ發生ヲ妨止スルニ足ルヘキ行爲ヲ爲シタルヲ以テ足ルト主張スルモノアリト雖モ予輩ハ此ノ説ヲ採ラス從テ甲者乙者ヲ殺サント欲シテ毒藥ヲ與ヘタル後意ヲ飜シテ解毒劑ヲ與ヘタリ此ノ場合ニ於テ解毒劑効ヲ奏スルトキハ中止犯タリ効ヲ奏セサルトキハ殺人罪ノ既遂タリ。問題トナルハ其解毒劑カ意外ノ障碍ニヨリテ效ヲ奏セサリシ場合ナリ中止ノ意思ノ方面ヨリ見ルトキハ此ノ兩箇ノ場合ニ何等ノ差異ナシト雖モ其結果ノ方面ヨリ見ルトキハ一ハ結果ノ發生ナク一ハ結果ノ發生アリ而シテ法律ハ犯罪ノ不完了ニ關シテハ啻ニ結果ノ發生ナキコトヲ豫想スルカ故ニ解釋論トシテハ本問ハ中止犯トナラスト解スヘキカ如シ。

(三) 犯人ノ行動ニヨリ中止スルコトヲ要ス、要スト雖モ必ラスシモ犯人自カラ手ヲ下シテ結果ヲ妨止スルコトヲ要セス他人ヲシテ妨止セシムルモ妨ケナシ要スルニ犯人カ結果ヲ防止セントスルノ意思ヲ有シ此ノ意思ノ發動トシテ結果ノ發生ヲ防止シタル場合ヲ犯人ノ行動ニヨリ中止シタルモノト云フ。

豫備ヲ獨立罪トシタル場合ニ中止犯アリヤ。

積極論者ハ曰ク法律カ未遂ノ處分ニ關スル原則ニ對スル例外ヲ設ケ若クハ著手前ノ程度ニ於ケル行爲ヲ處罰スル趣旨ヲ以テ未遂若クハ豫備ノ行爲ニ獨立刑ヲ科シタル場合ニ任意ニ中止シタルトキハ刑法第四十三條但書ヲ適用シテ中止犯トスト。

消極論者ハ曰ク犯罪ノ不完了ハ犯罪ノ著手以後ノ觀念ニシテ著手以前ニ犯罪ノ不完了ノ觀念ヲ容ルル能ハス從テ未遂犯處罰ニ就テ明規スルカ如ク豫備ヲ獨立罪トスル場合ニ特ニ明文ヲ以テ以テ規定スルトキハ兎ニ角斯ル明文ナキ以上ハ中止犯ヲ認ム可カラスト。

消極說ヲ採ル。

甲犯罪ノ中止カ乙犯罪ノ構成要素ヲ具備スル場合ノ處分。

甲犯罪ノ中止カ乙犯罪ノ構成要素ヲ具備スル場合ノ處分

此場合ニ於テ乙犯罪ノ既遂トシテ罰ス可キヤ否ヤニ就テ議論分ル而シテ

其一場合 甲罪ヲ犯ス手段トシテ乙罪ヲ犯ス場合ニ法律カ結合罪トシテ處分スルトキ

其二場合 甲罪ノ中止トナルヘキ行爲ヨリ發生セシ結果カ乙罪ニ該當スルトキ

斯ル場合ヲ想像スルニ凡ソ二場合アルカ如シ。

（一）犯人カ甲罪ヲ犯ス手段トシテ乙罪ヲ犯ス場合ニ法律カ結合罪丙トシテ處分スルトキ例ヘハ文書僞造行使罪ヲ犯スノ手段トシテ印章僞造罪ヲ犯シタル場合ノ如シ

舊刑法ニ於テハ中止犯處罰ノ規定ナカリシ結果此ノ場合ヲ無罪トスルカ將タ乙罪ノ既遂トスルカニ就テハ議論アリシモ通説ハ乙罪ノ既遂トシテ處罰スル説ナリキ新刑法ニ於テハ中止犯モ亦罰スルヿヲ得ルカ故ニ甲罪ノ中止即チ印章僞造後ノ中止ハ印章僞造罪ノ既遂ニ非スシテ文書僞造行使罪即丙罪ノ中止犯トシテ論セサル可ラス（其理由ハ後段參照）

（二）甲罪ノ中止トナル可キ行爲ヨリ既ニ發生シタル結果カ乙罪ニ於ケル結果ニ該當スルトキ例ヘハ殺人罪ノ實行ヲ中止シタル場合ニ於テ中止前ノ傷害ハ傷害罪トシテ處分スヘキヤ否ヤ此ノ問題ニ付テハ凡ソ三説アリ。

（イ）殺人ノ故意ハ常ニ傷害ノ故意ヲ包含スルカ故ニ傷害既遂ヲ以テ論

スヘシト。

(ロ) 殺人ハ被害者ヲ殺害スルコトヲ主旨トシ傷害ノ故意ヲ包含セス故ニ少クトモ殺害スルヲ得サルトキハ之ヲ創傷スヘシトノ意思ヲ以テ爲シタル場合ノ外ハ之ヲ消極ニ決スヘシト。

(ハ) 此ノ場合ハ殺人罪ノ中止トシテ論スヘキモノナリ其理由ハ舊刑法ニ於テハ中止犯處罰ノ規定ナカリシ結果前(一)ノ場合ヲ乙罪ノ既遂トシテ論スルト同シク此ノ場合ニ於テモ傷害罪トシテ論スルヲ妥當ノ見解ナリトシキ蓋シ斯ノ如キ場合(併合罪若クハ包括罪)ニ於テ法律カ重キ一犯罪ノミヲ罰スルトキハ他ノ輕キ犯罪ハ之レニ吸收セシメタルモノナリ故ニ重刑消滅シタルトキハ輕刑ハ依然トシテ存在スレハ也然レトモ現行刑法ニ於テハ中止犯處罰ノ規定ヲ設ケタルカ故ニ前者ノ場合モ後者ノ場合モ共ニ(丙罪及殺人罪ノ)中止犯トシテ論セサル可カラス

此ノ説ヲ至當トス。

未遂犯及中止犯ノ處分

未遂犯及中止犯ノ處分。

刑罰ノ觀念ニ於テ人格主義ヲ採ルト事實主義ヲ採ルトニヨリテ未遂罪ノ處分ヲ異ニス人格主義ニヨルトキハ犯人ノ非社會性ヲ主トスルカ故ニ既遂犯ト未遂犯トハ毫モ刑ノ量定ヲ區別スヘキ理由ナキモ事實主義ニヨルトキハ犯罪ノ結果ニ重キヲ置クカ故ニ未遂罪ハ既遂罪ヨリ輕ク處分スルヲ當然トス。

未遂罪ハ其刑ヲ減輕ス

新刑法ハ刑ノ量定ニ就キテハ犯人ノ性格ニ重キヲ置ク處ノ人格主義ヲ採用シタルカ故ニ論理ヲ貫徹センカ爲メニハ必ラスヤ未遂罪ノ觀念ヲ容レ得ヘキ犯罪ニ就キテハ總テ未遂罪ヲ處罰シ且既遂犯ト同一ニ科刑ス可カリシニ拘ラス未遂罪ハ其刑ヲ輕減スルコトヲ得ル旨ヲ規定シ以テ人格主義ニ基ク論理ヲ頓挫セシメタリ而シテ之ヲ輕減スルト否トハ一ニ裁判官ノ職權ニ委ス。

中止犯ハ其刑ヲ輕減又ハ免除ス

中止犯ニ就キテハ其刑ヲ輕減又ハ免除スト規定スルカ故ニ裁判官ハ必ス輕減スルカ又ハ免除スルカ二者其一ヲ選ハサル可カラス。

未遂犯處罰ノ範圍ハ各立法例ニヨリ異ナル、舊刑法ニ於テハ罪ノ重、輕、違

舊刑法ノ規定

刑ノ三分主義ヲ採リ重罪ノ未遂罪ハ總テ之ヲ罰シ輕罪ノ未遂罪ハ各本條ニ特ニ規定セル場合ニ限リ之ヲ罰シ違警罪ノ未遂罪ハ之レヲ罰セサルコトヲ規定シタリシカ現行刑法ハ罪ノ三分主義ヲ認メス總テ犯罪ノ未遂ヲ罰ス可キ場合ハ各本條ニ於テ之ヲ規定スルノ主義ヲ採リ以テ各本條ニ規定ナキトキハ之レヲ罰スルコトヲ許サス而シテ未遂罪ヲ罰スルハ重要ナル犯罪ニ關スル場合ニシテ多クノ場合ニ於テハ未遂罪ヲ不問ニ附シタリ。

新刑法ノ規定

新刑法施行前ニ公布シタル法令ニ於ケル罪ノ未遂罪處罰ノ範圍ニ就テハ刑法施行法第三十二條ニ於テ死刑、無期又ハ短期六年以上ノ懲役若クハ禁錮ニ該當スル範圍ニ於テ未遂罪ヲ罰ス可キ旨ヲ規定シタリ。

新刑法施行前ニ公布シタル罪ノ未遂罪

其三 不能犯

不能犯ノ概念

不能罪ノ概念

不能犯トハ犯罪カ其手段又ハ目的ノ不適合ナル爲メ既遂ニ至ラサル場合ヲ云フ從テ不能犯ハ犯罪不完了ノ一場合ニシテ中止犯ト共ニ廣義ニ於ケ

ル未遂犯ノ一種也然ラハ不能犯ト未遂犯トハ如何ナル關係ヲ有スルカ之レ不能犯ノ概念ヲ明カニスル重要ナル問題ニシテ又學者ノ見解區々ニ分ルル難問ナリ。

不能犯ト未遂犯トノ區別

左ニ不能犯ト未遂犯トノ區別ヲ明カニシ不能犯ノ概念ヲ明了ナラシメント欲ス。

客觀說其一純粹客觀說

第一 客觀說（其一 純粹客觀說）

凡ソ法律カ或ル行爲ヲ罪トシテ處罰スルニハ其行爲カ現ニ或ル實害ヲ生シ又ハ實害ヲ生ス可キ危險アルカ故也故ニ若シ或ル行爲ニシテ實害ハ素トヨリ其危險モナキ場合ニ於テハ假令行爲者ノ意思カ犯罪ヲ行フニアルモ、ソハ單ニ犯意アリト云フニ止マリ犯罪トシテ處罰ス可キモノニアラス蓋シ犯行ナクシテ犯意ノミヲ罰スルハ刑法上ノ大原則ニ背反スルモノナレハ也。

從テ法律カ或ル行爲ヲ罰スルニハ其行爲ト其目的トシタル犯罪トノ間ニ因果關係即チ客觀的危險アルコトヲ要ス換言スレハ實害ヲ發生スヘ

客觀說其二目的物ノ不能手段ノ不能

キ物質上ノ因果關係即チ客觀的ノ危險ナキ場合ニ於テハ其危險ナキコトカ絕對的ナルト將タ相對的ナルトヲ論セス總テ不能犯トシテ論スヘシ故ニ未遂犯ト不能犯トノ區別ノ標準ハ犯人ノ行爲カ其目的トシタル犯罪ト原因結果ノ關係ヲ以テ相連結セラルルヤ否ヤニアリ換言スレハ客觀的危險アリヤ否ヤニヨリテ區別ス可シト。

第二客觀說（其一 目的ノ物不能 手段ノ不能）

目的物ノ性質如何ハ總テノ犯罪行爲ニ於テ刑ノ輕重ニ關係アルノミナラス又其犯罪ノ成立不成立ヲ來スモノ也、而シテ手段ニ至ツテハ或ル僅少ナル例外ヲ除クノ外犯罪的行爲ノ要素ニ影響ヲ及ホスモノニアラス故ニ目的物ニ法定ノ性質ナキコト若クハ目的物ノ不存在ト手段ノ不能若クハ無影響トハ實際上ニ於テ其結果同シカラス換言スレハ目的物ヲ缺如スル場合ハ犯罪ヲ構成セスト雖モ手段ニ關シテハ他ノ事情ノ如何ニ關セス夫レ自體結果ヲ發生スルコト能ハサルモノナリヤ將タ其場合ニノミ限リテ特ニ結果ヲ發生スルコトヲ得サリシモノナリヤヲ考察シ

目物ノ不能ト手段ノ不能トヲ區別スル説ニ對スル批評

前者ニ屬スル場合ハ目的物ヲ缺如スル場合ト同シク不能犯トシ後者ニ屬スルトキハ未遂犯トシテ處罰ス可シト此ノ説ハミッテルマイヤノ主唱セシ所ナリシカ後ニ至リテ絶對不能ト相對不能トヲ分チテ兩者ノ區別ヲ論スルノ學説ヲ創始セリ。

目的物ノ不能ト手段ノ不能トヲ區別スル説ニ對シテハ左ノ如キ批評アリ。

抑モ犯罪ハ目的物ト手段トノ綜合ニヨリテ完成スルモノニシテ具體的ニ一ノ行爲カ法律ノ保護スル利益ヲ害スルヤ否ヤ即チ犯罪トシテ成立スルヤ否ヤハ目的物ト手段トノ二ツヲ連結シテ審案セサル可カラス從テ目的物ノ不存在ハ犯罪ヲ阻却シ手段ノ不適合ハ然ラスト云フハ偏見也例ヘハ毒物ト信シテ牛乳ヲ飲用セシムル場合ハ手段ニ關スルモ何等ノ害ヲ生セサルニ非スヤ若シ夫レ此ノ場合ハ犯人ニ何等ノ錯誤ナクシテ毒物ヲ施用セハ即チ毒殺罪ヲ構成スト云ハハ目的物ノ不存在ノ場合例ヘハ甲ト信シテ石燈籠ヲ狙撃シタル場合ニ於テモ亦偶然ノ錯誤ナカリセハト云ヒ得ヘシ。

客觀說 其三 絕對的不能相對的不能

第三 客觀說（其三 絕對的不能相對的不能）

此說ニヨレバ不能ヲ分チテ絕對的ノ不能及相對的ノ不能トナシ他ノ一方ニ於テ目的物ニ就テノ不能及手段ニ就テノ不能ニ分別シ(一)目的物又ハ手段ニ就テノ絕對不能ノ場合ハ即チ行爲者ノ意中ニ存スル目的物又ハ行爲者ノ採リタル手段カ其性質上如何ナル場合ニ於テモ結果ヲ生セサル場合ヲ云ヒ此ノ場合ヲ不能犯トシ(二)目的物又ハ手段ニ就テノ相對的不能トハ行爲者ノ意中ニ存スル目的物又ハ行爲者ノ採リタル手段カ其性質上結果ヲ生シ得可カラサルニ非ラサルモ偶々實在シタル特別ノ事情ノ爲メ結果ヲ生スルニ適セサリシ場合ヲ云フ此ノ場合ヲ未遂犯トシテ處罰ス。

蓋シ未遂犯ハ實行ノ端緒ヲ含ムモノナルカ故ニ實現スルコトヲ得ヘカラサル犯罪ニハ既遂未遂ノ問題ヲ生セサルモ相對不能ノ場合ニハ其犯行カ結果ヲ生ス可キ具體的危險ヲ存スルニ拘ラス犯人意外ノ偶然ナル障碍ニヨリ結果ヲ生セサルカ故ニ未遂犯トシテ處罰スヘシト。

絶對不能ト相對不能トヲ區別スル說ニ對スル批難

此ノ說ニ對シテハ左ノ如キ批難アリ。

元來特定ノ所爲ハ結果ヲ惹起スル原因タルカ又ハ原因タリ得サルカノ二者其一ヲ出テス手段若クハ目的ニ對シテモ亦不能ナルカ不能ナラサルカノ一ニ處ルヘク其不能ノ場合ハ常ニ絶對不能ニシテ觀念上相對不能ナルモノヲ想像スルコトヲ得ス此ノ不適合ナル標準ヲ以テ區別ス其謬說タルヤ明々白ト。

客觀說 其四 事實上ノ不能 法律上ノ不能

第四　客觀說（其四 事實上ノ不能 法律上ノ不能）

事實上ノ不能トハ常ニ犯人意外ノ障碍ニヨリテ結果ノ發生セサル場合ニシテ法律上ノ不能トハ犯罪構成要素ノ一ヲ缺如スルカ爲メニ刑法上ノ犯罪ヲ構成セサル場合ヲ云フ、而シテ法律カ未遂ヲ罰スルニハ結果ノ如何ヲ問フコトナク單ニ犯人カ實行ノ端緒タル可キ程度ノ行爲ニヨリ外部ニ表示セラレタル犯罪ノ意思ハ總テ之ヲ罰スルモノナルカ故ニ犯人ノ意外ノ障碍ニヨリ遂ケサルトキハ其實現シ得ヘキモノナルヤ否ヤ又其實現スルコトヲ得サル原因ノ如何ヲ問ハス未遂犯トシテ罰ス可キ

事實上ノ不能ト法律上ノ不能トヲ區別スル說ニ對スル批評

モノ也何トナレハ未遂犯トハ犯罪構成要素ノ總テヲ具備シ唯單ニ行動ト目的トノ間ニ於テ因果ノ連絡ヲ缺如スルヲ其本質トスレハ也。反之法的不能トハ法律カ定義シ又ハ豫見シタルカ如キ犯罪ノ不存在ニ歸著スル場合ニシテ即チ犯人ノ行爲カ犯罪タル結果ヲ目的トスルモ或ル犯罪ノ主要ナル要素ヲ缺如スルニヨリ其行爲ハ單ニ無意義ノ行動トナリ犯罪ヲ構成セサル場合ヲ云フ例ヘハ不懷胎ノ婦女カ墮胎行爲ヲ行ヒ死兒ニ向ツテ殺人行爲ヲ敢テスルカ如シ故ニ法的不能ノ場合ニ於テハ罪ヲ犯スカ爲メニ企行サレタル犯人ノ行動ハ犯罪ノ構成要素ヲ缺如スルカ故ニ著手又ハ缺効未遂ヲ存セスト。

此ノ說ニ對シテハ左ノ如キ批難アリ。

(一) 法律上ノ構成要素ヲ具備シタル犯罪ニ不能犯ナシ、不能犯ハ常ニ法律上ノ要素ヲ具備セサルコトヲ前提トシテ論セラル從テ此說ハ不能犯ト未遂犯トノ關係ニ對シテ何等ノ說明ヲ與ヘタルモノニアラス。

(二) 若シ夫レ其引例ノ如ク毒殺ハ毒物ノ使用ヲ以テ犯罪構成ノ要件ト

スルカ故ニ毒物ニアラサルモノヲ使用シタル場合ハ無罪ナリト云ハハ殺人罪ハ殺人ノ手段ニ就テ何等ノ制限ヲ置カサルカ故ニ同一場合カ毒殺罪トシテハ無罪トナランモ殺人罪トシテ有罪ト決定セサル可カラサル奇觀ヲ呈セン。

第五　主觀說（不能犯否認論）

主觀主義者ハ先ツ客觀說ノ根柢ヲ破碎シテ以テ自己立論ノ根據ト爲ス、曰ク客觀說ニヨレハ未遂犯ハ犯人ノ行爲ト結果トノ間ニ於ケル可能的ナル因果關係ノ存在ヲ要件トシ其可能的ナル因果關係ヲ缺如スル場合ヲ不能犯トスルモノノ如シ、然レトモ其因果關係ナルモノハ果シテ實在ノ關係カ將タ又無形ノ因果關係カ未遂犯ハ結果ヲ缺如スル犯罪ナリ從テ事實ニ於テ行爲ト結果トノ間ニ實在ノ因果關係アルヘキ筈ナシ、然ラハ其因果關係ハ無形即精神的ノ因果關係ナルカ、無形ノ因果關係ナラハ如何ナル未遂犯モ亦之ヲ有ス其間因果關係ノ多少ヲ論スルコトヲ得ス。或ハ云フ未遂犯ノ場合ハ犯人ノ行爲カ結果ニ對シテ可能性ヲ有スルモ犯人意外ノ障碍ニヨリ結果ノ發生セサルモノニシテ不能犯ノ塲合ハ如何ナル手段ヲ以テスルモ結果カ發生セサル塲合ナリト去レト結果發生ノ不能ト可能トヲ問ハス既ニ犯人ニ於テ之カ豫備行爲ヲナシ之ヲ實行シタルトキハ犯人ノ犯意ト犯人ノ實現セントスル結果(無形ノ)即チ犯罪トノ間ニハ主觀的ノ因果關係ヲ存ス只結果ノ發生セサルハ可能ト不能トヲ問ハス本人ノ偶然ナル錯誤ニ起因スルモノナリ果シテ然ラハ同シク錯誤ヲ原因トスル偶然ナル出來事ノ差異(錯誤ノ差異)ヲ以テ一ヲ未遂トシ一ヲ不能トスルハ論理ニ適合セス。

元來未遂犯ヲ罰スルハ結果ノ發生ヲ俟タサルモ其行爲自體ニヨリテ犯意ノ存在ヲ認知スルコトヲ得ルニヨル果シテ然ラハ不能犯ノ觀念ハ犯人ノ主觀ニ就テ論シ苟クモ犯意ヲ遂行セント欲シテ行爲ニ出テタルトキハ之ヲ未遂トシテ論セサル可カラス然レトモ絕對ニ犯意サヘ明白ナラハ罰スヘシト云フニ非ス例ヘハ不懷胎ノ婦女ノ墮胎行爲殺人行爲ニヨル樹幹ノ狙擊ノ如キ之レヲ主觀的ニ犯人ノ意思ヨリ見レハ犯人ノ自

由若クハ豫備陰謀ノ塲合トハ其間決意ノ强弱ヲ異ニシ之ヲ客觀的ニ外部ニ表現サレタル行動ノ上ヨリ論スルトキハ犯罪ノ意思アルコトヲ自白シ豫備若クハ陰謀ヲナシタリト云フカ如キ塲合ト同一ノ階段ニアリト看做スコトヲ得ス從テ是等ノ行爲ヲ未遂犯トシテ罰スルハ社會カ之レニヨリテ威嚇セラルル程度ガ自白豫備若クハ陰謀ノ塲合ト格段ノ差アルコトヲ注意スルヲ要ス。

第六 折衷說（格段ナル危險說）

危險說ノ代表者ヲ獨ノリストトス其論スル所ヲ概括スレハ左ノ如シ。

不能犯ニ關シテハ法律其規定ヲ缺クカ故ニ其企行未遂ヲ罰スルハ所爲ノ危險ナルコト特ニ意思的行動カ結果ヲ發生セシムルニ適スルヤ否ヤニアリト云フ理由ヨリ演繹シテ危險ナル企行ハ之ヲ罰シ然ラサルモノハ之レヲ罰セストノ原則ヲ生ストノ前提ノ下ニ論シテ曰ク、

（一） 企行未遂ハ其行爲ニヨリ結果ヲ發生セシムルコトニ最モ近キ可能ナルコトカ存在セシトキ從テ結果カ發生スヘシトノ無理ナラヌ危險

危險ノ有無ヲ判斷スル標準

主觀的ニ危險ノ存在スルコト

ノ存セシトキニ於テ危險アリト云ヒ得。

(二) 而シテ危險ノ有無ヲ判斷スル標準ハ。

(イ) 其所爲ニ伴隨スル特別ナル諸般ノ事情ヲ斟酌シテ具體的ニ決定スヘク濫リニ一般ノ標準ヲ豫定シ之ニヨリテ決定ス可カラス。

(ロ) 判斷者ハ自己ヲ所爲ノ行ハレタル瞬間ニ置キ其當時ニ於テ一般ニ認識シ得ヘキ諸般ノ事情又ハ唯犯人ノミノ認識シタル諸般ノ事情ヲモ考覈シテ審判スルコトヲ要ス然レトモ所爲ノ後時ノ經過ニヨリテ始メテ發覺シタル諸般ノ事情ハ之ヲ斟酌ス可カラス。

(ハ) 所爲ノ瞬間ニ於テ一般ニ認識シ得ヘキ諸般ノ事情又ハ犯人カ認識シタル諸般ノ事情ヲ考覈シ所爲カ結果ヲ發生セシムルニ全然不適當ナリト見ユルトキニ限リ企行未遂ハ危險ナキモノニシテ罰セサルモノトス。

(三) 故ニ例ヘハ不懷胎ノ婦女ノ墮胎行爲モ若シ懷胎ガ絶無ト認メラレサル限リハ之ヲ處罰スルコトヲ得ヘク死生兒ニ對スル殺害行爲モ死

格段ナル危險説ニ對スル批評

生兒ト云フコトカ疑ヒナキニアラサル限リハ之レヲ處罰スルコトヲ得ヘシト。

格段ナル危險説ニ對スル批評。

吾カ法曹界ハ殆ントリストニ依テ風靡セラルルノ觀ヲ呈シリストノ門弟甚タ多シ而シテ本説ノ如キ又一種獨創ノ見地アルカ如クニ觀察セラルル結果此説ヲ主張スルモノ尠カラサルモ仔細ニ其所論ヲ點檢スルトキハ只別名同意義ニ過キサルカ如シ。

リストハ曰ク「危險トハ一定ニシテ且意思的行動ノ瞬時ニ存在シ又ハ唯單ニ所爲者ノミニ知ラレタル事情ヲ綜合シ公平ナル判斷ニ於テ可能若クハ多分然ルヘシ随テ實害カ結果トシテ發生スヘシトノ當然ナル危惧ノ念ノ存スヘキ狀態ヲ云フ」ト説明ス其引例トシテ不懷胎ノ婦女ト雖モ墮胎行爲ノ當時常態的ナル犯人ノ知覺ニ於テ結果ヲ生ス可シト確信シ裁判官モ亦若シ其身ヲ犯人ト同一ノ地位ニ置カハ疑念ヲ抱クヘキ事情アルトキハ危險アリト稱ス、從テ之ヲ總テノ未遂犯ニ演繹センカ犯人ノ總テハ稀有ノ例外ヲ除クノ外殆ント未遂犯トシテ處罰セサル可カラサルニ至ルヘク予輩ハ適説ニ從ヒ折衷説トシテ掲ケタルモ實際ノ適用ニ於テハ主觀主義ト何等選フ所無キニ至ルヘク只タ稀有ノ例外即チリストカ自カラ引例セル、迷信ニ基キ事物ノ物理關係ヲ無視シタル行動及ヒ何人ニモ知レ渡リタルコトヲ知ラサルニ本ク大錯誤ノ場合ニ限リテ結論ヲ異ニスルノミノ結果ヲ生セン、

主觀主義ト客觀主義ニ對スル批評

主觀主義ト同一ナラハ尚ホ可也然レトモ物理上實害ヲ生スヘキ傾向アリタルト否トヲ問ハスシテ單ニ危惧ノ念ノ生ス可キ狀態ヲ以テ未遂犯ヲ構成スルモノトセハ既遂犯ト未遂犯トハ別個ノ犯罪タル奇觀ヲ呈セン蓋シ既遂ハ實害ノ生スルヲ要素トシ未遂ハ人心ニ危惧ノ念ヲ生セシムル狀態ヲ要素トスト結論セサル可カラ。サレハ也。

以上學説ノ大要ト之ニ對スル批評トヲ試ミタリ、

最後ニ主觀説ト純粹客觀説トニ就テ一言セサル可カラス

純粹客觀說ハ手段ト目的トノ双面ヨリ觀察シ不能ヲ絶對ト相對トニ分別スルコトナク物理上犯罪トシテ實害ヲ生スル危險即チ可能的關係ヲ有セサルモノヲ不能犯トシ客觀的不能ノ行爲ハ無論不能犯トシ所謂相對的不能ノ場合ニ於テハ物理上犯罪タル實害ヲ生スルノ危險即チ結果發生ノ不能的關係ノ有無ハ之ヲ著手ノ時ニ鑑別シ著手ト見ルヘキ時ニ於テ不能的ナラサルモノハ不能犯トス從テ其危險ハリストノ危險ト異ナリ危惧ノ念ヲ生スヘキ狀態ニ止マラスシテ實際手段ト目的物トノ關係ニ於テ物理上犯罪トシテノ實害ヲ生スヘキ狀況ニアルコトヲ要ス

反之主觀說ハ犯人ノ犯意其モノニ重キヲ置キ客觀的行爲ノ實害ヲ生スル危險アルヤ否ヤヲ問ハサルモノニシテ客觀說トハ全然相反撥スルモノニシテ兩者共ニ極端ニ走ルノ感アリト雖モ眞理ハ常ニ兩極端ニ存ス。從テ

(1)主觀主義者カ行爲ト結果トノ因果關係カ共ニ無形ノモノナリセハ兩者ノ區別ヲ說クヘキニアラスト主張スルニ對シ客觀主義者ハ苟クモ

手段ト目的トノ關係ニ於テ物理上實害ヲ發生スヘキ可能的關係アルニ於テハ兩者ノ區別ヲ設ケサル可カラスト主張シ、

(2) 主觀主義者カ未遂犯モ不能犯モ共ニ本人ノ錯誤ニ基因スルモノニシテ錯誤ノ大小ニヨリテ兩者ノ區別ヲナスハ不當ナリト主張スルニ對シ客觀主義者ハ幵ハ論者カ主觀的ニ犯人ニ責任アリトノ前提ヲ有スルカ爲メニ斯ノ如キ論結ヲ生スルモ犯罪ハ主觀的方面ノミニヨリテ決ス可カラス主觀的要件ニ伴フ客觀的行爲(結果)アルコトヲ要ストノ前提ヨリスレハ客觀説ニ走ラサル可カラスト主張ス、

以上ノ如クナルヲ以テ主觀主義ト客觀主義トハ枘鑿相容レス而シテ刑法ハ又何等不能犯ニ就テ規定スル所ナキカ故ニ兩者ノ是非ハ理論ヲ以テ決ス可カラス。

刑法ノ基礎的觀念ヲ異ニスルニヨリヲ異ル予ハ主觀主義ヲ採ル

雖然兩者ノ論爭ノ根元ハ畢竟刑法ノ基礎的觀念タル客觀主義、主觀主義ニ因ス從テ人格主義ニ重キヲ置ク論者ハ主觀主義ニ走リ然ラサルモノハ客觀主義ヲ採ル予ハ理論ヲ一貫スル爲ニ暫ク主觀主義ニ與ミセント欲ス。

立法論

立法論
折衷主義ヲ可トス

立法論トシテ之ヲ視ルモ犯人其モノノ惡性ニ重キヲ置クハ刑事政策ノ當ヲ得タルモノナルハ既ニ前編ニ於テ述ヘタルカ如シ只タ現時ノ社會狀態ニ於テハ立法論トシテハ俄カニ主觀主義ニ趨ル可カラス又客觀主義ニ趨ル可カラス場合ヲ分チテ或ル種類ノ犯罪ノ不能ハ他ノ可能ナルモノト共ニ處罰シ成ル種類ノ犯罪ノ不能ハ之ヲ處罰セサル折衷的立法ヲ試ミルコトヲ要ス、

新刑法ニ規定ナキハ缺點也

新刑法カ此點ニ就テ何等ノ規定ヲ置カサリシハ予輩ノ最モ惜ム處也。

第二節　單獨犯及共犯

總論

總論

一ノ犯罪ニハ一人ノ正犯アルコトアリ數人ノ正犯アルコトアリ又一人若シクハ數人ノ教唆犯又ハ從犯アルコトアリ一人カ獨立シテ罪責ヲ負フ

單獨犯

共犯

正犯敎唆犯從犯

場合ヲ單獨犯ト稱シ數人ノ行爲カ合一シテ犯罪ヲ成立セシメ數人共ニ罪責ヲ負フ場合ヲ數人共犯ト稱ス、一人カ單獨ニ罪責ヲ負フ場合ニ二アリ自己ノ行爲ニヨリテ單獨犯タル場合及ヒ自己以外ノ人類ノ行爲ニヨリテ單獨犯タル場合之レナリ前者ヲ直接正犯ト稱シ後者ヲ間接正犯ト稱ス、數人共犯ノ場合ニアリテハ罪責ヲ負フモノノ行爲ノ態樣如何ニヨリテ正犯、敎唆犯及從犯ニ分別シ、實行々爲ヲ爲スニヨリ罪責ヲ負フモノヲ正犯ト稱シ犯罪ノ決意ニ原因ヲ與フルニヨリテ罪責ヲ負フモノヲ敎唆犯ト稱シ正犯行爲ヲ幇助スルニヨリテ罪責ヲ負フモノヲ從犯ト稱ス、

一ノ犯罪アレハ必ス正犯アリ正犯ナキ犯罪ノ成立ハ之ヲ認ムルコトヲ得ス故ニ單獨犯ハ常ニ正犯ニシテ敎唆犯若シクハ從犯ニヨリテ罪責ヲ負フヘキ場合ナク敎唆犯若シクハ從犯ハ正犯ナクシテ成立スルコトナシ、

第一款　直接正犯

直接正犯ノ意義

直接正犯トハ一人ノ行爲ニヨリ其一人カ獨立シテ罪責ヲ負フ場合ヲ云

フ、一人ノ行爲カ人類以外ノ行爲ニ非ラサル他ノ動力ト相俟ツテ犯罪構成要素ヲ完成シタルトキモ亦直接正犯ニシテ一人カ人類ノ意思ニ基カサル身體ノ運動ヲ利用シテ罪素タル結果ヲ完成セシメタル場合ニハ直接正犯ニ非ズシテ間接正犯ナリ一人カ他人ノ故意ニ基ケル行動ト相俟ツテ犯罪構成要素ヲ完成シタルトキハ間接正犯ニ非スシテ數人共犯ノ觀念ニ屬ス

間接正犯ト共犯トノ差異

共犯ハ後チニ説明スルカ如ク二人以上ノ行爲者カ共ニ責任能力者ニシテ犯罪事實ノ觀念ヲ有シ且ツ其間ニ意思ノ連絡アルコトヲ要ス此條件ヲ具備スル場合ニ於テ二人以上カ共ニ實行ニ與ルトキハ共同正犯トナリ一人カ實行ニ與ラスシテ他ノ犯人ノ犯罪決意ヲ惹起スルニ止ルトキハ敎唆犯トナリ其犯罪行爲ヲ幇助スルトキハ從犯トナル此條件ヲ具備セサル場合ニ於テ歸責無能力者ノ行爲ヲ利用シタルトキハ間接正犯トナリ人類以外ノ自然界ノ動力ヲ利用シテ犯罪構成要素ヲ具備シタルトキハ即チ直接正犯ナリ從テ直接正犯ハ行爲者カ犯罪事實ノ觀念ヲ有セサル場合ニ於テモ成立スル場合アリ過失犯之レナリ、

要之自己ノ行爲ノミニヨリテ又ハ人類ノ行爲ニ非ラサル他ノ動力ヲ利用シテ犯罪構成要素ヲ完成シタル場合ヲ直接正犯ト稱ス、

第二款　間接正犯

間接正犯ノ意義

直接正犯ニ對シテ單獨ニ責任ヲ負フ場合ヲ間接正犯ト稱ス間接正犯トハ自ラ事ヲ行ハスシテ他人ノ行爲ヲ利用シ犯罪構成要素ヲ充實シタル場合ヲ云フ換言スレハ數人カ同一犯罪事實ノ成立ニ關聯スルニ係ハラス單獨正犯ヲ存スルノミニシテ共犯關係トナラサル場合ナリ即チ被利用者カ利用者ト共同シテ罪責ヲ負ハスシテ被用者ノミ單獨ニ責任ヲ負フ場合ナリ

共犯ノ一態様ナリトノ説

然レ共數人共犯ノ觀念ニ對シ行爲合同論ヲ主張スルモノハ間接正犯ノ觀念ヲ否認シ行爲カ客觀的ニ合一的觀察ヲ下スヘキ場合ハ總テ之ヲ共犯關係トシ間接正犯ノ場合ヲ以テ共犯ノ一態様ナリトス故ニ此説ニ從フトキハ共犯ノ觀念ニ於テ犯罪事實ニ對スル相互認識ヲ要セズ從テ又過失犯ト然ラサルモノトノ共犯關係ヲ認ムルコトヲ得、

共犯ト間接正犯

間接正犯ノ成立スヘキ場合

(甲)責任無能力者ヲ利用シテ犯罪ヲ犯サシメタル場合

(乙)犯罪事實ニ就テ

予輩ハ共犯ノ觀念ニ於テ犯罪合同論ヲ採ラス又行爲合同論ヲ採ラス蓋シ犯罪合同論ハ主觀的觀察ニ偏シ行爲合同論ハ客觀的觀察ニ偏スレハナリ、予輩ノ信スル所ニヨレハ共犯ノ觀念ハ主觀客觀兩方面ヨリ觀察スヘキモノニシテ即チ客觀的ニハ行爲カ合一シテ觀察サルルコトヲ要シ主觀的ニハ二人以上ノ犯人カ共ニ犯意ヲ有シ意思ノ聯絡ハ一方的ナルヲ以テ足リ双方的聯絡アルコトヲ要セスト信ス故ニ又間接正犯ノ觀念ヲ認ム、換言スレハ二人以上ノ犯人カ共ニ故意ニ基ク罪責ヲ負フ場合ヲ以テ共犯トシ然ラサル場合即チ二人以上ノ犯人アルモ單ニ一人ノミ故意ニ基ク罪責ヲ負フ場合ヲ間接正犯ト信スルナリ(第三節共犯論參照)

今理論上間接正犯ノ成立スヘキ場合ヲ想像スレハ略ホ左ノ如シ、

(甲)責任無能力者ヲ利用シテ犯罪ヲ犯サシメタル場合、

例ヘハ十四歳未滿ノ幼者ヲ使嗾シ他人ノ物品ヲ窃取セシメ又ハ精神病者ニ刀ヲ授ケテ他人ヲ殺害セシメタル場合(大審院ノ判例モ亦之ヲ認ム明治卅七年判決錄二四一五頁)

(乙)犯罪事實ニ就テ認識ヲ有セサル者ヲ利用シテ自己ノ犯意ヲ遂行シタル

認識ヲ有セサル者ヲ利用シテ自己ノ犯意ヲ遂行スルコト

トキ例ヘハ醫師カ毒藥ヲ藥ナリト信セシメ看護婦ヲ利用シテ患者ニ之ヲ服用セシメタル場合若クハ丙者カ甲ヲ欺キ乙者ニ屬スル物件ヲ自己ニ屬スルモノト信セシメ之ヲ毀損セシメタル場合

此點ニ就テハ間接正犯ニ非スト云フ論者アリ岡田博士ノ如キ即チ之レナリ而シテ大審院ノ判例ハ予輩ノ說ト同シ(明治三十年大審院判決錄二卷五九頁)

(丙)他人ノ違法ナラサル行爲ヲ利用スルトキ

(丙)他人ノ違法ナラサル行爲ヲ利用スル場合

例ヘハ詐欺若シクハ強制ニヨリ他人ヲ急迫危難ニ陷レ其防衛行爲ヲ利用シテ犯罪ヲ犯サシメタル場合

(丁)特種ノ目的ヲ有セサル者ヲ利用シテ特種ノ目的ヲ要スル犯罪ヲ犯サシメタルトキ

(丁)犯罪カ特定ノ目的ヲ以テ其構成要素トスル場合ニ其目的ヲ有スルモノカ其目的ヲ有セサル者ヲ利用シテ此目的ヲ要素トスル犯罪ヲ犯サシメタル場合

或ハ自己ヲ精神喪失ノ狀況ニ陷レ以テ犯罪ヲ遂行シタル場合ヲ間接正犯ノ觀念ヲ以テ說明スル學者アリ(第三章第二節責任無能力ノ原因參照)

如何ナル犯罪モ間接正犯ヲ以テ犯シ得ルヤ

如何ナル犯罪モ間接正犯ヲ以テ犯スコトヲ得ルヤ

第一説積極説

如何ナル犯罪ト雖モ間接正犯ヲ以テ犯スコトヲ得ト從テ精神病ニ罹レル官吏ヲ敎唆シテ收賄セシメタルモノハ收賄罪ノ間接正犯トナルヘク有夫ノ婦ニ强制ヲ加ヘ他ノ男子ト通セシメタル男子ハ有夫姦ノ間接正犯ナリト認メサルヘカラス。

第二説消極説

直接正犯ヲ以テ犯スコトヲ得サル犯罪ハ又間接正犯ヲ以テ犯スコトヲ得スト此説ニヨルトキハ前例ノ如キ場合ニ於テハ間説正犯ヲ認ムルコトヲ得ス

第三説折衷説

折衷説ハ場合ヲ分チテ間接正犯ヲ以テ犯シ得ヘキ罪ト然ラサルモノトヲ分ツ。

(一)法律ノ規定　法律ノ規定ニヨリ間接正犯ヲ認ムル能ハサル場合アリ殊ニ其性質上間接正犯タルヘキ場合ヲ法律カ獨立罪トナシタル場合

ニ於テ然リ、

（二）身分ヲ要スル場合

（二）身分ヲ要スル場合　特別ノ身分ヲ以テ犯罪ノ構成要件トスル場合ニ於テハ身分ナキモノハ身分アルモノヲ利用シテ此種ノ犯罪ヲ犯スコトヲ得ス但シ身分ヲ有スルモノハ身分ナキモノヲ利用シテ間接正犯ヲ犯スコトヲ得、

（三）結果ノ發生ヲ以テ犯罪ヲ構成スル場合

（三）結果ノ發生ヲ以テ犯罪ヲ構成スル場合　此ノ場合ニ於テハ常ニ間接正犯ヲ認ムルコトヲ得例ヘハ强姦罪ハ女子ノ健康又ハ貞操ヲ侵害スル結果ノ發生スル事實ヲ以テ犯罪成立ノ要素トナス故ニ責任能力ナキ男子ヲ敎唆シテ婦女ヲ强姦セシメタル女子ハ强姦罪ノ間接正犯ナリトス、

斷定

要之間接正犯ナル觀念ハ人ヲ器械トシテ自己カ罪ヲ犯スコトヲ指稱スルモノニシテ他人ノ行爲ヲ利用スルモノナリ而シテ新刑法ニ於テハ其第六十五條第一項ニ於テ身分ナキモノカ身分ヲ必要トスル犯罪ノ主體ト爲リ得ルコトヲ認メタリ從テ身分ナキモノカ身分アル犯罪ヲ犯シ得ル場合

アリト認ムルハ必スシモ不當ニアラス例ヘハ懷胎ノ狂婦ヲ敎唆シテ自ラ墮胎セシメタル場合若シクハ精神喪失中ノ官吏ヲ使嗾シテ職權ヲ濫用セシメタル場合ノ如キハ之ヲ間接正犯ト認ムルコトヲ得ヘシ果シテ此論結ヲ正當ナリトセハ本問ハ前記(一)ノ場合ヲ除クノ外之ヲ積極ニ斷定スルコトヲ得ヘシ。

第三款　共犯ノ概念

共犯ノ概念

共犯トハ二人以上カ共同シテ罪責ヲ負フヲ云フ共犯ノ概念ニ關シテ二個ノ說アリ犯罪合同論ト行爲合同論ト之レナリ。

第一　犯罪合同論

第一犯罪合同論

犯罪合同論ハ共犯ヲ以テ數人ノ共犯ニヨリ一罪ヲ成立セシムルモノ即チ同一犯罪ニ對スル數人ノ加功ナリトス、故ニ共犯ノ場合ニ於テ成立スル犯罪ハ其各共犯者ニ常ニ同一ニシテ罪トナラサル行爲ニ對スル加功ハ共同關係ヲ生スルコトナシトス例ヘハ一個ノ竊盜又ハ殺人ナル犯罪カ數人ニヨリテ犯サルルモノナルガ故ニ共犯者ハ皆同シク窃盜犯又ハ殺人犯トシテ罪責ヲ負フカ如シ。

第二行爲合同論

第二　行爲合同論

共犯ハ數人カ各犯罪ヲ犯スニ當リ共同ノ行爲ヲ以テスルモノ卽チ共犯者ハ常ニ他人ノ行爲ヲ利用シテ罪ヲ犯スモノナリ換言スレハ行爲合同論ハ數人ノ行爲ヲ合一的ニ觀察スルニ止マリ結果其他ノ事情ハ共犯者各自ニ對シ各別ニ評價スルガ故ニ各種各別ノ犯罪ノ成立スルコトアリ又一人ノ犯罪ノ不成立ハ他ノ共犯者ノ地位ニ影響ヲ及ホサルルモノトス、例ヘハ同シク共同ノ行爲ニ出テタル場合ト雖モ犯意アルモノニ對シテハ殺人犯トナリ殺意ナキモノニ對シテハ傷害罪トナルニ過キスト通說ハ犯罪合同論ナルモ刑法學上近時ノ趨勢ハ後說ニ從フニ似タリ而シテ此ノ觀念ノ差ハ諸種ノ適用ニ於テ多大ノ差違ヲ來ス、例ヘハ前說ニ從フトキハ間接正犯ヲ認ムルコトヲ得ルモ後說ニ從ヘハ間接正犯ハ單獨犯ニ非スシテ共犯ノ一態樣タルニ過キス

兩說ノ差

然レ共兩說ノ差ハ行爲ヲ主觀的ニ觀察スルカ客觀的ニ觀察スルカニヨリテ區別セラルルモノニシテ犯罪合同論ニ從フモ共犯者ノ責任ハ各自犯意ノ存スル限度ニ於テ制限サレ、行爲合同論ニ從フモ犯人ノ意思ヲ除外シテ行爲ノミニヨリテ共犯ノ觀念ヲ定ムルトキハ同時犯トノ區別ヲ認ムルコト能ハサルニ至ル、故ニ予輩ハ共犯ノ觀念トシテハ一方ニ於テ行爲ヲ客觀的ニ觀察スルト共ニ他方ニ於テ犯罪事實ノ認識ハ相互的ナルコトヲ要スルヤ將タ一方的ナルヲ以テ足ルカノ主觀的觀察ヲ要スト信スルモノナリ。(前節第二款間接正犯參照)

兩說共ニ理論ヲ一貫スルコトヲ得ス

予輩ノ見解

而シテ所謂犯罪合同論ニ從フトキハ即チ意思ノ方面ニ於テ相互加工ノ認識ヲ要スル說ニ歸著スヘク行爲合同論ニ從フトキハ一方的認識ヲ以テ足ルトノ說ニ歸著スルニ至ルトセハ即チ行爲合同論ニ贊同シ行爲合同論者カ其行爲ノミヲ云爲シテ意思ニ及ハサル點ニ於テ之レヲ採ラス

第一項　共犯ノ種類

共犯ノ種類

共犯ハ之ヲ別チテ任意共犯ト必要共犯トノ二トナス

一任意共犯　二必要共犯

任意共犯トハ一人單獨ニテ犯スコトヲ得ル犯罪ヲ數人カ共同シテ犯ス場合ヲ云ヒ必要共犯トハ數人共同スルニ非ラサレハ成立スルコトヲ得サル犯罪ヲ云フ、竊盜行爲ヲ數人共同シテ犯スハ前者ノ例ニシテ内亂罪決鬪罪ノ如キハ後者ノ適例ナリ。

必要共犯ノ二分類

必要共犯ハ更ラニ別チテ二トナス、會合共犯ト集合共犯ト之レナリ

(1)會合共犯

會合共犯トハ一方ノ行爲ト他ノ一方ノ行爲トカ競合スルニヨリテ成立スル犯罪ニシテ集合共犯トハ數人カ外部ニ對シテ不法ナル共同勞力ヲ及ホス場合ニ存ス決鬪罪姦通罪ハ前者ノ適例ニシテ内亂罪騷擾罪ハ後者ノ適例ナリ。

(2)集合共犯

集合共犯ハ各本條特別規定ノ範圍内ニ屬セサル部分ニ就テハ總則共犯ノ適用ヲ受クルモ會合的必要共犯相互間ノ關係ニ就テハ爭アリ、一派ノ論者ハ必要的共犯關係ニ於テ法律カ特ニ一方ヲ處罰スル場合ニ於テハ他ノ一方ハ當然處罰セラレサルモノト解セサル可カラストノ消極説ヲ主張シ

他ノ一派ノ論者ハ他ノ一方ヲモ必要共犯トシテ處罰セサル可カラストノ積極論ヲ主張ス、前説ヲ以テ正當ナリトス。

會合的共犯ヲ嚴格ノ意味ニ於テ云フトキハ双方共ニ罪責ヲ負フ場合ニ限ル、例ヘハ收賄罪、重婚罪、姦通罪等ノ如シ。

共犯成立ノ要件

第二項　共犯成立ノ要件

共犯モ亦犯罪ノ一態様ニ過キサルカ故ニ犯罪ノ成立上必要ナル主觀的要素ト客觀的要素トヲ具備スルコトヲ要ス。

第一主觀的要素

第一　主觀的要素

意思ノ聯絡ハ相互認識ヲ要スルカ

共同者各自ノ行爲カ有責ナルコトハ無論、更ラニ共同犯罪ノ認識アルコトヲ要ス、換言スレハ共犯者ハ自己ノ行爲カ他人ノ行爲ト相俟ツテ一定ノ犯罪ヲ成立セシムルコトヲ認識セサル可カラス、此認識ヲ缺如スルトキ即チ意思ノ聯絡ナキトキハ共犯ニアラスシテ同時犯ナリ。

意思ノ聯絡ハ相互認識ヲ要スルヤ。

第一説双面説

第一説　犯罪合同論ヲ主張スル論者ハ犯罪實行前ニ共犯者間ニ共通意思アルコトヲ要スト主張シ事前ニ相互加功ノ認識ナキトキハ各自單獨犯ヲ成立セシムルノミニシテ共犯關係ヲ生セスト。

第二説片面説

第二説　行爲合同論ヲ主張スルモノハ曰ク、共犯ノ觀念ハ双面的ナルヲ要セス各種ノ態樣ニ通シテ認識アルモノノ方面ニ於テノミ共犯關係ヲ生ス換言スレハ一方的共犯ヲ認ムルコトヲ得ト。

第三説折衷説

現行法上ノ解釋

第三説　ハ折衷説ニシテ理論ハ別トシ此現行刑法上ノ解釋トシテハ共同正犯ノ成立ニハ共同犯者相互ニ犯罪加功ノ認識アルコトヲ要シ、敎唆及幇助犯ノ場合ニハ獨罪ノ性質トシテ其本人ニ共犯ノ認識アルコトヲ要セス單ニ敎唆者及幇助者ノ方面ニ於テノミ加功ノ認識アルコトヲ以テ足ルト解釋スルヲ穩當トスト然レ共理論上ノ見解トシテハ片面的認識ヲ以テ足ル。

第二客觀的要素

第二　客觀的要素

一般犯罪ノ客觀的要素ヲ具備スルニ非ラサレハ行爲ノ違法性ヲ缺如

ス、換言スレハ數人カ有責行爲ヲ以テ犯罪構成要素トナルヘキ他人ノ有責行爲ニ加功シ同一犯罪事實カ數人ニヨリ犯サレタル場合ニアラサレハ共犯ノ觀念ヲ缺如ス從テ事後從犯ハ獨立ノ犯罪ニシテ共犯ノ形式ニ非ラス、然レ共他人カ犯罪ヲ犯シタル後之ニ助力ヲ與フヘキコトヲ約シテ犯罪ノ決意ヲナサシメタルトキ若シクハ犯罪ヲ容易ナラシメタル場合ハ共犯ノ觀念ヲ存ス。

共犯成立ノ要件ハ叙上ノ如シ而シテ過失犯結果犯等ニ對シテ共犯アリヤ否ヤノ問題アリ以下逐次叙述セン

(甲)過失犯ニ共犯アリヤ

(甲)過失犯ニ共犯アリヤ

共犯ノ觀念ニ就テ犯罪合同論ヲ採用スルトキハ消極説ヲ採ラサルヘカラサルモ行爲合同論ヲ採用スルトキハ之ヲ肯定セサル可カラス而シテ古來此問題ニ對シテハ幾多ノ議論試ミラレタリ。

第一説ビンヂングノ説

第一説　故意ト過失トハ意思ノ實質ノ違法ナルト否トニヨリテ分ルルモノニ非ラス行爲者カ其意思ノ違法ナルコトヲ認識スルト否トニヨ

リテ區別セラルルモノナリ故ニ數人カ共ニ違法ヲ認識シテ罪ヲ犯シタルトキハ故意ノ共犯アリ、數人カ共同行爲ヲ爲スノ意思アルモ違法ヲ認識セサルトキハ過失ノ共犯アリト（ビンヂング）

其批評

然レ共現行刑法ノ解釋上違法ノ覺知カ故意ノ要件ニアラサルコトハ予輩ノ既ニ論述シタル所ニシテ此説ハ違法ノ覺知ヲ以テ故意ト過失トヲ分別セントスルモノニシテ現行刑法ノ解釋ニ適セス。

第二説フランクノ説

第二説　過失犯ニ共同正犯アリ、去レト敎唆犯從犯ハ因果關係ヲ中斷スル場合ニ限リテ存シ得ル觀念ニシテ他人ノ過失行爲ノ介入ハ因果關係ヲ中斷スルモノニ非ス從テ此ノ場合ニハ間接正犯ノ觀念ヲ存スルモ共犯ノ成立ヲ認ムルノ必要ナシト（フランク）

第三説過失犯ニ對シテ敎唆從犯ヲ認ムルコトヲ得

第三説　共同正犯ニアリテハ双方共ニ共同ノ意思ヲ有スルコトヲ要スルカ故ニ他人ノ過失犯ニ對シテ共同正犯ナシ、然レ共敎唆犯及從犯ニハ之レアリ何トナレハ敎唆犯及從犯ニ於テハ正犯ノ方面ニ於テ共同行爲ノ認識アルコトヲ要セサルカ故ニ過失犯ニ對スル敎唆犯及從犯ヲ認ムルコトヲ得レハナリ斯ノ如キ場合ニ於テ第二説ヲ主張スル論者ハ間接正犯ヲ認ムルカ故ニ共犯ヲ認ムルノ必要ナシト唱導シ又事實ニ於テ多クハ想像上ノ二罪ヲ構成スト雖之レカ爲メニ共犯ヲ認ムルノ必要ナシトスルハ獨斷ナリ、殊ニ敎唆犯者及從犯者カ必要ナル身分ヲ具備セサルカ爲メニ間接正犯タルコトヲ得サル場合ニ於テハ特ニ此ノ觀念ヲ認メサル可カラサル必要アリト。

第四説消極説

第四説　共同正犯ノ場合ニハ双方ノ間ニ故意ノ共通アルコトヲ必要トスル結果、過失犯ニ對シテハ共同正犯ヲ存スルコトヲ得ス、而シテ敎唆從犯ノ場合ニハ間接正犯ヲ認ムヘキカ故ニ同時ニ過失犯ニ對スル敎唆犯ヲ認ムルコトヲ得スト。

結論

要之、過失犯ニ共犯關係ヲ認メ得ルヤ否ヤハ共犯ノ觀念ニ於テ犯罪合同論ヲ取ルト行爲合同論ヲ採ルトニヨリテ其論結ヲ異ニス犯罪合同説ヲ採ルトキハ共犯ハ相互共ニ故意アルコトヲ要シ相互加功ノ認識ヲ要スト主張スルカ故ニ過失犯者ト過失犯者トノ間ニ共犯關係ヲ認ム可カラサルハ勿論、過失犯者ト故意犯者トノ間ニモ亦共犯關係ヲ認ムルコトヲ得ス、反之、行爲合同論ヲ採用スルトキハ單ニ犯人ノ行爲ヲ合一的ニ客觀スルノミニシテ意思ハ一方的聯絡アルヲ以テ足ルカ故ニ共同正犯ニ對シテハ勿論敎唆犯及從犯ニ就テモ過失共犯ヲ認ムルコトヲ得。

而シテ予輩ハ共犯ヲ以テ故意ヲ要スル犯罪ト信スルカ故ニ過失犯ニ就テハ共犯關係ヲ認メス。

(乙)結果犯ニ共犯アリヤ

(乙) 結果犯ニ共犯アリヤ

共犯者ノ一人カ故意若シクハ過失ヲ要セスシテ刑罰加重ノ事由トナルヘキ結果ヲ惹起シタル場合ニ於テ其過剩ニ對シ共犯關係ヲ認メ得ヘキカ例ヘハ毆打創傷ノ意思ヲ以テ犯罪ヲ遂行シタルニ一人ノ攻擊カ過酷ナリシ爲メ遂ニ被害者ヲ死ニ致シタル場合、若シクハ共ニ强盜ニ侵入シタルニ一人カ誤ッテ小兒ヲ踏ミ殺シタル場合ノ如キハ共ニ毆打致死若クハ强盜殺人ノ罪責ヲ負フヘキカ。

第一說 積極說

第一說 刑罰加重ノ事由トナルヘキ結果ハ共同責任ノ下ニ實行サレタル

第二說消極說

第二說ハ結果犯ノ觀念ヲ無視ス

行爲其モノヨリ發生シタルモノナルカ故ニ之ヲ總テノ共犯者ノ責ニ歸セサル可カラスト。

第二說　共犯トシテ共ニ罪責ヲ負フニハ相互認識アルコトヲ要ス、相互認識ノ一致セサル部分ニ就テハ絕對ニ共犯關係ヲ認ム可カラス故ニ本問結果犯ノ過剩部分ハ他ノ共犯者ニ歸ス可カラスト。

通說ハ第二說ニ傾ムク然レ共第二說ハ根本ニ於テ誤謬ニ陷レルモノノ如シ何トナレハ結果犯トハ刑罰加重ノ事由トナルヘキ結果ヲ豫見セス又認識セサリシ場合ニ於テ起ル問題也從テ例ヘハ毆打致死ノ場合ニ於テ一人ハ殺人ノ意思ヲ以テ一人ハ傷害ノ意思ヲ以テ毆打シタルモノナリト假定セハ前者ハ故殺ヲ以テ論スヘク、而シテ其故殺者ノ行爲ニヨリ死ナル結果ヲ生シタルモノナルトキハ或ハ死ナル結果ニ就テ後者ニ責任ナシト云ヒ得サルニ非ラサルモ本問所求ノ要點ハ共ニ刑罰加重ノ條件タル事實ニ就テ認識豫見ヲ缺キタル場合ニ關ス、從テ一方ノ行爲ニヨリ刑罰加重ノ事由ヲ生シタルトキニ於テハ他ノ一方モ亦其責任ヲ負ハサル可カラス何ト

理論上第一說ヲ至當トス

ナレハ刑罰加重條件タル事實ノ認識ノ有無ハ結果犯ニ於テ問フヘキ問題ニ非ラサレハ也、故ニ理論上第一說ヲ至當トス。

第三項　共犯ノ處分ニ關スル學說

第一說差等ヲ設クヘシトノ說

第一說　差等ヲ設クヘシトノ說

因果關係ノ中斷

論理上ノ因果關係ハ萬有ニ溯リテ連續スルモノナリト雖刑法上ニ於ケル因果關係ハ適當ノ範圍ニ於テ限界セサル可カラス且ツ一定ノ結果ニ對シ如何ナル行爲カ原因力ヲ與ヘタルヤ否ヤヲ審案スルトキハ必スヤ他ノ原因ナキモ此原因ナケレハ此事實發生セサルヘシト認メ得ヘキ原因存ス、而シテ刑法上ニ於テハ即チ此原因ナクンハ此ノ事實發生セサルヘシト認メ得ヘキモノヲ原因ト云ヒ他ハ之ヲ副因若シクハ條件ト稱ス、此ノ意味ニ於ケル因果ノ關係ハ責任能力者ノ任意ナル介入行爲ニヨリテ實質的ニ中斷セラルルモノトス從テ介入行爲者アルトキハ從前ノ因果關係ヲ中斷シ更ラニ介入行爲ト結果トノ間ニ新ナル因果關係ヲ生

原因ヲ與ヘタルモノト條件ヲ與ヘタルモノト刑ノ輕重ヲ共ニスルヲ當然トス

第二說差等ヲ設ク可カラストノ說

スルモノナリ、我現行刑法ハ即チ此ノ理論ニ基キ自ラ直接ニ手ヲ下シ若シクハ責任無能力者又ハ故意ナキ者ヲ利用シテ一定ノ結果ヲ生セシメタル場合ニ於テハ犯罪ノ實行者トシ之ヲ實行正犯若シクハ間接正犯トシ、責任能力者ニ犯罪ヲ敎唆シ若シクハ之ヲ幇助シテ犯罪ノ實行ヲ容易ナラシメタル者ハ之ヲ實行者ト區別シ前者ヲ敎唆犯トシ後者ヲ從犯トス、換言スレハ犯罪ノ結果ニ對シ諸種ノ條件ヲ與フルモノハ悉ク原因者ニ非スシテ獨リ自ラ手ヲ下シ若シクハ責任無能力者又ハ故意ナキ者ヲ利用シテ間接ニ犯罪ノ構成要素ヲ實行シタルモノノミヲ原因者トシ敎唆及幇助行爲ハ責任能力者ノ故意アル實行行爲ニヨリ因果關係ヲ中斷セラレ刑法上ニ於ケル原因者タルコトヲ得ス從テ原因ヲ與ヘタルモノトハ其刑ノ輕重ヲ異ニスルヲ當然トスト云フニアリ。

第二說　差等ヲ設ク可カラストノ說

然レ共此論者ハ論理上ノ因果關係モ刑法上ノ因果關係モ何等異ル所ナシトノ前提ノ下ニ曰ク、元來純然タル因果關係ノ觀念ヨリ論スルトキ

條件ト原因トハ區別ス可カラス

刑罰ノ基礎觀念タル事實主義ト人格主義ノ爭ヒナリ

ハ苟クモ結果ニ對シテ一條件ヲ與ヘタルモノハ皆原因者トシテ同一ニ處分スルコトヲ得ヘク從テ重大ナル原因ト輕微ナル原因トヲ區別シ又ハ結果ノ發生上直接ナル原因ト直接ナラサル原因トヲ區別シ若シクハ條件ノ差異ニヨリテ共犯ヲ三種ノ形式ニ分ツノ根據トナスハ論理一貫セス若シ夫レ犯人カ實行々爲ヲ爲シタルト之ヲ幇助シタルトニヨリテ刑ノ輕重ヲ設クヘシトセハ犯人カ自然力ヲ利用シテ犯罪ヲ遂行シタル場合ニ於テハ何カ故ニ刑ヲ輕減セサルヤ犯人カ自然力ヲ利用スルト將タ正犯行爲ヲ利用スルト其理ニ於テ二アルナシ敎唆ノ場合ニ於テモ其理ニ於テハ間接正犯ト何等選フ所ナシ然ルヲ一ハ重刑ヲ科シ他ハ刑ヲ輕減スト云フハ到底理解シ能ハサル說明ナリ約言スレハ敎唆及幇助行爲モ正犯行爲ト同シク同一ノ原因ヲ與ヘタルモノニシテ殊ニ犯人ノ意思ニ於テ從犯タルト正犯タルトヲ問ハス共ニ共同生活ノ秩序ヲ破ルモノニシテ其間何等ノ差等ヲ設クヘキモノニ非ス之ヲ刑罰ノ基礎觀念タル人格主義ニ徵スルモ刑ニ差等ヲ設クルノ非ナルヲ推知シ得ルニ難カ

ラスト（因果關係ノ中斷論參照）

立法例

之ヲ立法例ニ徵スルニ英米ニ於テハ從來差等ヲ設ク可カラストノ見解ヲ採用セリ特ニ北米諸州ニ於テハ我刑法ニ所謂教唆犯及從犯モ亦正犯ナリトシ何レモ同一ニ處斷シ英法ニ於テハ我刑法ニ於ケル教唆犯ヲ以テ事前ノ從犯ナリトスルモ其處分ニ至リテハ之ヲ正犯ト區別スル所ナシ

ゲッツ博士ノ所謂共犯ニ付テ

近來ニ至リゲッツ博士ノ「所謂共犯ニ付テ」ナル論文ニヨリ共犯ノ處分ニ差等ヲ設クルコトノ非ナルヲ唱導セラレシ以來又漸ク法曹界ノ注目スル所トナリ遂ニ諾威刑法典ハ同博士ノ意見ヲ採用シ左ノ如キ規定ヲ設ケタリ

諾威刑法第五十八條

諾威刑法第五十八條

數人カ罰スヘキ目的ノ爲メニ協力シタル場合ニ於テ或者ノ協力カ主トシテ他ノ共犯者ニ對シテ從屬的關係ヲ有シ若シクハ他ノ共犯者ノ協力ニ比シテ輕微ナルトキハ此者ニ對スル刑ハ一等輕キ刑名ニ下シ且ツ本刑ノ最低限以下ニ於テ之ヲ處罰スルコトヲ得

即チ其裏面ニ於テ共犯者間ニ刑ノ輕重ヲ區別セサルコトヲ明ニシ他ノ協力者ノ協力カ輕微ナル場合ニ於テ刑ノ輕重ヲ付スヘキカ否ヤヲ裁

判官ノ職權ニ屬シタリ。

予ノ見解トシテハ因果關係ノ中斷ヲ認メサルト人格主義ヲ採ルトノ理由ニヨリ教唆及從犯ト正犯トノ間ニ刑ノ輕重ヲ設クヘキモノニ非ストノ説ニ贊同セント欲ス（前編刑罰適用ノ性質及ヒ後編因果關係中斷論參照）

第一款 共同正犯

共同正犯成立ノ要件

刑法第六十條（二人以上共同シテ犯罪ヲ實行シタルモノハ皆正犯トス）

共同正犯トハ一ノ犯罪ニ付キ二人以上カ着手又ハ實行ヲ爲スニヨリ共ニ罪責ヲ負フ場合ヲ云フ、共同正犯成立ノ要件ヲ擧クレハ左ノ如シ

第一客觀的要件

第一 客觀的要件

共同正犯ノ客觀的要件トシテハ二人以上ノ刑事責任能力者カ同一犯罪事實ヲ構成スル行爲ニ着手スルコトヲ要ス、而シテ共同行爲者ノ各自ハ此種ノ行爲ノ異リタル部分ヲ分擔スルト同一部分ヲ分擔スルトヲ問ハサルモノトス、

着手行爲又ハ着手以上ノ行爲タルコトヲ要スルカ故ニ豫備行爲ハ從犯タルコトヲ得ルモ共同正犯ノ行爲タルコト能ハス、一ノ行爲カ着手行爲ナルヤ將タ豫備行爲ナルヤハ行爲其モノヲ抽象的ニ觀察シテ定ムルコトヲ得ス、其行爲ト行爲當時ノ外圍ノ狀態トヲ觀察シテ具體的ニ定ムヘキモノトス、何トナレハ一人カ單獨ニ事ヲ行フ場合ニ於テハ豫備行爲タルヘキモ他人ノ實行ニ隨伴スルトキハ着手行爲トナルコトアリ又他人ノ實行ト離隔スルトキハ豫備行爲トナルモ之ニ近接スル場合ハ着手行爲トナルコトアレハ也、例ヘハ人ヲ殺スノ故意ヲ以テ刀ヲ人ニ與フルハ普通ノ場合ニ於テハ豫備行爲ナルモ犯罪實行ノ現場ニ於テ之ヲ授クルハ着手行爲ナリ又竊盜ノ場合ニ於テ瞭望ノ行爲ハ一人カ實行ニ入ル前ニ單獨ニ之ヲ爲ス時ハ豫備行爲ナルモ他人ノ實行ニ伴フテ之ヲ爲ス時ハ着手行爲ナレハ也、而シテ着手又ハ着手以後ノ行爲タル場合ハ一人カ瞭望ヲナシ一人カ竊取行爲ヲ爲スモ共ニ共同正犯ナリ（着手ト豫備トノ區別參照）

第二主觀的要件

第二　主觀的要件

主觀的要件トシテハ共同行爲者ニ共同犯罪ノ觀念アルコトヲ要ス換言スレハ自己ノ行爲ト他人ノ行爲ト相倚リ相俟ッテ同一犯罪事實ヲ完成スルニ至ルヘキ認識アルコトヲ要ス而シテ其認識ハ相互ニ存在スルコトヲ要スルヤ否ヤハ既ニ曩キニ論述シタル所ナリ。

共同正犯ノ處分

共同正犯ノ處分

共同正犯ノ處分ニ就テハ犯罪合同論ヲ採ルト行爲合同論ヲ採ルトニヨリテ其論結ヲ異ニス。

犯罪合同論者ノ見解

犯罪合同論ニヨレハ共同正犯ニ於テハ各犯人ハ犯罪ノ一部ヲ實行スルモノニシテ全部ヲ實行スルモノニ非ス各犯人ノ行爲カ集合シテ全部ノ實行トナルコトヲ前提トスルカ故ニ時ニ故殺犯ト毆打創傷ト併發スル場合ノ如キ同一ニ處分セサル可カラサルノ結果ヲ生スルカ故ニ意思共通ノ範圍内ニ於テ其責任ヲ制限シ相互加功ノ認識アル場合ハ全責任ヲ負擔セシムルト論シ

行爲合同論者ノ見解

行爲合同論ヲ採用スルトキハ共犯ハ單ニ各犯人ノ合一シタル犯罪行爲ニ過キスシテ犯人カ刑責ヲ負擔スルハ一ニ意思責任ニ基クモ

共同正犯中ノ一人カ中止シタル場合ノ處分

他ノ正犯者ハ未遂トシテ處斷ス

ノナルカ故ニ其刑罰ハ各犯人ノ意思ヲ標準トシテ處分スヘシト說ク、立論異ルト雖モ結果ニ於テハ差異ナシ。

共同正犯中ノ一人カ中止シタル場合ノ處分

一人ノ中止行爲ニヨリテ全然結果ヲ發生セサリシ場合又ハ中止犯者ノ行爲ニヨリ結果ノ發生ヲ防止シタル場合（結果發生シタルトキハ中止犯ニ非ス）ニ於テ其利益ヲ他ノ正犯ニ及ホスコトヲ得ルヤハ議論ノ存スル所ナリ。

案スルニ犯罪ノ中止行爲ニ對シ刑罰ヲ減輕シ若シクハ免除スルハ其行爲ノ性質上未遂トナラサルカ爲メニ非ラス從テ例ヘ犯人カ行爲ヲ中止スルモ其行爲ハ性質上未遂トシテ罰シ得ヘキモノナリ、然レ共刑事政策上犯罪ノ中止ヲ奬勵シ以テ社會ノ共同生活ノ秩序ヲ維持スルノ目的ヲ以テ其刑ヲ減刑若シクハ免除スルモノナルカ故ニ其刑罰ノ輕減又ハ免除ハ中止者ノ一身ニ止マルヘキモノトス且ツ之ヲ中止シタルモノヨリ云ヘハ自己ノ意思ニヨリテ其行爲ヲ止メ又ハ結果ノ發生ヲ防止シタルモノナルモ、他ノ正犯者ヨリ云ヘハ任意ニ其行爲ヲ中止シ又ハ結果ヲ防止シタルモノニ非ス故ニ中止シタルモノハ其罪ヲ輕減セラレ若シクハ免除セラルルモ他ノ正犯者ハ未遂トシテ處斷セサル可カラス。

第二款 敎唆犯及從犯

敎唆犯及從犯ノ意義

刑法第六十一條乃至第六十五條

敎唆犯トハ故意ニ他人ニ犯罪ノ決意ヲ生セシメ以テ犯罪ヲ犯スニ至ラシメタルモノヲ云ヒ、從犯トハ故意ヲ以テ正犯行爲ヲ幇助シタルモノヲ云フ

敎唆犯及從犯成立ノ要件

成法上ノ見解トシテハ敎唆犯ノ行爲ハ造意ヲ以テ完了シ從犯ノ行爲ハ幇助ヲ與フルヲ以テ完了ス從テ敎唆犯及從犯ハ左ノ要件ヲ要ス。

第一客觀的要件

第一 客觀的要件

(一)敎唆犯

(一)敎唆犯ヲ成立セシムルニハ他人ノ犯罪決意ニ原因ヲ與フルコトヲ要ス換言スレハ敎唆行爲ト他人ノ犯罪決意トノ間ニ因果ノ關係アルコトヲ要ス、而シテ他人ノ犯罪決意ヲ惹起スル手段ノ如何ハ之ヲ問ハス、故ニ或ハ贈與ヲ約スルト或ハ脅喝ヲ以テスルト或ハ權勢ヲ利用スル

ト或ハ其他ノ方法ヲ以テスルトヲ問ハス。

然レ共他人ノ犯罪決意ニ原因ヲ與フルモノナルカ故ニ既ニ犯罪決意ヲ有スルモノニ對シテ爲ス敎唆ハ法律上敎唆ニ非ラス

(二)從犯ヲ成立セシムルニハ他人ノ犯罪ヲ幇助スル行爲アルコトヲ要ス如何ナル行爲カ幇助ナルカ又如何ナル點ニ於テ正犯行爲トノ間ニ差異アルカハ後段正犯ト從犯トノ區別ニ讓ル。

第二 主觀的要素

(一)敎唆犯ヲ成立セシムルニハ他人ノ犯罪決意ヲ惹起スル故意アルコトヲ要ス敎唆ノ故意トハ自己ノ行爲ニヨリ被敎唆者カ特定ノ犯罪ヲ犯スノ意思ヲ生シ之ヲ實行スルニ至ルヘキコトヲ豫見スルコトヲ云フ、故ニ敎唆ハ特定ノ犯罪ニ關スルコトヲ要シ只漠然トシテ犯罪ヲ犯シタルモノニハ金千圓ヲ與フヘシト稱シテ他人ニ犯罪ノ決意ヲ生セシメ依テ犯罪ヲ犯スニ至ルモ未タ敎唆ト云フコトヲ得ス然レ共新聞ノ如キ刊行物ニ於テ內亂罪ノ檄ヲ飛ハシ以テ犯罪ヲ惹起シタルトキハ又敎唆ト云フコトヲ得ヘシ。

(二)從犯

(二)　從犯ヲ成立セシムルニハ從犯者ニ於テ他人ノ犯罪ヲ幇助スルノ故意アルコトヲ要ス、從犯ノ故意トハ實行正犯ノ犯罪ニ就テノ觀念ト自己ノ行爲ニヨリ犯罪ノ實行ヲ容易ナラシムルノ觀念アルコトヲ云フ、故ニ偶然又ハ過失ニヨリ他人ノ犯罪ヲ容易ナラシムルモ從犯ニ非ス敎唆犯幷ニ從犯ハ正犯ノ行爲ニ對スル觀念ヲ有スルコトヲ要スルモ正犯ハ敎唆者ニヨリテ敎唆セラルルコト、又ハ從犯ニヨリテ幇助セラルルコトヲ認識スルコトヲ要セス、故ニ敎唆犯又ハ從犯ノ方面ヨリ觀察スルトキハ意思ノ聯結ヲ要スルモ正犯ノ方面ヨリ觀察スルトキハ意思ノ連結ヲ必要トセス故ニ間接ノ敎唆モ亦敎唆タルコトヲ得ヘク間接ノ幇助又ハ不知ノ間ニ爲シタル直接ノ幇助モ亦從犯タルコトヲ得ヘシ。

第三實行正犯ノ成立スルコト

第三　實行正犯ノ成立スルコト。

成法上ノ解釋トシテハ敎唆犯又ハ從犯ノ行爲ハ主タル行爲ヲ組成スルモノニ非ラスシテ敎唆又ハ幇助ヲ以テ終了シ之ヲ正犯行爲ト分別ス

(甲)主犯罪不成立ナルトキハ教唆從犯ハ成立セズ
(乙)教唆又ハ從犯ニハ未遂犯ヲ存セズ

ルモ教唆及從犯カ罪責ヲ負フニハ實行正犯ノ成立スルコトヲ要ス、換言スレハ成法上ニ於ケル兩者ノ關係ハ主從ノ關係ニシテ主タル實行正犯ナケレハ教唆犯從犯ノ成立スルコトナシ、主タル行爲ニ隨從シテ始メテ罰スヘキ行爲トナル從テ教唆者又ハ從犯者カ其行爲ヲ完了スルモ若シ實行正犯カ教唆又ハ從犯ノ觀念ニ存スル行爲ヲ爲サヽルトキハ全ク犯罪ヲ構成セス若シ其一部ヲ實行シタルトキハ其部分ニ就テノミ罪責ヲ負フモノトス。

教唆又ハ從犯ハ獨立シテ生ス可カラサルカ故ニ當然左ノ結果ヲ生ス

(甲) 主タル行爲ニ犯罪不成立ノ原因アルトキハ之ニ對スル教唆幷ニ從犯モ亦成立スルコトナシ。

(乙) 教唆又ハ從犯ニハ未遂犯ヲ存セス、教唆行爲及幇助行爲ノ未遂ハ他人ノ犯罪決意ヲ惹起シ又ハ他人ノ犯罪ヲ幇助スルノ行爲ヲ終結セス又ハ終結スルモ結果ヲ生セサル場合ニ於テハ主タル行爲ヲ存セサルカ故ニ教唆又ハ從犯ヲ存セス、然レ共主タル行爲カ未遂ニ終ル場合ニ於

理論上敎唆犯從犯ヲ認メ得ザル場合

(一)刑罰法規ニヨリ保護セラルル者ガ他人ノ行爲ニ對シ相應行爲ヲナシタルトキ

(二)法律ガ數人會合行爲中一方ノミヲ處罰スルトキ

(三)實質上甲犯罪ノ敎唆若シクハ從犯ガ乙犯罪ノ實行々爲ナルトキ

テハ敎唆犯及從犯モ亦未遂トシテ處罰スヘキハ無論ナリ。

理論上敎唆犯若シクハ從犯ノ成立ヲ認ムルコトヲ得サル場合

(一) 刑罰法規ニヨリ保護セラレタルモノカ犯人ノ行爲ニ對シテ相應行爲ヲナシタルトキ例ヘハ自殺補助ヲ囑托シタルモノハ被囑托者ニ對シテ相應行爲ヲナシタルモノニシテ自殺者自身ヲ自殺幇助罪ノ敎唆若シクハ從犯トシテ處罰スルコトヲ得ス。

(二) 法律カ數人ノ會合行爲中其一方ノミヲ處罰スルコトヲ明言シタル場合ニ於テ他ノ一方ヲ敎唆若シクハ從犯ヲ以テ問擬スルヲ得ス、例ヘハ器具ヲ給與セラレテ逃走シタル囚人自身ヲ囚徒ヲ逃走セシメタル罪ノ敎唆若シクハ從犯ヲ以テ處罰ス可カラス。

(三) 實質上甲犯罪ニ對スル敎唆若シクハ從犯タルヘキ性質ノ行爲カ乙犯罪ノ實行行爲ニ外ナラサル場合ニ於テ乙罪ノ正犯カ乙罪ヲ敎唆幇助シタルトキ例ヘハ富籤發賣者カ其發賣ノ取次ヲ他人ニ依賴シタル場合ニ於テ富籤發賣者ヲ以テ富籤發賣ノ取次行爲ニ對スル罪ノ敎唆又

ハ從犯ヲ以テ處罰ス可カラサルカ如シ。

第三款　正犯ト從犯トノ區別

正犯ト從犯ノ區別

正犯ト敎唆犯又ハ從犯ト敎唆犯トノ區別ハ明ラカナリ蓋シ敎唆犯ハ造意ヲ以テ完了シ正犯又ハ從犯ハ着手以上ノ行爲又ハ豫備行爲アルコトヲ要スレハナリ然レ共正犯ト從犯トノ區別ニ至ッテハ甚タ明瞭ナラス從テ古來幾多ノ議論試ミラレタリ、今左ニ其概要ヲ說キ以テ區別ノ標準ヲ示サントス。

第一客觀說其一原因ト條件ヲ區別ストスル說

第一　客觀說（其一）原因ト條件トヲ區別スル說

正犯行爲ハ結果ニ對シ原因ヲ與フルモノニシテ從犯行爲ハ結果ニ對シ條件ヲ與フルモノナリ從テ共同正犯タルニハ一人ノ行爲カ他ノ正犯者ノ行爲ト同價値ナルコトヲ要シ從犯行爲ハ正犯行爲ヨリモ結果ニ對スル價値カ輕微ナルコトヲ要ス、換言スレハ共同正犯ハ共同原因ヲ與ヘ從犯ハ結果ニ對シテ條件ヲ與フルニ過キスト。

然レ共原因ト條件トヲ區別ス可カラサルハ既ニ論述セシ所ナリ(因果關係論參照)

第二客觀說其二實行々爲ノ有無ニヨリ區別スル說

第二 客觀說(其二)實行行爲ト否トニ依テ區別セントスル說

共犯者ノ行爲カ正犯者ト共ニ實行行爲ヲ分擔スルトキハ共同正犯ノ觀念ヲ存シ反之、一人カ實行行爲ヲナシ他人カ實行行爲ニ屬セサル行爲ニヨリテ加擔シタルトキハ從犯ナリト。

第三客觀說其三結果ニ對スル影響ノ輕重ニヨリテ區別スル說

第三 客觀說(其三)結果ニ對スル影響ノ輕重ニヨリテ定ムル說

重要ナル影響ヲ以テ實行行爲ニ加功シタルトキハ正犯ニシテ單ニ正犯ノ成立ヲ容易ナラシムルニ過キサル行爲ヲ以テ加功シタルトキハ從犯也ト

結果ニ對シテ重要ナル影響ヲ與ヘタルモノト云ヒ得ヘキ場合ハ多クハ實行行爲ナルヘシ從テ此說ハ前說ト異字同義ニ歸着セン。

第四主觀說

第四 主觀說 意思ニヨリテ區別スル說

正犯ノ意思ヲ以テ加擔シタルモノハ共同正犯ナリ、正犯ノ意思トハ其行爲ヲ自己ノ行爲トシテ之ヲ欲シ以テ自己ノ利益ヲ之ニ依リテ追求シ無條件ニ其行爲ヲ爲スノ決意ヲ云フ、反之結果ノ發生ヲ他人ノモノトシテ希望シ他人ノ利益ヲ謀リ正犯カ其事實ノ發生ヲ欲スルトキニ幇助ノ意思ヲ以テ加擔シタルトキハ從犯ナリト。

此說ニヨレハ犯罪ヲ實行スルモノモ正犯タリ得サル場合アリ、例ヘハ從犯ノ意思ヲ以テ被害者ヲ捕ヘ以テ加害者ノ殺人行爲ヲ遂行セシメタル場合ノ如キ之レナリ。

第五折衷說

第五 折衷說

正犯ノ意思ヲ以テ實行行爲ニ加擔シタルモノハ共同正犯ニシテ正犯ノ意思アルモ實行セス又ハ實行スルモ正犯ノ意思ナキトキハ從犯ナリト。

此說モ第四說ト同樣ノ非難アルヲ免レス。

第六區別否認說

第六 區別否認說

凡ソ一定ノ結果ニ對シテ一定ノ原因力ヲ有スル場合ハ總テ正犯ヲ成

立セシム其意思カ自已ノ爲メニスルト他人ノ爲メニスルトヲ問ハス又其行爲カ實行行爲ヲ以テスルト豫備行爲ヲ以テスルトヲ問ハス、苟クモ一定ノ結果ニ對シテ原因力ヲ有スルトキハ卽チ其結果ニ對シテ全責任ヲ負擔セサル可カラス從テ其處罰モ亦正犯トシテ同一ニ律スヘキモノナリト（共犯ノ處分ニ關スル學說參照）

學理上ノ見解

要之、學理上ノ見解トシテハ予輩ハ兩者ノ區別否認論ヲ採ラント欲ス然レ共成法上ノ見解トシテハ兩者間ニ明劃ナル區別ヲ認メサル可カラス而シテ從犯ノ意思モ正犯ノ意思モ犯意タル點ニ於テハ同一ニシテ又犯意ヲ限度トシテ責任ヲ負フヘキモノナルカ故ニ區別ノ標準ハ之ヲ主觀說ニ求ム可カラス之ヲ客觀說中ニ求メサル可カラス而シテ客觀說中行爲ノ階段ニ於テ區別ヲ求ムルヲ可ナリトス從テ前記客觀說中ノ其二ニ從フ故ニ著手以前ノ行爲卽チ備豫行爲ヲ以テ實行々爲ニ加功シタルトキハ從犯ニシテ著手以後ノ行爲ヲ以テ加功シタルトキハ從犯ナリトス。

解釋論

教唆犯及從犯ノ處分

教唆犯及從犯ノ處分

(一)敎唆犯ニハ實行正犯ト同一ノ刑ヲ科ス

(二)從犯ハ正犯ノ刑ニ照ラシテ輕減ス身分上ノ關係カ敎唆從犯ニ及ホス影響刑法第六十五條

(一)敎唆犯ニハ實行正犯ト同一ノ刑ヲ科ス蓋シ敎唆犯者ハ正犯者ノ如ク自ラ實行行爲ヲナシタルモノニ非スト雖犯罪ノ意思ナキ他人ヲ敎唆シテ犯罪ノ意思ヲ造形セシメタルモノニシテ實行正犯者ト其情狀ニ於テ何等ノ差異ヲ設クヘキ點ナシ故ニ敎唆犯ハ其故意ノ存スル限度ニ於テ責ヲ負ヒ若シ實行正犯者カ敎唆者ノ觀念ニ存セサル行動ヲ採リタルトキハ敎唆者ヲ罰スルコトヲ得ス即チ敎唆者ハ被敎唆者ノ實行シタル部分ニ付テノミ罪責ヲ負フ。

(二)從犯ハ正犯ノ刑ニ照ラシテ輕減ス(其當否ハ既ニ之ヲ論シタリ)

身分上ノ關係カ敎唆犯從犯ニ及ホス影響

刑法第六十五條　犯人ノ身分ニ因リ構成スヘキ犯罪行爲ニ加功シタルトキハ其身分ナキモノト雖モ仍ホ共犯トス。

身分ニヨリ特ニ刑ノ輕重アルトキハ其身分ナキモノニハ通常ノ刑ヲ科ス。

此ノ條文ニヨルトキハ一定ノ身分カ正犯者ニ存セスシテ敎唆者又ハ幇

助者ニ存スル場合ヲ包含セス蓋シ敎唆及從犯ハ正犯ニ附隨シテ存スヘキモノニシテ正犯無罪ニシテ敎唆從犯カ成立スルコトナケレハナリ。而シテ此ノ場合ハ間接正犯ヲ以テ論スヘシト云フ論者アリ(間接正犯參照)

第三節 一罪及數罪論

第一款 總論

一罪數罪區別ノ標準

一罪數罪區別ノ標準ニ就テハ學者ノ見解一ナラス、或ハ行爲ノ數ニヨリテ罪ノ箇數ヲ定メントシ、或ハ被害法益ノ數ヲ標準トシテ兩者ヲ區別セントシ、或ハ犯意ノ數ニヨリテ一罪數罪ノ觀念ヲ定メントス、蓋シ一箇ノ行爲ニシテ一罪成立シ數箇ノ行爲ニシテ常ニ數箇ノ犯罪成立セハ兩者ノ區別ニ就テ何等ノ困難ヲ生セサルモ或ハ一行爲ニシテ數箇ノ罪名ニ觸ルルコトアリ或ハ數箇ノ行爲ニシテ一罪成立スルコトアリ特ニ多クノ場合ニ於テ某々行爲ヲ一箇トスヘキ歟將タ數箇トスヘキカニ就テ不明ナルコトアレハナリ。

第一行爲標準說

行爲カ單一ナリト認ムヘキ場合

甲

乙

近時ノ通說ハ行爲ヲ標準トシテ罪ノ箇數ヲ定ムル說ニ傾ムク、依テ行爲標準說ヨリ窺ハン。

第一　行爲標準說

行爲標準中ニモ幾多ノ異論アリト雖通說ニ從ヘハ即チ左ノ如シ。

犯罪ハ行爲ナリ行爲ナケレハ犯罪ナシ故ニ行爲ハ犯罪ノ本質ナリ從テ行爲カ一箇ナルトキハ犯罪モ亦一箇ナリ行爲カ數箇ナルトキハ犯罪モ亦數箇ナリ然ラハ如何ナル行爲カ一箇ニシテ如何ナル行爲カ數箇ナリヤ。

行爲カ單一ナリト認ムヘキ場合。

(甲)　單一ノ行爲カ單一ノ結果ヲ伴フトキ(殺人ノ行爲カ殺人ノ結果ヲ生シタルトキ)

(乙)　單一ノ行爲カ多數ノ結果ヲ伴フトキ。

此ノ場合ニハ多數ノ結果カ法律上同種類ニ屬スルコトアリ法律上同種類ニ屬セサルコトアリ(一發ノ砲丸ニヨリ數人ヲ斃スハ前者ノ例ニシテ一發ノ砲丸ニヨリ人ヲ殺シ更ニ硝子ヲ破壞スルカ如キハ後者ノ例ナリ)

丙　結果ノ箇數ヲ定ムル標準

(丙)　多數ノ行爲カ單一ノ結果ヲ伴フトキ(再三發砲シテ一人ヲ殺セル場合)多數ノ行爲ヲ合シテ一罪トスルハ其性質カ同一ナルニ因ル、而シテ性質カ同一ナルヲ理由トスルニハ(イ)其多數ノ行爲カ同一ノ法益ニ對スルコト(ロ)其行爲カ同種ノ方法ヲ以テ實行セラレタルコトノ二條件ヲ具備スルコトヲ要ス。

而シテ結果カ單一ナルヤ否ヤハ概括的ニ説明スルハ困難ニシテ各場合ニ於テ具體的ニ定メサル可カラスト雖モ通常結果ノ箇數ヲ定ムルニハ人的法益ト物的法益トノ二ニ分ツテ説明スルヲ一般トス。

即チ人格ト分離ス可カラサル法益(例ヘハ生命身體名譽自由貞操等)ヲ侵害スルトキハ被害者ノ數ニヨリテ結果ノ數ヲ定メ人格ト分離シテ成立スルコトヲ得ヘキ法益ヲ侵害スル場合ニ於テハ前上ノ規則ニ從フコトナク個々ノ物件ヲ包括的ニ觀察シ其物カ同一ノ監督内ニアルトキハ所有者ヲ異ニスルトキト雖單一ノ結果ヲ釀成シタルモノトシ單一ノ行爲ヲ成立セシムルモノトス。

行爲カ單一ナルトキハ犯罪モ一箇ナリ

一行爲一罪ニ對スル例外 法律上多數ノ行爲ヲ一罪トスル場合 A連續犯

叙上ノ結果ノ單一ナルヤ否ヤヲ定ムル標準ハ素ヨリ法益カ財產的法益及人格的法益ナル場合ニ限ルコトヲ忘ル可カラス。

以上ハ行爲ノ單一ナルヤ否ヤヲ定ムル標準ニシテ此ノ標準ニ因リ單一ノ行爲アルトキハ罪ノ箇數モ亦一箇ナリ、換言スレハ一行爲カ一罪名ニ觸ルルトキハ常ニ一罪ナリ、多數ノ罪名ニ觸ルルトキモ亦一罪ナリ、且一ノ行爲カ多數ノ結果ヲ伴フトキハ其結果カ各同種又ハ別種ノ罪名ニ觸ルル場合モ亦一行爲一罪タルノ性質ヲ失ハス、反之、若シ多數ノ行爲カ多數ノ罪名ニ觸ルルトキハ數罪ナリ。

斯クノ如ク多數ノ行爲カ各罪名ニ觸ルルトキハ數罪ヲ成立セシムルヲ原則トスルモ法律ハ時トシテ之ヲ合シテ一罪トスル場合アリ。

法律上多數ノ行爲ヲ一罪トスル場合。

(A) 連續犯

連續犯ニ就テハ一行爲一罪說ヲ採ル論者中ニモ異論アリ一派ノ學者ハ連續犯ハ數行爲カ單一ノ結果ヲ生セシメ其行爲ノ性質カ同一ニシ

テ總テノ行爲カ同一法益ニ對シ同種ノ方法ヲ以テ實行セラルル場合ニシテ前揭(乙)ノ場合ニ該當スト說明シ、他ノ一派ノ論者ハ連續犯ハ多數ノ行爲ヨリ成ル數罪ナリ、法律ノ規定ニヨリテ合一セラルルノミ決シテ前記(乙)ノ場合ト混同スルヲ許サスト主張ス（後段連續犯ノ性質參照）

B 結合犯

(B) 結合犯

二箇以上ノ行爲カ各獨立シテ別箇ノ法益ヲ侵シ多數ノ不法行爲トナリ得ヘキトキハ法律上一罪トス、例ヘハ强盜罪（竊盜ト脅迫ノ結合）强盜强姦罪（强盜罪ト强姦罪ノ結合）ノ場合ノ如シ。

C 牽連犯

(C) 牽連犯

(イ) 一ノ行爲カ他ノ犯罪行爲ノ手段トナルトキ（竊盜ノ手段トシテ放火シタル場合）

(ロ) 一ノ犯罪行爲カ他ノ犯罪行爲ノ結果ナルトキ（盜犯カ盜贓ヲ賣却シ殺人犯者カ死體ヲ遺棄スル場合ノ如キ）

D 慣行犯

(D) 慣行犯

慣行犯トハ法律カ常業又ハ常習トシテ或行爲ヲ爲スコトヲ罪トスル

場合ヲ云フ、連續犯ハ之ヲ組成スヘキ一箇ノ行爲ニヨリ一ノ犯罪ヲ成立セシムルモ慣行犯ハ其一ヲ採レハ罪トナラサルカ又ハ別罪ヲ構成スル場合ノ如キヲ云フ例ヘハ官許ヲ得スシテ私ニ醫業ヲナス罪又ハ常習トシテ賭博ヲ爲ス罪ノ如シ。

以上ハ行爲標準說ニヨル一罪數罪區別ノ標準ナリ、之ニ對シテ結果標準說アリ。

第二　結果標準說

行爲ハ只タ犯罪的決心ヲ實行シテ犯罪的結果ヲ得ルノ手段タルニ過キサルカ故ニ手段ノ單一ナルト否トハ罪數ヲ決スルニ關係ナシ何トナレハ犯罪ハ行爲ナリト云フハ犯罪ト行爲トカ其單位ヲ一ニスルコトヲ示シタルニ非スシテ犯罪的決心カ外部行爲ニ表示サルルコトヲ必要トスルコトヲ意味スルニ外ナラサルナリ、或ハ犯罪ハ刑罰ノ制裁ヲ附セラレタル有責違法ノ行爲ナルカ故ニ行爲ハ犯罪ノ基本ニシテ犯罪ノ數ハ行爲ノ數ニヨリ定メサル可カラスト主張スルモ法律カ犯罪者ニ對シ刑罰制裁ヲ加フル所以ハ其行爲ガ特種ノ法益ヲ侵害スルカ爲メニシテ其行爲ヲ爲シタル犯人ヲシテ其行爲ヨリ生シタル各個ノ法益侵害ニ對シ其責ニ任セシムルモノニ外ナラス是レ法律カ各個ノ法益侵害ニ對シ特ニ正條ヲ設ケ之ニ固有ナル刑罰制裁ヲ設クル所以也於此乎各個ノ法益侵害ハ實ニ犯罪行爲ノ基本的要素ヲ形成スルモノナルカ故ニ犯罪ノ數ハ犯人ノ犯シタル法益ノ數カ單一ナルヤ否ヤヲ標準トセサル可カラス況ンヤ法律ハ此意ヲ表示スル爲メ數箇ノ行爲ヲ結合シテ一罪ヲ構成セシメ又ハ連續犯ノ觀念ヲ認メ以テ多數ノ行爲ヨリ生シタル犯罪ヲ一罪トスルニ於テオヤ、故ニ罪ノ箇數ハ法益ノ個數卽チ結果ヲ標準トシテ定メサル可カラスト。

此說ニ因ルトキハ前說ト反シテ法律上多數ノ行爲ヲ一罪トナスカ如キ例外ヲ認ムルコトヲ要セサル利益アリ。

第三　意思標準說

意志標準說

犯罪ハ犯人ノ非社會性ノ發現ニシテ行爲ハ此性格ヲ表示スル手段タル

ニ過キス又結果ハ此ノ性格ヲ證明スル條件ナリト雖モ犯罪ノ本質ニ非ス故ニ罪ノ箇數ハ行爲ノ數、若シクハ結果ノ數ニヨリテ定ムヘキニ非スシテ犯罪ノ基本タル犯意ノ個數ニヨリテ定ムヘシト。

即チ此ノ説ニヨレハ犯罪行爲ハ犯罪的決心ノ表示ニシテ決心單一ナルトキハ行爲ハ數個ナルニ拘ハラス之ヲ一罪トシ數個ノ決心アルトキハ行爲ハ單一ナルニ拘ハラス數罪ナリトスル説ナリ。

行爲標準説ニ對スル批難

要之、行爲標準説ノ根本タル犯罪ハ行爲ナリ故ニ行爲ト犯罪トハ單位ヲ同ウストノ論據ハ恃ムニ足ラス特ニ意思活動ノ方面即チ客觀的ニ表ハレタル行爲ノミニ着眼シテ意思其モノヲ觀察セサル結果犯人カ一箇ノ行爲ヲ以テ二人ヲ殺スモ一罪トシテ處分セサル可カラサル論結ヲ生シ巧ミナル犯罪行爲者ニ利益ニシテ拙劣ナル行爲者ニ不利益ヲ及ホスノ弊アリ。

意思標準説ニ對スル批難

意思標準説ハ理論ニ於テ敢テ缺點ナシトスルモ全然犯罪ノ客觀的要素タル結果ヲ排除スルノ結果、犯意ノミアリテ結果ナキ犯罪ヲモ處罰セサル可カラサルニ至ル。

結果標準說ニ對スル批難

結果標準說ニ就テリストハ批難シテ曰ク、一行爲數罪ヲ認ムルハ恰カモ一人ニシテ二箇ノ國籍ヲ有スル場合ニ二人ノ存在ヲ認ムヘシト云フニ類スト然レ共此ノ批難ハ當ラス何トナレハ既ニ一人ニテ二箇ノ國籍ヲ有シ得ルコトヲ認ムル以上ハ之ト同一理由ヲ以テ一行爲數罪ヲ認メ得ヘケレハナリ而シテ結果標準說ハ一罪數罪ニ就テハ明劃ナル區別ヲナシ得ルカ如キモ全然犯人ノ主觀的要素タル意思ヲ排除スル點ニ於テ意思標準說ト反對ニ結果ノミアリテ犯意ナキ場合ニモ罪責ヲ認メサル可カラサルニ至ル於此乎即チ折衷說ヲ生ス。

第四折衷說

第四　折衷說

折衷說ハ犯意單一ニシテ結果モ亦單一ナルトキハ行爲ノ數ノ如何ヲ問ハス一罪ナリ意思單一ニシテ結果數多ナル場合ハ數罪ナリ意思多數ニシテ結果單一ナルモ亦數罪ナリト。

結論

思フニ刑法理論ノ傾向ハ意思標準說ニ赴クヘキカ如シト云ヘ共現時ノ學界ニ於テハ折衷說ヲ採ラサル可カラス然レ共現行刑法ノ解釋論トシテハ

特別ノ規定アル場合ノ外ハ行爲標準說ヲ採ラサル可カラス之レ立法者ノ意思ニ合致スルモノナレハ也。

第二款　連續犯

刑法第五十五條　連續シタル數個ノ行爲ニシテ同一ノ罪名ニ觸ルルトキハ一罪トシテ之ヲ處斷ス

連續犯ノ意義

連續犯トハ連續シタル數個ノ行爲ニシテ同一罪名ニ觸ルルモノヲ云フ。

連續犯ノ罪數

連續犯ノ性質如何換言スレハ連續犯ハ一罪ナリヤ數罪ナリヤニ就テハ幾多ノ見解アリ而シテ一罪數罪ノ區別ニ關シ行爲標準說ヲ採ル者ノ間ニモ議論一定セス。

第一行爲標準說其一數罪說

第一　行爲標準說（其一）數罪說

犯罪ノ數ハ法律上特別ノ規定アルノ外常ニ行爲ノ數ニ一致セサル可カラサルカ故ニ法律上明文ナキ場合ハ連續犯ヲ單一罪ト認ムルコトヲ得ス現行刑法第五十五條ハ單ニ一罪トシテ處分スヘキコトヲ明ラカニスルニ止マリ其性質ヲ明規セス故ニ連續犯ハ數罪ナリト。

此見解ニ從フトキハ數個ノ打撃ヲ與ヘテ數個ノ創傷ヲ負ハシメタル場合ハ數罪ナリト云ハサル可カラス或ハ云フ數箇ノ打撃ヲ與ヘテ傷害ヲ與ヘタル場合ト連續行爲ニヨル犯罪トハ其性質ヲ異ニスト然レ共數個ノ打撃ニヨリ數個ノ創傷ヲ負ハシメタル場合ト連續行爲ニヨリ竊盜ヲナシタル場合トハ或ハ時間ニ長短ノ差アルヘシ行爲ノ性質トシテハ何等ノ異ナル所ヲ見ス。

第二行爲標準說其二一罪說

第二　行爲標準說（其二）一罪說

數個ノ行爲ハ同一法益ニ對シ且ツ其犯罪ノ手段カ類似スルニヨリ其性質ヲ同ウスル場合ニ於テハ連續一罪ヲ構成スト同一主旨ノ判例アリ

大審院判例

大審院判例（明治三十八年度判決錄一五七頁參照）要旨

或ハ同一ノ目的ヲ以テ同種、同性質ナル數箇ノ所爲ヲ行ヒタルトキハ一罪トシテ處斷スト

第三結果標準說

第三　結果標準說

一罪數罪ノ區別ノ標準ニ就テ結果說ヲ採ルモノハ曰ク、連續犯ニヨリテ

侵害サルル結果ハ常ニ單一ナル一罪ヲ構成スト。

第四意思標準說

第四　意思標準說

連續犯ニ於ケル數個ノ行爲ハ其故意若シクハ決心カ單一ナル故ニ於テノミ一罪ヲ構成スト。同一趣旨ノ判例アリ。

大審院判例

大審院判例（明治三十八年度判決錄一〇七頁）要旨

或ハ一個ノ意思ヲ繼續シテ數個ノ犯罪行爲ヲ行ヒタルトキハ一罪トシテ處斷スト。

第五折衷說

第五　折衷說

結果カ單一ニシテ犯罪ノ意思責任カ單一ナル故連續一罪ヲ認ムルヲ可トスト。同一趣旨ノ判例アリ。

大審院判例

大審院判例（明治三十六年度判決錄一三九三頁）

犯人ガ一ノ犯罪ヲ行ハントスル決心ヲナシ其決意ノ實行上犯罪既遂ニ必要ナル數個ノ所爲ヲ爲シタル場合ニ、其各所爲カ互ニ相連續シ犯人カ當初目的トシタル範圍内ニ於テ此等ノ行爲ヲナシタルモノナルニ於テハ各個ノ所爲ハ獨立ノ犯罪ヲ構成セスシテ相共ニ一罪ヲ構成ス而シテ其行爲ノ目的、場所ノ異同ハ之ヲ問フノ必要ナシト。

斷定

予輩ハ一罪數罪ノ區別ニ關スル理論ヲ一貫スル點ニ於テ折衷説ニ贊セントス從テ連續犯タルニハ左ノ要件ヲ要ス。

連續犯ノ要件

第一被害法益ノ單一ナルコト

第一 被害法益ノ單一ナルコト。

被害法益ノ何タルカハ各種ノ犯罪ニ就テ細密ナル研究ヲ遂ケサル可カラス而シテ其法益カ單一ナリヤ否ヤノ標準ハ曩キニ説述シタル所ナリ（一罪及數罪論參照）

第二意思カ單一ナルコト

第二 意思ノ單一ナルコト

意思ハ一個ノ法益ニ對スル一回ノ侵害ヲ觀念スル場合及一個ノ法益ニ對スル侵害ヲ繰返ス觀念アル場合ニ於テ單一ニシテ結果ハ單一ナル意思ノ內容ヲ構成スル侵害行爲ニヨリ生スルモノニ限リテ單一ナリ故ニ數個ノ法益ヲ侵害スル意思アルトキ又ハ同一法益ニ對スル侵害カ繼續セサル個々ノ意思ナルトキハ共ニ數個ノ結果ヲ認メサル可カラス（此ニ云フ結果中ニハ危險ヲモ包含ス）

即チ數個ノ行爲カ連續一罪タルニハ犯罪ノ意思及結果カ倶ニ單一ナルコトヲ要ス而シテ數個ノ行爲カ何レモ同一ノ罪名ニ觸ルルコトヲ要スルハ敢テ論ヲ俟タス。

過失犯ニ連續犯アリヤ

一　過失犯ニ連續犯アリヤ

過失犯ニ連續犯アリヤ否ヤハ議論ノ區々タル所ナリ。

客觀說

客觀說　連續犯ノ意義ヲ全然客觀的要素即チ行爲ノミニ因リテ決定セントスル學說ニ從フトキハ過失ニヨル行爲モ亦行爲ノ一態樣ナルカ故ニ本問ヲ肯定セサル可カラス。

主觀說

主觀說　連續犯ノ意義ヲ主觀的ニ觀察シ連續行爲ニヨル法益ノ侵害ニ對シテハ包括的故意ヲ要ストノ學說ニ從フトキハ過失ハ故意ノ概念ト相反撥スルモノナルカ故ニ本問ヲ否定セサル可カラス。

析衷說

折衷說　場合ヲ分チテ論スル說ニ從フトキハ本人カ結果ヲ豫見シタルモ其行爲ノ違法ニ就テ錯誤ニ陷リタル場合ニ於ケル過失犯ニアリテハ連續犯ヲ存シ結果ニ就テ錯誤ノ存スル場合ニ於ケル過失犯ニアリテハ連

續犯ヲ認ムルコトヲ得スト。

違法ノ認識ヲ故意ノ要素トスルトキハ此說ニ左袒スルコトヲ得ルモ違法性ニ關スル錯誤ハ故意ヲ阻却セス從テ過失ヲ存セスト云フ通說ニ從フトキハ折衷說ヲ採用ス可カラス。

斷定

要之本問所決ノ前提タル學說ノ孰レヲ採ルカニヨリテ或ハ主觀說ヲ取ルコトヲ得ヘク或ハ客觀說ヲ採ルコトヲ得ヘシ予輩ハ連續犯モ犯行ナルカ故ニ過失ニヨル連續犯アリト認ムルモノ也而シテ法律カ過失犯ヲ罰スルハ各本條ニ規定スルトキニ限ルカ故ニ罰スヘキ過失ニヨル連續犯モ亦各本條ニ照合シテ斷定セサル可カラスト信ス。

二 持續犯

持續犯ノ意義

連續犯ト相似テ而シテ其性質ヲ異ニスルモノアリ持續犯之レナリ。持續犯トハ一個ノ法益ヲ一個ノ行爲ヲ以テ持續的ニ侵害スルニヨリテ成立スル犯罪ヲ云フ（例ヘハ監禁罪ノ如シ）

連續犯トノ差異

連續犯ト異ル點ハ連續犯ハ各個ニ一罪ツツヲ構成シ得ル數個ノ行爲カ

間遏的ニ屬々繰返サルルニヨリ一團ノ罪トナルニ反シ持續犯ハ一個ノ行爲ニヨリ生シタル不法狀態カ間斷ナク維持セラルル點ニ於テ異ル。或ハ持續犯ヲ解シテ一定ノ不法行爲ナル積極的行爲及ヒ之ヲ原狀ニ回復セサル消極的行爲トノ二要素ヨリ成立スト說明スル學者アルモ是レ不當ノ觀察ナリ何トナレハ其所謂消極行爲ハ積極行爲ノ結果タルニ過キスシテ原狀ニ回復スル迄ハ常ニ持續スルモノナレハナリ。

連續犯ノ分

三　連續犯ノ處分

連續犯ハ一罪トシテ處分スヘキコトハ法律ノ命スル所ナルカ故ニ諸種ノ關係ニ於テ之ヲ分割シテ觀察スルヲ許サス只タ確定判決アリタル場合ハ犯罪ノ連續ヲ中斷スルモノト解セサル可カラス蓋シ確定判決後ニ於ケル犯罪ハ確定判決以前ノ犯罪ト別個ノ犯罪トシテ觀察セラレ前犯罪トノ關係ニ於テ累犯關係ヲ生シ犯罪トシテノ價値ヲ異ニスルニ至レハナリ從テ確定判決前ニ於ケル連續犯ハ行爲ノ一部ノミニ就キ起訴アリタル場合ニ於テモ全部ニ就テ審理シ若シ又一部ニ就キ確定判決アリタルトキハ其

餘分ニ就テハ新タニ科刑スルヲ得ス。

持續犯、結合犯、及集合犯ハ連續犯ノ觀念ト其性質ヲ異ニスルモ一罪トシテ處分セラルヘキ點ニ至ツテハ全然同樣ナリ（明治三十七年大審院判決錄一七二頁參照）

第三款　競合犯及牽連犯

刑法第五十四依（一個ノ行爲ニシテ數個ノ罪名ニ觸レ又ハ犯罪ノ手段若クハ結果タル行爲ニシテ他ノ罪名ニ觸ルルトキハ其最モ重キ刑ヲ以テ處斷ス、第四十九條第二項ノ規定ハ前項ノ場合ニ之ヲ適用ス。）

數個ノ行爲ニシテ數個ノ罪名ニ觸ルル場合ヲ實質的競合犯ト稱シ、一個ノ行爲ニシテ數個ノ罪名ニ觸ルル場合ヲ想像的競合犯ト云ヒ、犯罪ノ手段タル行爲若シクハ犯罪ノ結果タル行爲カ他ノ罪名ニ觸ルル場合ヲ牽連犯ト稱ス。

舊刑法ニ於テハ其孰レノ場合タルヲ問ハス數罪トシテ處分シタルモ新刑法ニ於テハ特ニ第五十四條ニ於テ想像的競合犯及牽連犯ヲ數罪ノ場合ト區別シテ規定シタルカ故ニ一罪トシテ處分スヘキモノナリヤ否ヤニ就

實質的競合犯

想像的競合犯

牽連犯

競合犯及牽連犯ハ一罪ナリヤ數罪ナリヤ

數罪處分說

一罪處分說

テ議論アリ。

數罪處分論者ハ第五十四條ハ第一併合罪ノ章程中ニ規定セラレタルコト第二次條ニハ一罪トシテ處斷スヘキ旨ヲ明記スルモ本條ニハ之ヲ缺クコト從テ連續犯ハ數罪トシテ處分スヘキモノナリト說キ、一罪處分論者ハ若シ數罪處分論者ノ主張スルカ如ク數罪ヲ認メタルモノトスルトキハ一罪、前ニ發覺シ既ニ判決ヲ經タル後他ノ罪名發覺シタル場合ニ於テハ其處分ニ關シ例ヘハ舊刑法第百二條ノ如キ規定ヲ存セサル可カラス、若シクハ之ヲ別個ニ判決シタルトキハ執行ニ關シ新刑法第五十一條ノ如キ規定ヲ存セサル可カラサルニ之ヲ欠如スルカ故ニ刑法ハ一罪トシテ處分スヘキコトヲ認メタルモノナリト說ク。

參考（舊刑法百二條一罪前ニ發シ已ニ判決ヲ經テ餘罪後ニ發覺シ其輕ク若シクハ等シキモノハ之ヲ論セス其重キモノハ更ニ之ヲ論シ前發ノ刑ヲ以テ後發ノ刑ニ通算ス云々以下略）

兩說ノ是非ハ容易ニ定メ易カラスト雖予輩ハ本條ノ場合ヲ以テ一罪ナリトスル說ニ左袒シ一個ノ罪名ニ付テ既ニ判決ヲ經タルトキハ後日他ノ

罪名發覺スルモ之ヲ審理スルコトヲ許ササル精神ナリト解セント欲ス。

第一　想像的競合犯

第一想像的競合犯

異種競合ト同種競合

想像的競合犯ニハ異種ノ想像的競合ト同種ノ想像的競合トアリ、例ヘハ一丸ニテ數人ヲ殺害スル場合ハ同種ノ想像的競合犯ニシテ一丸ヲ以テ人ヲ殺シ且ツ他人ノ器物ヲ毀壞シタル場合ハ異種ノ想像的競合犯ナリトス、而シテ法典ニ所謂一個ノ行爲ニシテ數個ノ罪名ニ觸ルル場合ハ即チ異種ノ想像的競合犯ヲ指稱スルモノ也、蓋シ同種ノ想像的競合犯ニ於テハ特別ノ規定ヲ要セスシテ適用スヘキ單一ノ法規アレハ也。

刑法五十四條ハ純然タル法條競合也

想像的競合ヲ以テ一罪ナリト認ムルトキハ第五十四條ハ純然タル法條競合ニ關スル場合ナリ、法條競合ニ對シテ準法條競合ト稱スヘキ場合アリ、準法條競合ニアリテハ五十四條ノ規定ニヨルコトナク一般ノ法理ニヨリテ適用スヘキ法條ヲ決ス、其主ナル場合ヲ揭クレハ左ノ如シ。

一普通法ト特別法トノ關係

一　普通法ト特別法トノ關係　一法條カ他ノ法條ニ對シ特別規定タル場合ニアリテハ特別法ハ普通法ニ優先ス、而シテ此原則ハ獨リ一般法令ト特別法令トノ間ニ存スルノミナラス同一法令中ニ於ケル各本條間ニモ存在ス即チ各本條間ニ於テハ複雜法ハ單純法ニ優先シ、變態法ハ通態法ニ優先ス。

二 主本法ト補充法トノ關係　或ル法條カ他ノ法條ノ缺所ヲ補充スル爲メニ設ケラレタル場合ニ於テハ主本法ハ補充法ニ優先ス。

三 實害法ト危險法トノ關係　實害法ハ危險法ヲ吸收ス故ニ同一行爲ニ付キ既遂罪トシテ處罰スルトキハ未遂又ハ豫備ノ規定ヲ適用スルコトヲ得ス。

四 獨行法ト附隨法トノ關係　獨行法ハ附隨法ヲ吸收ス故ニ例ヘハ一人カ同一行爲ニ就キ正犯トシテ處罰セラルルトキハ敎唆又ハ從犯ノ規定ヲ適用スルコトヲ得ス。

第二　牽連犯

第一　或犯罪ノ手段タル行爲カ他ノ罪名ニ觸ルルトキ

此ノ場合ニ於テハ一罪トナルヤ數罪トナルヤハ抽象的ノ理論ニ依ルト

キハ一箇ノ疑問ナリト雖予輩ハ第五十四條ノ規定ハ二者ノ合一ヲ認メタルモノト解スルカ故ニ一罪トシテ處罰スヘキモノト信ス。

或ル犯罪ノ手段タル行爲ノ意義

或ル犯罪ノ手段タル行爲トハ如何ナル行爲ナルヤ。

廣義ノ解釋

之ヲ廣義ニ解スルトキハ他日人ヲ殺スノ用ニ供スル兇器ヲ買入ルル爲メ金錢ヲ窃取シ其金錢ニヨリテ兇器ヲ買入レ遂ニ其目的ヲ達シタル場合ニ於テモ其竊取行爲ハ殺人行爲ノ手段タル行爲ナリト云フコトヲ得ヘシト雖殺人罪ヲ犯サントスル希望カ乙罪ヲ犯スノ動機トナルモ動機ハ犯罪ノ成立及ヒ法定ノ處分ニ何等ノ影響ナキヲ原則トスルカ故ニ斯クノ如キ廣キ解釋ヲ採用スルハ穩當ナル見解ニ非ス。

狹義ノ解釋

案スルニ法律カ或ル犯罪ト其手段タル犯罪行爲トヲ同一罪トスルハ其間殆ント分離ス可カラサル關係ノ存スルニ因ルモノト解スルコトヲ要ス、從テ犯罪ノ手段タル行爲トハ犯罪ノ實行手段タル行爲ノミニ限ルモノニシテ其犯罪ノ構成要件ニ屬スルモノニアラサル行爲タルコトヲ要ス、例ヘハ屋内竊盜罪ニ於テハ竊盜ノ手段トシテ他人ノ住居ニ侵入セサ

二）或犯罪ノ結果タル行爲カ他ノ罪名ニ觸ルルトキ

結果タル行爲ノ意義

ル可カラス此場合ニ於テ家宅侵入ナル他ノ罪名ニ觸ルル行爲ハ即チ竊盜罪ノ手段タル行爲ニシテ他人ノ家宅ニ侵入スルニ非ラサレハ屋内竊盜罪ヲ構成セス即チ家宅侵入ト屋内竊盜トハ犯罪ノ實行上分離ス可カラサル關係ヲ有ス斯ル關係アル場合ニ於テノミ犯罪ノ手段タル行爲ト云フコトヲ得。

第二 或犯罪ノ結果タル行爲カ他ノ罪名ニ觸ルルトキ

或ル犯罪ノ結果タル行爲トハ或ル犯罪ノ手段タル行爲ト同シク其犯罪ノ構成要素ニ屬セサル行爲ニシテ而カモ其犯罪ノ當然ノ結果タル行爲ヲ云フモノ也例ヘハ殺人罪ニ於テ死體ヲ遺棄スルカ如キハ殺人罪ノ構成要素ニ屬セサル行爲ニシテ且殺人罪ノ當然ノ結果タル行爲ナルカ如シ。

之ヲ一面ヨリ觀察スルトキハ例ヘハ遺棄ハ殺人罪ノ結果タル行爲ナルモ他ノ一面ヨリ觀察スルトキハ殺害ハ遺棄ノ手段行爲也然レ共殺害ハ遺棄ノ實行手段ニ非ラサルカ故ニ遺棄ヲ殺人罪ノ結果タル行爲ト認ム

ルヲ正當トス。

犯罪後ニ於テ其犯跡ヲ掩ハンカ爲メニスル犯罪ハ別罪ヲ構成ス例ヘハ竊盜ノ犯罪ヲ掩ハンカ爲メニ放火シタル場合ノ如シ故ニ此ノ場合ハ前場合ト區別スルコトヲ要ス判例アリ。

大審院判例

大審院判例（明治三十三年判決）要旨。

郵便爲替券ヲ竊取シ之ヲ變換行使シテ金員ヲ收受シタルトキハ竊盜及ヒ官文書僞造行使罪ヲ構成ス。

第三 想像的競合犯及牽連犯ノ處分

重キ刑ニヨリテ處斷ス

想像的競合犯及牽連犯ヲ以テ合一的ノ一罪ナリト爲ストキハ數個ノ罪名ニ對スル數個ノ刑ニ就キ何レヲ適用スヘキカノ問題ヲ生ス法律ハ其尤モ重キ刑ヲ以テ此等ノ合一的一罪ヲ處斷スヘキモノナリト規定ス、最モ重キ刑トハ數個ノ罪名中最モ重キモノニ對スル刑ニ從ツテ處斷スルノ意味ニシテ法定刑ノ範圍內ニ於テ出來得ル限リ重刑ヲ選ミ其極度ニ於テ處斷スヘシトノ謂ニ非ス。

或犯罪ノ手段又ハ結果タル犯罪行爲ト其主タル犯罪トハ合一シテ一罪ヲ構成スルカ故ニ總テノ關係ニ於テ單一的ニ觀察スヘク分離シテ處分スルコトヲ得ス故ニ例ヘハ時效ノ如キモ其最後ノ行爲ノ時ヨリ起算シ其最モ重キ罪刑ニ從フテ期間ヲ定メサル可カラス。

第四款　併合罪

併合罪ノ意義

刑法第四十五條　確定裁判ヲ經サル數罪ヲ併合罪トス若シ或罪ニ就キ確定裁判アリタルトキハ止タ其罪ト其裁判確定前ニ犯シタル罪トヲ併合罪トス

併合罪トハ確定裁判ヲ經サル前ニ犯サレタル數罪相互ノ關係ナリ。

或ハ數箇ノ犯罪カ同一審級ニ於テ倶ニ發覺シ同時ニ審判ノ目的トナルコトアリ或ハ或罪ノミカ先ニ發覺シテ確定裁判ヲ經タル後他ノ罪カ發覺スル場合アリ、何レモ併合罪ノ關係ヲ生ス、然レ共確定裁判前ノ犯罪ト確定裁判後ノ犯罪トノ關係ハ累犯ニシテ絶對ニ併合罪ノ關係ヲ生セス。

併合罪ノ處分

併合罪ノ處分（刑法第四十六條乃至第五十三條參照）

併合罪ノ處分ニ關シテハ三主義アリ。

第一吸收主義

第一吸收主義　此主義ハ數箇ノ犯罪中一ノ重キニ從ツテ處斷スルヲ原則トス舊刑法ハ此ノ主義ヲ採用シタリ然レ共此ノ主義ニ依ルトキハ一旦罪ヲ犯シタルモノハ其後之ト同等若シクハ之ヨリ輕キ罪ヲ幾度犯スモ同一ノ處分ヲ受クルニ止マルカ故ニ同等以下ノ數罪ヲ奬勵スルノ結果ヲ生ス。

第二併科主義

第二併科主義　此ノ主義ハ各犯罪ノ刑罰ヲ併科スル主義ナルカ故ニ吸收主義ノ如キ弊害ナシト雖モ數箇ノ死刑又ハ死刑ト無期刑トヲ併科スルカ如キハ事實上不能ナルノミナラス又長期間ノ自由刑ヲ併科スルトキハ其刑期幾十年ノ久シキニ亘リ頗ル苛酷ニ失ス。

第三制限加重主義

第三制限加重主義　此ノ主義ハ一定ノ標準ヲ求メテ或ル刑罰ヲ併科シ或ハ一罪ニ吸收セシム。

新刑法ハ原則トシテ制限加重主義ヲ採ル

我新刑法ハ原則トシテ併科主義ヲ採リ場合ニヨリ制限加重主義ニ從ヒ或ハ吸收主義ニ從フ左ノ如シ。

(a) 罰金刑ト他ノ刑トハ併科ス二箇以上ノ罰金ハ其合算額ヲ以テ長期ト

ス但シ併合罪中ノ罪ニ付キ死刑ニ處スヘキトキハ死刑ト罰金刑トヲ併科スルコトヲ得ス（第四十八條）科料及沒收ハ併科ス。

(b) 自由刑ハ制限加重主義ニ從フ即チ併合罪中二箇以上ノ有期ノ懲役又ハ禁錮ニ處スヘキ罪アルトキハ其最モ重キ罪ニ付キ定メタル刑ノ長期ニ其半數ヲ加ヘタルモノヲ以テ長期トス但各罪ニ付キ定メタル刑ノ長期ヲ合算シタルモノニ超ユルコトヲ得ス（第四十七條）合算期間内ナリト雖モ二十年ヲ超ユルコトヲ得ス（第十四條）

(c) 死刑ト他ノ刑罰又ハ無期刑ト他ノ自由刑トハ吸收主義ニ從フ（第四十六條）

併合罪中既ニ裁判ヲ經タル罪ト未タ裁判ヲ經サル罪トアルトキハ更ニ裁判ヲ經サル罪ニ付キ處斷ス（第五十條）未タ裁判ヲ經サル罪カ數箇ナル場合ハ其數箇ニ就キ併合罪トシテ處斷ス。

若シ併合罪ニ就キ二箇以上ノ裁判アリタルトキハ同條ノ趣旨ヲ貫徹スル爲メ其刑ヲ併セテ執行スルヲ原則トス、啻死刑ヲ執行スヘキトキハ沒收ヲ除クノ外他ノ刑ヲ執行セス無期ノ懲役又ハ禁錮ヲ執行スヘキトキハ罰金、科料及沒收ヲ除ク外他ノ刑ヲ執行セス有期ノ懲役又ハ禁錮ハ其最モ重キ罪ニ就キ定メタル刑ノ長期ニ其半數ヲ加ヘタルモノニ超ユルコトヲ得ス(第五十一條)

併合罪ニ付キ處斷セラレタル者カ或罪ニ付キ大赦ヲ受ケタル場合ニ於テハ特ニ大赦ヲ受ケサル罪ニ付キ刑ヲ定ム(第五十二條)此ノ規定ノ適用アル場合ハ吸收主義ノ場合及ヒ併合刑ヲ以テ處斷セラレタル場合ニ其併合刑中ノ一ニ付キ大赦アリタル場合ニノミ關スルモノニシテ初メヨリ併科サレタル場合若シクハ別個ノ裁判ニヨリテ各別ニ刑期カ確定セル場合ニ於テハ本條ノ適用ナシトス。

第五款　累犯

(刑法第五十六條乃至第五十九條)

確定判決ヲ經タル犯罪ト確定判決後ノ犯罪トノ關係ヲ累犯ト稱ス。

犯ノ意義　總テ犯罪人ハ科刑的豫戒ヲ無視スル非社會性ヲ有スルモノ也然レ共其間

十九世紀ノ刑法學界ハ累犯豫防ニ全力ヲ注ケリ

又自ラ程度ノ差異アリ一旦刑辟ニ觸ルルトキハ衷心悔悟シテ良民トナルモノアリ反之科刑ヲ無視スル累犯者ハ社會ヲ侵害スルコト最モ大ナル惡性ヲ有スルモノ也、於此乎累犯續出ノ豫防策トシテ刑罰加重ノ一般的原因トナスヘキカ將タ特別原因ト爲スヘキカニ就テハ諸國ノ立法例必スシモ同一ニアラスト雖十九世紀博愛主義ノ學説唱導サレ博愛主義ニヨリテ立法サルルニ至リシ以來累犯ノ續出甚タ多ク殆ント十九世紀ノ刑法學界ハ累犯ヲ如何ニシテ豫防スヘキカヲ以テ燒點トシ特別處分ヲ要ストスル點ニ就テハ殆ント異論ナシ、

累犯嚴罰ノ理由

累犯ト常況犯

而シテ斯クノ如ク累犯ヲ嫌惡スル所以ハ累犯ハ往々常況犯罪性ヲ特標スルカ爲メ也、蓋シ累犯ト雖必スシモ初犯ニ比シテ危險ナリト云フ可カラサル場合ナキニ非ス、

累犯ト機會犯

於此乎累犯嚴罰ノ法制ハ其犯罪カ他人ノ法益ヲ無視シ犯罪ヲ常業ト思考スルカ如キ深固ナル犯罪性ノ特標ナルヤ將タ又出獄後社會良民ニ齒スルコト能ハサル結果トシテ生活資料獲得ノ不能若シクハ著シキ困難ニ抵抗スル手段ノ欠缺又ハ偶然ノ機會ニ原因シタルヤ否ヤヲ以テ刑罰裁量ノ標準點トナササル可カラス、換言

累犯ノ要件

スレハ累犯嚴罰ノ法制ハ累犯カ慣行犯タルヘキ場合ニ於ケル豫防策ニシテ機會犯タル場合ニ於テハ必スシモ嚴罰スルコトヲ要セス。

一　累犯ノ要件

(一) (イ)懲役ニ處セラレタルカ(ロ)懲役ニ該ル罪ト同質ノ罪ニ因リ死刑ニ處セラレタルモ其免除ヲ得又ハ懲役ニ減輕セラレタルカ(ハ)又ハ曩キノ併合罪中懲役ニ處スヘキ罪アリタルカ其一ニ處ルコト。

後ノ犯罪ニヨリ有期懲役ニ處スヘキ場合ナルコト。

蓋シ如何ナル犯罪ニ於テモ累犯ヲ認ムヘキヤ否ヤハ新刑法ノ如ク累犯ヲ以テ一般的加重原因ナリトスル法典ニ於テ特ニ考究ヲ要スヘキ問題ニシテ舊刑法ニ於テハ如何ナル犯罪ニ於テモ累犯トシテ處罰シタルモ累犯嚴罰ノ理由カ既ニ慣行的犯罪性ノ抑壓ニアル以上ハ總テノ犯罪ニ就テ此ノ關係ヲ認ムルノ必要ナキカ故ニ新刑法ハ特ニ懲役ニ處セラレ又ハ處セラルヘキ場合ニ付テノミ累犯關係ヲ認メタリ。

(二) 刑ノ執行ヲ終リ又ハ執行ノ免除ヲ得タル日ヨリ五年以内ニ犯シタル

常況的犯罪性ノ鎮壓ナルガ故ニ前犯執行後五年内タルコト

コト。

前犯ト後犯トノ間ニ於ケル日數ニ付テハ制限ヲ付セサル法律アリ舊刑法ノ如キ即チ之レ也、然レ共累犯ハ前犯後久シカラサル期間内ニ發生スルモノ最モ多ク又斯ノ如キ場合ニ於テ常況犯的慣行性ヲ養成スルノ虞アルカ故ニ新刑法ハ五年以内タルコトヲ條件トセリ。

而シテ累犯關係ヲ認ムルニハ刑ノ執行ヲ終リタルコト又ハ免除ヲ得タルコトヲ要件トセリ、舊刑法ニ於テ確定判決後ニ於ケル犯行アレハ即チ累犯トシテ處斷シタリト雖刑罰ノ效果ノ有無ハ刑罰執行ノ後チニ非ラサレハ判知シ難キカ故ニ新刑法ハ此ノ條件ヲ必要トシタリ。

大赦又ハ刑ノ執行猶豫ノ完成ハ執行ヲ免除スルニ止マラスシテ處刑ノ全效果ヲ滅却スルモノナルカ故ニ其犯罪ヲシテ累犯ノ基礎タラシムルヲ得ス。

二 累犯ノ處分

(三) 累犯ノ處分

累犯ハ法定刑ノ長期ノ二倍ニ至ル迄加重スルコトヲ得、但シ二十年以上ニ上ルコトヲ得ス。

累犯ヲ如何ニ處分スヘキカハ十九世紀刑法學界ノ大問題タリシナリ舊刑法ノ如キハ初犯ノ刑ニ一等加重ヲ認メタルニ過キサリシカ新刑法ハ全然此ノ規定ヲ改正シ前掲ノ如キ處分方法ヲ認メタリ。

累犯嚴罰ノ法制ヲ採ルモ裁判ノ際僞名其他ノ原因ニヨリ累犯者タルコトヲ發見セサル爲メ初犯ノ刑ヲ科シ裁判後ニ至リ累犯者タルコト發覺スル場合尠カラス舊刑法ニ於テハ斯ノ如キ場合ニ處スル規定ナカリシカ新刑法ハ此ノ場合ニ於テハ更ラニ刑ヲ加重スヘキコトヲ規定シタリ（第五十八條第一項）思フニ此ノ規定ハ刑事法ノ大原則タル一事不再理ノ大原則ヲ打破シタル新立法ナリ然レ共一旦執行ヲ終リ又ハ此執行ヲ免除シタル後ニ發見セラレタル者ニ對シテハ此ノ規定ヲ適用セス（第五十八條第二項）

犯罪論終

明治四十二年十月十二日印刷
明治四十二年十月十五日發行
大正元年十月廿五日再版印刷
大正元年十月三十日再版發行

犯罪論奥附
定價金壹圓七拾五錢

著作者　甘糟勇雄
東京市神田區仲猿樂町一番地
發行者　波多野重太郎
東京市麹町區飯田町三丁目四番地
印刷者　藤田知治

東京神田裏神保町
東京神田仲猿樂町
電話本局二二五四番
振替東京六五五六番
發兌元　巖松堂書店

（印刷所　東京市小石川區久堅町百八番地　博文館印刷所）

索引

▲叢書—▲法學通論—▲法理—▲行政法—警察監獄—鐵道—稅務—▲刑法—
▲刑事政策—▲民法—▲商法—▲訴訟法—競賣—▲國際法—▲工業法—
特許—商標—▲產業—▲教育—▲法典—▲判例—▲受驗要書

法學博士 松本烝治著

法學論叢 **商法改正法評論**

增補第三版 並製 定價金壹圓貳拾錢 上製 定價金貳拾五錢增 內地送料金八錢金拾貳錢

曩ニ商法中改正法律案ノ發表セラルルヤ朝野ノ耳目皆之ニ萃マル乃チ松本博士ハ其該博ナル學識ト雄健ナル文章トヲ以テ該法律案ヲ論評スルコト剴切ヲ極メタリ今ハ又確定公布ノ法文ニ就テ追論ヲ加フ故ニ改正商法ノ解說書トシテ攻法家ノ一讀ヲ要スルモノナリ好評嘖々既ニ第三版ニ及ブ

法學士 鹽田環著

法學論叢 **船員論**

新版 全一册 定價金壹圓拾錢 脊皮製貳拾五錢增 內地送料金十錢

著者ハ海法ニ造詣深キノ人、今其研鑽ノ餘ニ成レル本書一編ヲ公ニス、船長及ヒ海員ノ地位並ニ其權利義務ヲ論スルコト詳密ヲ極メタリ海法研究者ニ取リテハ實ニ見逃ス可カラサル好參考書ナリ、內容ノ一般ハ左ノ要目ニ就テ窺ハレヨ

目次大要

第一編 總論
●第一章 船員 ●第二章 船員手帳

第二編 船長
●第一章 船長ノ性質 ◎第一節 公法上ノ性質 ◎第二節 私法上ノ性質 ◎第三節 船長ノ任免
●第二章 船長ノ權利義務 ◎第一節 船長ノ權限 ◎第二節 船長ノ義務 ●第三章 船長ノ責任
◎第一節 公法上ノ責任 ◎第二節 私法上ノ責任

第三編 海員
●第一章 總論 ◎第一節 立法政策 ◎第三節 海員ノ意義 ●第二章 海員ノ權利義務 ◎第一節 船長
海員ノ權利 ◎第二節 海員ノ義務 ●第三章・雇入契約ノ消滅 ◎第一節 總論 ◎第二節 船長
ノ海員雇止權 ◎第三節 海員ノ雇止請求權 ◎第四節 海員雇入契約ノ終了

ドクトル ユーリス 神戸寅次郎著

法學論叢 **權利質論**

新版 全一册 定價金五拾錢 內地送料金六錢

物權法ノ中ニテモ擔保物權ニ關シテハ疑義ヲ生シ易ク殊ニ質權ニ就テハ權利質タル一大疑團ヲ存ス本書ハ斯法學者トシテ盛名アル神戸先生カ此疑團ニ向ツテ剖解ヲ與ヘラレタルモノニシテ博引旁證、論理整然、記述ノ詳密疑義ヲ殘スノ餘地ナキヲ期サレタルモノナレハ斯法攻究家ノ必ス一讀サルヘキモノナリ

法學博士 副島義一著
法學論叢 **國家論** 全一冊

法學士 岩田一郎著
法學論叢 **確認訴訟論** 全一冊

フリードリヒ、ハルムス原著
法學士 三瀦信三譯
法學論叢 **法律哲學概論** 全一冊

法學博士 中村進午著
法學通論 再版 全一冊 定價金貳圓 内地送料金拾貳錢

法學通論ハ法律學ノ全般ニ渉リテ其大體ヲ會得セシムルノ學ナリ隨テ學者モ之カ記述ヲ難スル所ニシテ其良著ニ乏シキ以所ナリ著者中村先生ハ我邦法學界ノ耆宿トシテ推重セラルルノ人ナリ先生ノ博識ト能文トヲ以テ玆ニ本書ヲ公ニセラル論議明確ニシテ記述序アリ文章雄健ニシテ要領ヲ得タリ眞ニ法學通論ノ良著トシテ推稱スルニ憚ラス

法典質疑會編纂
法典質疑録 再版 全三冊 定價各金五拾錢 内地送料各金六錢

上卷（憲法、行政法、刑法 國際公法、國際私法） 中卷（民法） 下卷（商法、刑事訴訟法、民事訴訟法 破產法、競賣法、裁判所構成法）

法典質疑會編纂
續法典質疑録 新版 全一冊 定價金七拾五錢 内地送料金六錢

一、本書ハ法學志林登載ノ質疑問答ヲ編別輯錄シタルモノナリ
一、法學志林ノ質疑問答ハ法政大學校友及ヒ法典質疑會々員ノ提出シタル疑問ニ對シ各專門學者カ明快ナル答辯ヲ與ヘラレタルモノナリ
一、本書ノ解答者ハ梅、富井、富谷、岡村、岡野、岡田、仁井田、志田、加藤、川名、横田、寺尾、副島、中村、秋山、粟津、山田、清水、岡松、山口、織田、松本、豊島、上杉ノ二十四博士及ヒ牧野（菊之助）牧野（英一）、谷野、松岡、小疇、泉二、和仁、岩田、片山、佐竹、鈴木（英太郎）乾、板倉、飯島、鳩山、西脇、清水其他數十ノ學士ナリ

法學士 岡村玄治著
法之眞髓 新版 全一冊 定價金七拾五錢 内地送料金六錢

目次大要

著者ハ少壯法學者トシテ法理ノ基礎觀念ヲ解說シテ自ラ一家ノ見ヲ立ツ文章明快暢達、議論穩健深刻、著者カ眞摯ナル努力ノ蹟ハ亦以テ學界ノ珍トス可キモノナリ苟クモ法學ヲ修ムルノ士殊ニ法理ノ秘奧ヲ窮メント欲スル人ハ本書ヲ一讀セサル可カラス

法學士 山本晉著

法理に關する初學者の疑問

新版 全一册 定價金壹圓貳拾錢 內地送料金八錢

寬博士本書卷頭ニ序シテ曰ク「高遠ヲ達觀スルハ卑近ヲ洞察スル所以、卑近ヲ實行スルハ遠大ヲ實現スル所以ナリ、故ニ近キヲ忘レサルハ元ヨリ悟ニシテ、爲メニ遠キヲ忘ルルハ大ナル迷ナリ、學朋山本晉君此ノ時弊ヲ匡正セントシ、其ノ一端トシテ法理ニ關スル疑義ヲ公ニセントス蓋シ疑ヒハ智ヲ待ツテ生シ、疑起ツテ智益々明カナリ、轉疑即是明智、斷惑即是證智ノミ、今君カ賦意提出スル疑問ハ自家ノ智ヲ明カニスル順序ニシテ亦少クモ現代學界ノ惑ヲ斷スル階梯ナリ、然モ其最後ノ根據ヲ汎神論ニ求メ、小智ニ拘束セラレスシテ大智ニ賴ラントスルニ至ツテハ既ニ斷惑證智ニ屬スルモノノミ」ト法理ノ根本觀念タル＝因果關係＝意思＝意識＝法＝人格＝物＝推理ニ對シテ大々疑問ヲ提出シ舊來ノ學說ヲ論評シテ自家ノ見ヲ立ツ此ノ精銳勁拔ノ筆鋒ニ當リテ能ク敗レサル者幾何カアル

法學士 島村他三郎著

行政法要論

改訂再版 全一册 定價貳圓貳拾五錢 內地送料金拾六錢

分

汎論

類一班

行政設備篇
●總論…●營造物ノ觀念 ●營造物ノ成立及ヒ消滅…●營造物ノ種別…●營造物ノ使用

行政作用篇
●行政作用ノ範圍…●行政行爲ノ實質的分類…●行政行爲ノ形式的分類…●行政行爲ノ主體及客體…●行政行爲ノ成立要件…●行政行爲ノ效力
●第二位的行政行爲 ◎自動的匡正ノ目的ヲ有スル第二位的行政行爲…◎訴願裁決ノ形式ニ依ル他動的第二位的行政行爲（行政訴訟）…◎強制ノ目的ヲ有スル第二位的行政行爲

各論
大權作用ニ附隨スル行政
●軍務行政 ◎大權軍務ト行政トノ區別…◎人的軍事負擔…◎物的軍事負擔…◎其他ノ軍事行政事項
●外務行政 ◎外務行政ノ機關…◎領事ノ職務…◎領事裁判ノ性質
司法作用ニ附隨スル行政
立法作用ニ附隨スル行政
純粹行政
●財務行政 ◎總說…◎豫算．◎會計…◎國家ノ收入…◎決算
●內務行政 總論
◎警察行政（○警察ノ意義及範圍…○警察ト法令トノ關係…○警察ノ種別…○保安警察ノ範圍
◎助長行政（○衞生行政…○產業行政…○通信行政…○風化敎育行政…○宗敎行政
◎手段行政（○土地收用ニ關スル行政…○身分戶籍ニ關スル行政

島村先生行政法ヲ研鑽セラルルモノ茲ニ年アリ其造詣ニ至テハ洽ク世ノ認ムル所、今ヤ此著アル偶然ニ非ス、本書ハ紙數七百餘頁ニシテ總論各論ノ全部ニ涉リテ能ク講說ヲ盡サレタルモノナリ加之ラス文章平明、議論穩健、殊ニ分類按排ノ方ニ至リテハ現今ノ著書中ニ異彩ヲ放テリ行政實務ノ指針トシテ各種ノ試驗ノ參考書トシテ無比ノ良書ナリト謂フ可シ

法曹閣書院編纂

行政法理研究書

第四版 第一册 定價 上製 金貳圓貳拾五錢 金拾九錢 並製 金貳圓 金拾貳錢

（一）本書ハ行政法學ニ關スル內外諸家ノ學說ヲ網羅シ之ヲ組織的敎科書的ニ編纂シタルヲ以テ一書即チ他ノ著書數十册ヲ繙讀スルニ値ヒス（二）本書ニ輯錄シタル學說ニハ一々其出所及ヒ論者ノ氏名ヲ示シタルヲ以テ讀者ハ各大家ノ異論說ヲ明カニ甄別シテ會得スルコトヲ得ヘシ（三）本書ハ讀者ニ正確ナル智識ヲ與ヘンカ爲メニ處々新式ナル法理圖解ヲ加ヘタリ（四）本書ハ總論各論ヲ通シテ殆ント一千頁ノ大册ニシテ處々六號活字ヲ用ヒタルヲ以テ其內容ハ豐富ナリ

法曹閣書院編纂

行政執行法要義

再版 全一册 定價金五拾錢 內地送料 金六錢

警視廳第二部長法學博士 小濱松次郎著

增訂 警察行政要義

第十版 全一冊 定價金貳圓 內地送料金拾貳錢

著者ハ多年帝都警察ノ要職ニ居リ又警察行政ノ學理ヲ研鑽シテ其造詣ノ深キコト既ニ洽ネク世人ノ知ル所ナリ。本書ハ實ニ著者カ多年ノ蘊蓄ヲ傾倒セル大著ニシテ學理ヲ經トシ實際ヲ緯トシ一ニ警察實務ノ指針タラシメンコトヲ期シタルモノナリ。內容ノ整正、記述ノ懇切ナル未タ其比ヲ見サル所、好評嘖々、今增訂シテ十版ヲ發行スルニ至レリ以テ如何ニ本書カ歡迎セラレツツアルカヲ知ルニ足ラン。切ニ篤學ノ士ノ一讀ヲ待ツ

檢事 谷田勝之助著

警察犯處罰令講義

再版 全一冊 定價金拾錢 內地送料金貳錢

內容

緒論 警察犯ノ性質・警察犯ノ刑：警察犯處分：警察犯處罰令ト刑法總則トノ關係

總論 警察犯處罰令ノ效力：人ニ關スル效力・所ニ關スル效力・時ニ關スル效力：刑：拘留：科料・沒收・期間計算・假出場・刑ノ時效：犯罪ノ不成立及ヒ刑ノ減免：法令行爲及ヒ正當業務行爲：正當防衛行爲：緊急狀況行爲：無犯意行爲：精神障碍者ノ行爲：瘖啞者ノ行爲：幼者ノ行爲：自首：數罪ノ處分・共犯：酌量減刑・減刑例：

各論 逐條講義附錄・臺灣違警令・韓國警察犯處罰令：關東州警察犯處罰令

法學博士 小河滋次郎著

日本監獄法講義

新版 全一冊 定價金參圓 內地送料金拾六錢

小河博士ハ斯學ノ泰斗ニシテ盛名高キノ人本書ノ眞價如何ノ如キハ今更玆ニ呶々スルノ要ナカルヘシ本書ハ特ニ司獄官吏實務ノ指針タラシメン目的ヲ以テ監獄法ノ全部ニ涉リ、條ヲ逐ヒテ叮嚀親切ニ解釋セラレタルモノニシテ各條ノ下ニ參照法令ヲ拔キ關係法規トノ連絡解說ヲ加ヘ司法省ノ訓令回答警保局ノ回答其他帝國議會ノ議事ヲ參照シ各國獄制ヲ紹介シテ之ヲ比較說明スル等詳細ナルコトハ本書カ無比ノ大册ヲ成セルニ由リテモ之ヲ察シ得ヘシ

法學博士 小河滋次郎評註 無名氏著

監獄夢物語

新版 全一冊 定價金五拾錢 內地送料金八錢

著者無名氏實ハ有名ノ某博士外國監獄參觀ノ記事ニ寄セ監獄制度ノ長短ヲ云々ス其輕妙洒脫ノ筆致ハ讀者ヲシテ卷ヲ措ク能ハサラシム而モ玩味一番スルトキハ諷刺ノ意言外ニ溢ルルカ如ク小河博士ノ評註亦洒落相讓ラス而モ論鋒ノ一層鋭利ナルヲ見ル併セテ之ヲ讀ムニ一編堂々タル監獄制度論ナリ敢テ之ニ夢物語ト云フモ固ヨリ痴人夢ヲ說ク者ノ若キニ非サルナリ

鐵道院在勤 杉田百助著

鐵道行政汎論

新版 全一冊 定價 上製金貳圓 並製金壹圓五拾錢 內地送料 金拾六錢 金拾貳錢

本書ハ鐵道行政ニ關スル一般ノ智識ヲ與フル事ヲ目的トシ(一)一般行政上ニ於ケル鐵道行政ノ地位(二)鐵道行政權ノ作用(三)一般行政機關ノ組織權限(四)鐵道官吏ノ權利、義務責任(五)鐵道警察(六)鐵道運輸ノ法律關係等ニ就キテ詳細ナル解釋ヲ試ミラレタルモノニシテ鐵道行政實務家ノ一讀ヲ要スルモノナリ

法學士 關口健一郎著

現行 所得稅法要義

再版 全一冊 定價金八拾五錢 內地送料金八錢

行政裁判所評定官關口先生ノ新著ニ係ル由來所得稅ノ解釋適用ニ關シテハ幾多ノ疑義ヲ生シタル所今ヤ本書出ルアリ先生ノ明快ナル筆ニヨリテ凡百ノ難問ヲ剖解スルコトヲ得ム

東京稅務監督局屬 安光力著

印紙稅法精義

再版 全一冊 定價 金八拾錢 金六拾五錢 送料 金八錢 金六錢

學理上及實際上ヨリ印紙稅法ノ意義ヲ精細ニ說明シ殊ニ仕切書狀等ニ就テハ學說判例伺指令等ヲ照シ最モ詳密ニ之ヲ講究論述シ最普通ニ行ハル、諸帳簿ニ就テハイロハ索引ヲ附シ必要アル每ニ直ニ抽出スルコトヲ得セシメタリ

東京稅務監督局屬 安光力著

間接國稅犯則者 處分法要義

三版 全一冊 定價金五拾錢 內地送料金四錢

判例及ヒ本省ノ訓令通牒等苟クモ斯法ノ解釋ニ參考スヘキモノハ悉ク之ヲ參照ス、稅務官吏、稅關官吏諸士必讀ノ要書ナリ、好評嘖々、既ニ第 一版ヲ發行スルニ至レリ

梶康郎著

日本刑法綱要

全一冊 定價金壹圓貳拾錢 內地送料金拾貳錢

本書ハ新刑法ノ理論ヲ最モ簡潔明快ニ解說センコトヲ目的トシテ編纂セルモノナリ、即チ(イ)各章各條下ニ於テ一般ノ理論及ヒ學說ヲ掲ケ成ル可ク具體的設例ヲ爲シ(ロ)且ツ新刑法ノ理論トシテ參考トナル可キ大審院判決例ヲ引照シ(ハ)更ニ各章各節每ニ新刑法條項ノ全文ヲ掲ケ其末尾ニ舊刑法條文ノ對照索引ヲ設ケ專ラ實用ノ便益ヲ圖レリ紙數僅ニ四百五十頁內外ナリト雖モ其省筆摘要ノ巧妙ナル優ニ一千頁以上ノ著書ニ相當ス受驗者ノ參考實務家ノ指針トシテ恰好ノ良著ナリ

法學士 甘糟勇雄著

犯罪論

新版 全一冊 定價壹圓七拾五錢 內地送料金拾貳錢

目次大要

前編

後編

本書前編ハ社會學ヲ根トシテ、社會上ヨリ犯罪ヲ論評シ、刑事政策ヲ說キ、犯罪ヲ敍述シ、深ク社會心理學ノ壺奥ニ入リテ終ニ哲學ノ玄ヲ鈎ス。本書後編ハ新刑法ヲ蔕トシテ、法律上ヨリ犯罪ヲ考覈シ東西ノ學說ヲ援キ、判決例ヲ摘示シ、廣ク試驗問題ノ解說ヲ試ミテ能ク刑法學ノ疑ヲ聞ク。文章雄健、理論整正、一度ヒ本書ヲ繙ケハ坐ロニ卷ヲ措ク能ハサラシム、從來無味澗澹トシテ人ノ厭フ所ナリシモノモ本書ニ依テ無限ノ趣味ノ隨所ニ溢ルヲ見ン

司法省參事官　大場茂馬著

刑法各論

上卷三版　定價金貳圓五拾錢
下卷再版　定價金參圓參拾錢
内地送料各拾九錢

分類大

罪

一個人ノ法益ニ對スル罪(上卷)
- 生命ニ對スル罪 (一)生命ヲ害スル罪…(二)生命ヲ危ウスル罪
- 身體ニ對スル罪 (一)故意傷害罪…(二)過失傷害罪…(三)其他ノ傷害罪
- 自由ニ對スル罪 (一)一身上ノ自由ヲ害スル罪…(二)性交ノ自由ヲ害スル罪…(三)個人ノ法律的平穩ニ對スル罪
- 名譽ニ對スル罪 (一)刑法上ノ名譽ニ對スル罪…(二)特別法上ノ名譽ニ對スル罪
- 財産ニ對スル罪 (一)財産上ノ法益ヲ直接ニ侵害スル罪…(イ)物權ヲ害スル罪(ロ)債權ヲ害スル罪…(ハ)其他ノ財産權ヲ害スル罪…(二)法益ノ保有者ノ意思ニ影響ヲ及ホシ以テ財産上ノ法益ヲ害スル罪…(三)贓物ニ關スル罪

社會ノ法益ニ對スル罪(下卷)
- 社會ノ公安ニ對スル罪 (一)騷擾罪…(二)治安妨害罪…(三)犯罪煽動罪
- 公共ニ危險ナル罪 (一)放火及ヒ失火罪…(二)瓦斯、電氣、蒸汽ノ漏出、流出又ハ遮斷ニ因ル危險罪…(三)溢水及ヒ水利ニ關スル罪…(四)往來妨害罪…(五)飲料水ニ關スル罪…(六)爆發物ニ關スル罪
- 交通取引ノ誠實及ヒ信用ニ對スル罪 (一)通貨僞造罪…(二)印章僞造罪…(三)文書僞造罪…(四)有價證券僞造罪
- 社會ノ風俗ニ對スル罪 (一)猥褻、姦淫、重婚ニ關スル罪…(二)賭博及ヒ富籤ニ關スル罪…(三)禮拜所及ヒ墳墓ニ關スル罪…(四)阿片煙ニ關スル罪

要

國家ノ法益(下卷)ニ對スル罪

國家ノ存立ニ對スル罪（一）皇室ニ對スル罪…（二）内亂ニ關スル罪…（三）外患ニ關スル罪
國交ニ關スル罪
瀆職ノ罪（一）賄賂（二）職權濫用ニ依リ一個人ノ法益ヲ害スル罪
國權ニ對スル罪（一）公務員ニ對スル暴行脅迫罪（二）公務員ニ對スル强要罪…（三）公務員ノ爲シタル處分ニ對スル罪
立法、行政ニ對スル罪（一）國家ノ裁判ニ對スル罪…（二）特別法上ノ罪

大場先生ハ我邦正統刑法學派ノ重鎭トシテ盛名籍甚タリ殊ニ本書ハ先生苦心ノ大作ニシテ日本刑法各論唯一ノ著ナラスンハアラス宜ナルカナ聲價日ニ高キコトヤ、今既ニ其完成ヲ告ク誠ニ最近刑法學界ノ一大産物ナリ分類ノ斬新ト内容ノ豐富トハ未タ曾テ其比ヲ見サル所、敢テ篤學ノ士ノ一讀ヲ勸ム

判事 田山卓爾著

刑法施行法要論

新版 全一册 定價 上製 金九拾錢 並製 金六拾五錢 金八錢 金六錢

新刑法ハ全然舊派ノ思想ヲ棄テヽ一躍新派ノ學理ヲ採用シタルヲ以テ新舊法其内容ニ甚シキ懸隔アリ從テ刑法施行法ニ於テモ特殊ノ規定頗多ク到底專門家ノ解説ヲ竢タサレハ之ヲ解シ得ヘキニ非サル也

本書ハ刑事法ニ堪能ノ令聞高キ田山判事カ其明晰ナル頭腦ヲ以テ細密ノ鍵ヲ呵シ詳論細説大ニ斯法ノ眞髓ヲ闡明セラレタルモノニシテ難解ナル法條モ本書ヲ一讀過スレハ頗ル明白ニ理義ヲ感得スヘシ

檢事 山岡萬之助著

刑事叢書 全 刑事政策學

檢事 山岡萬之助著

刑事叢書 全 刑法論

司法省參事官 大場茂馬著

最近 刑事政策根本問題

再版 全一册 定價金壹圓拾錢 内地送料 金拾貳錢

犯罪ノ發生ハ如何ナル原因ニ基クカ犯罪及ヒ其原因ト牽連スル社會政策ヲ如何ニ料理スヘキカ抑犯罪ノ檢擧刑期ノ量定刑罰ノ執行ヲ如何ニスヘキカ大凡此等ノ諸問題ハ皆刑事政策學ノ分野ニ屬スルモノニシテ以テ犯罪ノ消滅減少ヲ講スヘキ任務ヲ有スル所以ナリ著者ハ西歐ニ遊學中夙ク斯學ニ關スル一書ヲ公刊シテ歐洲ノ學界ニ一大警醒ヲ與ヘ嘖々タル盛名ヲ博セラレタリキ爾來造詣益々深ク今ヤ刑事政策叢書ノ完成ヲ企圖セラレ玆ニ本書ノ發刊ヲ告クルニ至レリ蓋シ此種ノ著作ハ我國ニ於テハ本書ヲ以テ嚆矢ト爲スヘキモノナリ敢テ當路ノ有司並ニ憂國愛民ノ士ノ座右ニ薦焉

司法省參事官　大場茂馬著

個人識別法　一名指紋法

增補再版　全一冊　定價金壹圓八拾錢　內地送料金拾貳錢

刑事學ノ泰斗大場先生、外遊中ニ於ケル多年ノ研究ト歸來公餘ノ實驗トニ基キテ本書一篇ヲ著ハス。夫ノ指紋應用トベルチオン氏ノ人身測定トヲ比較考査シテ所謂個人識別ノ方法ヲ說明スルコト詳密叮嚀ヲ極メ且ツ實習用ノ寫眞版、木版及ヒ實驗ヲ經タル探偵用ノ寫眞總テ數百個ヲ挿入シテ精細ナル圖解ヲ爲ス。眞ニ我學界唯一無二ノ珍ニシテ今ヤ其增訂再版成ル。天下ノ法曹、醫家及ヒ警察司獄ノ官吏諸子ニ向テハ其職務上精讀ヲ望マサルヲ得ス

法學士　飯島喬平著

註釋　民法要論

全一冊

註釋　民法全書

全十二卷

註釋　民法全書發行ノ趣旨

民法施行セラレテヨリ茲ニ十餘年之ニ關スル述作ノ公刊セラレタルモノ少ナカラスト雖モ其全部ニ亘レル學理的ノ著書ハ殆ト之ヲ見ルコトヲ得ス是レ我法學界ノ大缺陷ト謂ハサルヘカラス而シテ其逐條的ノ註釋書ニ至リテハ特ニ一層ノ切要ヲ感セスンハアラス近時我法學界ノ傾向ハ學理ノ講究ヲ偏重スルノ結果動モスレハ逐條的註釋書ヲ輕視スルカ如シト雖モ一國ノ成法ヲ研鑽スルニ當リテハ法文ヲ離レテ學理ヲ求ムルコト能ハス學理ヲ講究セント欲スレハ必スヤ先ツ法文ノ意義ニ精通セサル可ラサルナリ故ニ註釋書ニシテ能ク學理ノ蘊奥ヲ極メタルモノアラハ講學者及ヒ實際家ニ對スル無上ノ指針タルヘシ而テ此ノ如キ良著ヲ渴望セルノ急ナルニ拘ハラス未タ之ヲ得ルコト能ハサルハ蓋シ其編纂事業ノ至難ナルニ由ルモノナルヘシ今敢テ吾カ微力ヲ顧ミス茲ニ註釋民法全書ヲ發行スル所以ノモノハ一ニ世人ノ此渴望ヲ充タシテ以テ我法學界ニ貢獻スル所アラントスルノ微意ニ外ナラス幸ニ多數碩學ノ贊成ヲ得終ニ此至難ノ事ヲ成ス機ニ際セリ本書ノ內容ノ完全一辭ノ贊ス可キモノナカルヘキハ分擔著者ノ名聲之レヲ證ス豈之レヲ廣告スルヲ須ヒンヤ著者ハ各最モ得意トスル部門ニ就キ執筆ヲ分擔セラレ且叙述ノ體裁ニ關シテ十分ノ協議ヲ遂ケラレタルヲ以テ庶幾クハ此ニ偏重シテ彼ニ偏輕スルノ憾無キヲ得テ眞ニ完璧ノ註釋書ヲ得ヘキナリ吾人ハ本書ノ發行カ吾人責務ノ一端ヲ竭シ得タルモノナルコトヲ以テ衷心ノ欣悅トシ併セテ現時ノ法學界ニ此光輝アル大著ヲ紹介シ得ルコトヲ以テ無上ノ光榮トスル者ナリ「發行者識」

法學博士　松本烝治擔任

第一卷　人、法人及物

既刊　第一分冊　三版　賣價金四拾錢　郵送料金六錢

法學士 鳩山秀夫擔任
第二卷 法律行爲乃至時效 （完結）

既刊 第一分冊 三版 賣價金八拾五錢 郵送料金八錢

近刊 第二分冊

法學士 乾政彥擔任
第三卷 物權總則及占有權 （續刊）

法學士 三潴信三擔任
第四卷 所有權乃至地役權

既刊 第一分冊 再版 賣價金七拾錢 郵送料金八錢

法學士 吾孫子勝擔任
第五卷 留置權乃至抵當權 （續刊）

法學博士 中島玉吉擔任
第六卷 債權總則上卷 （續刊）

法學士 曄道文藝擔任
第七卷 債權總則下卷 （續刊）

ドクトル ユーリス 神戸寅次郎擔任
第八卷 契約總則 （續刊）

法學士 池田寅二郎擔任
第九卷 契約各論 （續刊）

法學士 飯島喬平擔任
第十卷 事務管理乃至不法行爲 （續刊）

法學士 島田鐵吉擔任

第十一卷 親族編（續刊）

法學博士 川名兼四郎擔任

第十二卷 相續編（續刊）

法學士 村上恭一著

債權各論 全一册

東京控訴院判事 園野新之著

損害賠償論 再版 全一册 定價貳圓貳拾五錢 內地送料金拾六錢

目次大要

總論 損害賠償請求權◎總説・◎人格…◎法律上ノ事實…◎連帶及ヒ保證…◎承繼…◎消滅原因 ◎損害賠償額◎損害賠償ノ性質…◎損害賠償額算定原則；◎損害賠償額加減原因

各論 債務不履行ニ因ル損害賠償◎總説・◎賣買・◎委任雇傭及請負…◎寄託貸借使用貸借及ヒ消費貸借・◎運送取扱及ヒ運送・◎手形 不法行爲ニ因ル損害賠償◎總説…◎占有訴權…◎土地所有權ノ限界…◎工作物ノ占有者並ニ所有者及動物ノ占有者並ニ保管者…◎無能力者ノ監督義務者事業ニ付テノ使用者又ハ監督者及ヒ注文者…◎工業所有權及著作權

園野先生ハ特ニ損害賠償ノ法理ヲ研究セラルルモノ十數年、其熱誠ヲ以テ此著アリ苟クモ損害賠償ニ關係アル凡百ノ問題ハ之ヲ詳論セサル無ク內外ノ法制判決例ヲ引照シテ到ル所ニ旁註ヲ施コシタル等用意周到、立論明確、眞ニ唯一ノ大著ナリ好評嘖々、版ヲ重ヌルニ當リテ又復タ改訂シテ紙數七十餘頁ヲ增シ七百頁ノ大册ヲ成ス、學者及ヒ實際家必讀ノ良書ナリ

法學士 牧野菊之助著

日本親族法論 第三版 全一册 定價金貳圓 內地送料金拾貳錢

法學士 牧野菊之助著

日本相續法論 再版 全一册 定價金貳圓 內地送料金拾貳錢

著者ハ最高法院ニ判官トシテ令名アルノ人、殊ニ其親族法相續法ニ於ケル造詣ニ至リテハ現今ノ學界第一ニ指ヲ之レニ屈セサルヲ得ス曩ニ日本親族法論ヲ公ニスルヤ忽チニシテ再版ヲ促スノ盛況ヲ見次テ日本相續法論ノ出ルヤ好評一段ノ高キモノアリ蓋シ親族相續ノ法規ハ本邦特有ノ家族制度ニ淵源スルモノ多クシテ學者ノ解說ヲ難ンスル所之レニ關スル著述ハ僅カニ逐條說述書ノ一二ヲ算スルノミ今論理的ニ論述シタル良著ニ至リテハ此兩書ヲ以テ唯一ト爲ササルヲ得ス博引旁證、論理精透、眞ニ未曾有ノ良著タル名ニ負カス

法學士 青山衆司著

商法要論 商行爲法 全一册

著者ハ夙ニ商法學者トシテ知ラルルノ人近ク西歐ノ留學ヲ卒ヘテ歸朝ス爾來專ラ商法要論ノ著作ニ從ヒ既ニ其第一卷商行爲法ノ脫稿ヲ見ルニ至レリ、蓋シ我カ商法ハ商行爲ヲ基礎トシテ立法セラレタルモノナレハ先ツ之レカ解說ヲ爲スヲ以テ便宜トスレハナリ凡テ議論ノ穩健明確ヲ期セラレタルモノニシテ商法研究家必讀ノ要書ナリ

法學士 花岡敏夫著
貨物運送ト其判決例
新版 全一冊 定價金八拾五錢 內地送料金六錢

本書商事法ニ造詣深キ著者カ幾多ノ實例ニ據リテ貨物運送ニ關スル疑義ヲ解釋セラレタルモノニシテ記述懇切議論穩健庶幾クハ從來ノ疑義ヲ氷釋シ盡スコトヲ得ン、切ニ法曹當業者及ヒ運送利害關係人諸士ノ必讀ヲ望ム

法學博士 粟津清亮著
日本保險法論
新版 全一冊 定價金壹圓五拾錢 內地送料金拾五錢

我邦保險法學ノ大家ト云ヘハ何人モ先ヅ指ヲ粟津博士ニ屈スルニ躊躇セサルヘシ博士ヤ其博識ヲ以テ仍ホ意ヲ斯學ノ研鑽ニ注キ精勵ノ功ヲ積ンテ遂ニ這ノ著アリ暢達ノ文章ヲ以テ得意ノ論議ヲ盡シ難解ノ法理ヲ剖拆シテ餘ス所無シ意フニ本書ノ如キハ正ニ斯道ノ良著タルノミナラス亦以テ最近學界ノ一大產物トシテ永久ニ光輝アルモノナラム

法學士 豐田多賀雄著
有價證券論
新版 全一冊 定價金壹圓八拾錢 內地送料金拾五錢

有價證券ノ法理ヲ詳論シテ且ツ經濟的研究ヲ說キ團體的證券トシテハ株券、物權的證券トシテハ貨物引換證、船荷證券、倉庫證券、債權證券トシテハ手形、社債ニ亘リ特ニ公債ノ證券的理論ヲ釋明シ且ツ多年ノ疑團タリシ荷爲替及荷爲替類似契約ノ性質ヲ解說シタルカ如キハ此書ノ特色ナリ加之判例ヲ引照シテ商事實際ト法律トノ交涉ヲ明カニス眞ニ法學研究者、商事實務家必讀ノ良著ナリ

法學士 板倉松太郎著
刑事訴訟法玄義
全三冊
上卷 並製金壹圓四拾錢 上製金貳拾五錢增 內地送料金拾貳錢
中卷 並製金貳圓五拾錢 上製金貳拾五錢增 內地送料金拾六錢

本書上卷ハ刑事訴訟ノ原理ヲ論スルコト詳細ヲ極メ東西古今ノ裁判制ヲ述ヘテ陪審制度ノ利害ニ及ヒ學說ノ推移、立法ノ發達等ヲ細說シテ著者ノ卓拔ノ識見、到ル處ニ其光芒ヲ放ツ
本書中卷ニ於テハ公訴權私訴權ノ發生活動消滅ヲ論シ、訴訟活動者トシテ裁判所當事者及其他ノ訴訟關係人ノ地位ヲ論シ遂ニ八百餘頁ノ大冊ヲ成ス以テ如何ニ其論議解說ノ詳密ナルカヲ窺フニ足ル可ク玄義ノ玄義タル所以茲ニ在リ

法學士 清水孝藏著
刑事訴訟法論綱
新版 全一冊 定價布製金壹圓六拾錢 背皮特製金拾錢增 內地送料金拾貳錢

本書ハ刑事訴訟法ニ造詣深キ著者カ斯學研究者ヲシテ容易ニ大綱ヲ得セシムルノ目的ヲ以テ述作セラレタルモノニシテ總紙數四百六十頁

要ヲ摘ミ粋ヲ抜キ冗漫ヲ避ケテ質實ヲ主トシ文章簡勁ニシテ理論一貫、能ク著者ノ期シタル所ニ協フモノナリ實務及ヒ受驗ノ指針トシテ最モ適當ナルヘキヲ信シテ疑ハザルナリ

法學士 岩田一郎著

民事訴訟法大要

新版 全一册 定價金壹圓三拾五錢 内地送料金拾貳錢

民事訴訟ノ法文八百餘箇條、之ヲ解説スルノ書何レモ數千頁ノ大册ヲ成ス、斯法研究ノ業亦甚タ難シト謂フ可シ。先生茲ニ察スル所アリテ本書ヲ著ハスヤ、乃チ論議説明ノ簡明ヲ旨トシ僅々四百頁ノ册子ニシテ斯法全般ノ精髓ヲ解キ盡セリ、固ニ斯法研究ニ欠ク可カラサル好參考書ニシテ殊ニ實務家及ヒ受驗者ノ爲メニハ必須ノ指針タリ

法學士 岩本勇次郎著

民事訴訟法註釋

全二册

辯護士 河西善太郎著

確認訴訟論

新版 全一册 定價金五拾五錢 内地送料金八錢

著者ハ研學ニ忠實ニシテ實務ニ熱心ナル人ナリ其多年獲ル所ノモノヲ將テ茲ニ本書ヲ公ニス確認訴訟ヲ縱論シテ餘ス所無ク文章平明ニシテ論理穩健庶幾クハ民事訴訟界積年ノ疑義ヲ氷釋スルコトヲ得ン切ニ朝野法曹及ヒ學生諸子ノ一讀ヲ促サヽルヲ得ス

法學士 吾孫子勝著

競賣法論

全一册

法學博士 山口弘一著

日本國際私法論

新版 全一册 定價金壹圓六拾錢 内地送料金拾五錢

法學月ニ進ミ、學者ノ著作日ニ多シ、而モ獨リ國際私法ニ關スル著述ニ至テハ之アルヲ聞カス、今先生ノ斯ノ著アリテ始メテ學界積年ノ缺陷ヲ補フコトヲ得タリ、先生カ教壇ニ斯學ヲ講セラル茲ニ年アリ、其研鑚ノ蹟亦世間ノ既ニ認ムル所ナリ、本書ノ内容ノ完備ナルハ多言ヲ須タスシテ之ヲ知ル可シ

法學士 篠田治策著

日露戰役國際公法

新版 全一册 定價金參圓 内地送料金拾六錢

日露戰役ハ近世史上ノ最大事蹟ニシテ彼我兩軍攻守進退ノ迹ハ亦實ニ國際法ノ權威ヲ測度スルニ足ル者ナラスンハアラス。著者ハ當時國際法顧問ノ重任ヲ帶ヒテ戰線ニ立チ、親シク戰鬪ノ經過ヲ目睹シ、之カ國際法的研究ニ留意シテ精査考覈、遂ニ此一著ヲ成ス。大戰ノ始終ニ亘リ諸般ノ動靜ヲ記述シテ一々之ヲ國際法上ノ理論ニ照シ、縱論横説餘ス所無シ。斯法研究ニ志アル人ノ爲メニハ無上ノ好參考タルヘク、亦曠古大戰ノ活歴史タリ。

巖松堂書店發賣法律圖書目録抄

法學博士 千賀鶴太郎著

國際公法要義

訂正再版 全一冊 定價參圓參拾錢 內地送料金拾六錢

目次大要

緒論

◎國際公法ノ性質（◎國際公法ノ學派…◎國際公法ノ意義及名稱…◎國際公法ノ成立…◎國際公法ノ淵源…◎國際公法學ノ內容

◎國際公法ノ沿革（◎古代ノ國際公法…◎中世ノ國際公法…◎現行ノ國際公法

◎國際公法實行地ノ區域（◎所謂耶蘇教國ノ國際公法…◎國際普通公法ト國別公法◎異說

◎緒論附錄國際公法ノ分權

國際實法

總則

◎國際公法ノ主體　◎國家…◎國家ノ結合…◎國家ノ主權…◎國家成立ノ承認…◎國家ノ繼承

◎國家固有ノ權利（◎總說…◎自國維持ノ權（自衛ノ權）…◎獨立不羈ノ權…◎國際公通ノ權…◎相互尊重ノ權…◎一樣同等ノ權

各論

◎國際人權

元首（◎元首ノ主權…◎元首ノ榮譽權…◎元首ノ資禮…◎准元首ノ禮遇

臣民（◎國籍…◎內國滯在ノ外國臣民…◎外國滯在ノ內國臣民…◎罪人引渡…◎東洋ニ於ケル治外法權…◎奴隷

◎國際物權（◎版圖…◎國境…◎所有海及沿海…◎公海…◎版圖ノ得喪（就中時效、附隨、先占）…◎版圖ノ制限（占有質、抵當、借地、地役）◎國際河流及ヒ運河◎船舶

◎國際債權（◎國際債權ノ種類…◎國際條約ノ性質…◎國際條約ノ成立…◎附隨條款（期限、條件、保全、保證、加入、最惠）…◎國際條約ノ種類…◎國際條約ノ解釋…◎國際債權及國際條約ノ消滅

國際形法

國際機關

◎外交官（◎沿革、意義及階級…◎使節ノ授受（附外交團體）…◎使節ノ職務…◎使節ノ特權…◎使節ノ停職及終任

◎領事官（◎沿革及種類…◎領事ノ着任及終任…◎領事ノ職務…◎領事ノ特權…◎領事裁判所構成法

國際紛爭

◎平時爭義（◎平和的處理…◎强制的處理

◎戰爭（◎戰爭ノ性質…◎開戰…◎陸戰…◎海戰…◎終戰

◎局外中立（◎總說…◎中立國ノ權利…◎中立國ノ義務…◎海上捕獲…◎封鎖

千賀博士ハ我國國際法學ノ泰斗ニシテ其篤學ト博識トハ夙ニ世ノ推稱措カサル所殊ニ論議ノ公正ニシテ勁拔ナル眞ニ學界獨步ノ觀ナクンハ非ス本書ハ實ニ博士カ多年ノ蘊蓄ヲ披瀝シテ平時戰時ニ亘リテ得意ノ講說ヲ盡サレタルモノナレハ國際公法研究者必讀ノ良書ナリ

法學士 清瀨一郎著

工業所有權概論

新版 全一冊 定價壹圓六拾錢 內地送料金拾貳錢

特許權、意匠權、商標權、實用新案權等各種ノ工業所有權ニ亘リテ實體的法理ヲ解說シ兼テ手續法規ヲ說明シタルモノハ本書ナリ、未タ此種ノ著書無キ今日ノ學界ニ於テハ最モ珍重セラレサル可カラサルモノナリ

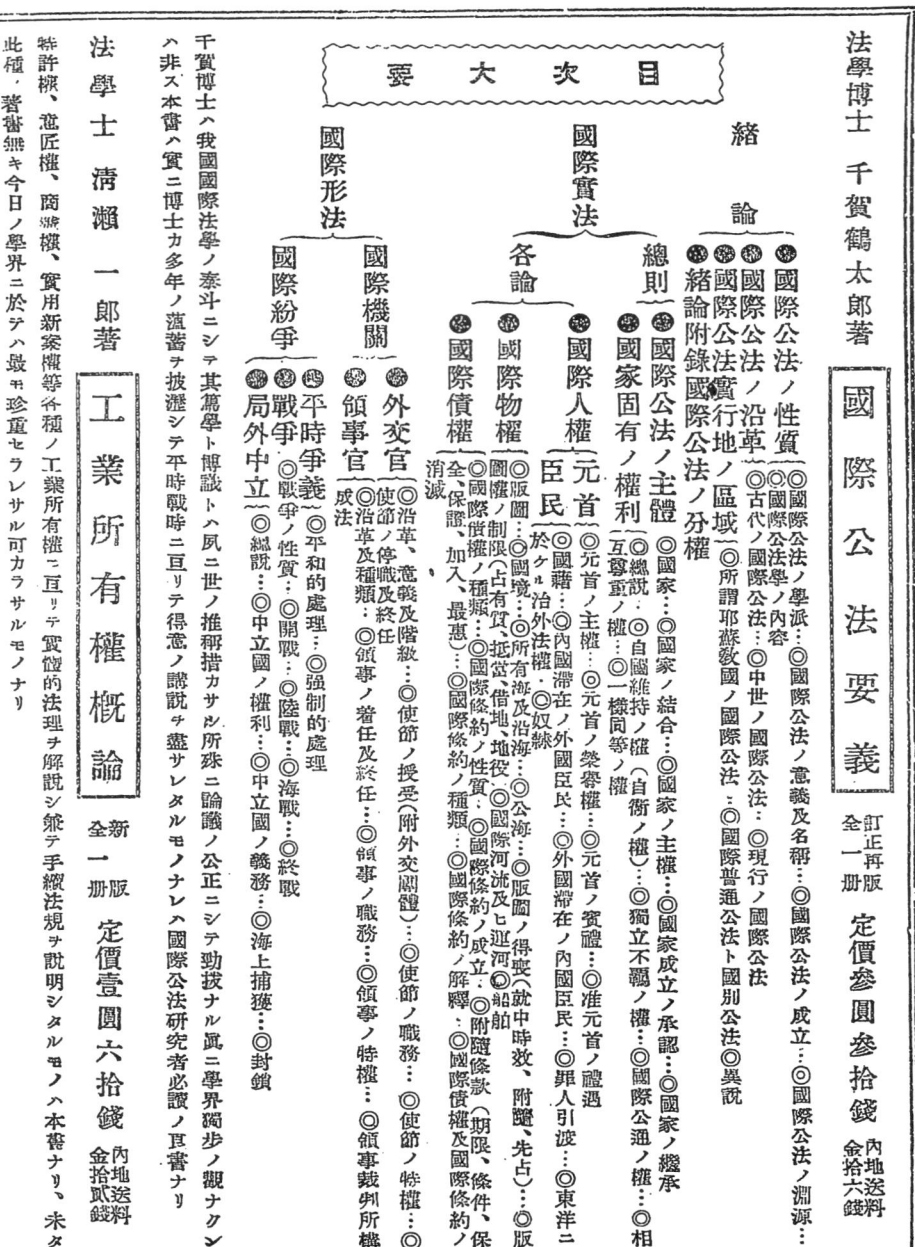

法學士 田中鐵二郎著

商標法要論

新版全一冊 定價金壹圓 内地送料金拾貳錢

著者ハ現ニ特許局事務官ノ職ニ居リ親シク斯法適用ノ實際ニ當レルノ人ナリ、本書ハ主トシテ實務家ノ指針タラシメン爲メニ著作セラレタルモノニシテ議論簡明ニ、記述平易ニ、多クノ實例ニ觸テ説明シ且ツ添ユルニ審決例集、商標法及ヒ關係諸法規ヲ以テス

ジョセフ、コーラー博士原著
法學士 小西風雄譯著

特許法原論

全一冊

特許辨理士 松本靜史著

改正特許法要論

新版全一冊 定價金壹圓貳拾錢 内地送料金拾貳錢

本書ハ學理的編述ニ據リテ斯法一般ノ理論ヲ解キタルモノニシテ内外ノ學説ヲ參酌シ、特許局審決例及ヒ大審院判決例ヲ引照シ、記述叮嚀、議論精緻、添ユルニ詳細ナル出願手續ノ指針ヲ以テシタレハ特許實務家ノ爲メニ必須ノ要書タリ。

山中靜次著

建物保護法釋義

全一冊 定價金拾五錢 内地送料金貳錢

海軍經理學校教官 三段崎景之著

工場法釋義

新版全一冊 定價金六拾錢 内地送料金六錢

曩ニ工場法ノ發布セラルルヤ著者率先シテ之レカ研鑽考究ニ力メ工場法ノ沿革議會ノ論戰ヲ略述シ斯法ノ條ヲ逐フテ明快ノ筆此ノ好個ノ社會的活問題ヲ仔細ニ解説シテ餘ス處ナシ近來ノ快著ナリ

法學士 小山令之著

小學教師之權利義務

新版全一冊 定價 上製七拾五錢 並製六拾錢 送料金八錢 金六錢

小學教師ノ權利義務ヲ闡明センカ爲メ著者學窓ニ在ルノ頃ヨリ此著ノ志アリ研鑽ノ功ヲ積ミテ斯ノ未曾有ノ一書ヲ成ス系統的ニ説明シテ論議穩健、引證確實更ニ立法例、判例及ヒ確實問題ヲモ網羅シタレハ興味湧クカ如シ

判事 横手嘉一著

産業組合登記關係法規講話

新版全一冊 定價金八拾五錢 内地送料金八錢

著者カ産業組合中央會大分支會ノ委囑ニ應シテ講述シタル所ヲ訂正補充シタルモノニ係リ産業組合ノ設立ヨリ消滅ニ至ルマテノ一切ノ登記手續ニ就キ實際上必要ナル法規ノ説明ヲ爲シ其各種登記ノ書式文例ヲ示シタリ

巖松堂書店編輯部編纂

改正 日本商法

再版 全一册　携帶用定價金拾五錢　書入用貳拾五錢　內地送料金貳錢 送料金四錢

這同發布セラレタル改正法ニ基キテ編纂シ改正ノ條項ヲ明ニシ且ツ破產法及ヒ商法施行法其他必要ナル付屬法規ヲ加ヘ書入用及ヒ袖珍本トシテ研究者ニ利便ナラシメタリ

巖松堂書店編輯部編纂

現行 帝國刑事法典

再版 全一册　定價金拾五錢　內地送料金貳錢

內容

憲法……刑法……刑法施行法……裁判所構成法……刑事訴訟法……逃亡犯罪人引渡條例……警察犯處罰令……

臺灣違警令……韓國警察犯處罰令……關東州警察犯處罰令……違警罪即決例……監獄法……假出獄取締規則

司法屬 吉野德一監修

巖松堂書店編輯部編纂

現行 帝國監獄法典

新版 全一册　定價　上製金五拾錢 送料金六錢　並製金四拾錢 送料金四錢

目次大要

監獄法　陸軍監獄令　海軍監獄令　臺灣監獄令　監獄法施行規則　陸軍監獄令施行細則　海軍監獄令施行細則　臺灣監獄令施行規則　身分帳簿樣式改正ノ件

共犯名簿接見簿及死亡帳簿樣式改正ノ件　監獄作業規程及其書式　假出獄及ヒ假出場ニ關スル取扱手續　假出獄取締細則ニ依リ交付スヘキ旅券及證明書雛形ノ件　陸軍假出獄取締細則

海軍假出獄及假出場ニ關スル取扱手續　特赦及減刑ニ關スル取扱規程　逃亡犯罪人引渡條例　刑法　刑法施行法　陸軍刑法　陸軍刑法施行法

海軍刑法　海軍刑法施行法　警察犯處罰令　臺灣刑事令　感化法　傳染病豫防法

等其他關係法令五十三件

巖松堂書店編輯部編纂

現行商法引照 商法修正案

增補再版 全一册　定價金拾貳錢　內地送料金貳錢

司法省法律取調委員會ノ起草ニ係ル商法修正案ニ就キ現行商法ノ規定ヲ對比引照シタルモノニシテ該修正ノ內容ヲ知ルニハ最モ適良ノ書ナリトス、今最近發表ニ係ル修正案ノ修補、商法施行法中ノ修正、非訟事件手續法中ノ修正案ヲ增補シテ玆ニ第二版ヲ發行スルニ至レリ

法學士 阿部文二郎譯

新譯 獨逸六法 刑事訴訟法

新版 全一册　定價金五拾錢　內地送料金六錢

法律ノ研究モ漸ク國內的ナル風ヲ脫シ彌々世界的ナラントスルノ勢ヲ成セリ本書ノ如キモ亦之等研究者ノ爲メニ獨逸刑事訴訟法ノ規定ヲ飜譯シタルモノニシテ譯文妥當加フルニ日本刑事訴訟法ノ法條ヲ引照シタルヲ以テ斯法研究者必携ノ要書ナリ

法學士 阿部文二郎譯

新譯 獨逸六法 商法

全一册

關スル法令トシテ（一）服務法令（二）行政法令（三）狩獵（四）勳章記章（五）公安（六）風俗（七）營業（八）危險物（九）保管（十）衛生（十一）檢疫ニ涉リ苟クモ警察ニ關係アル法規ノ漏レタルモノナク殊ニ袖珍形トシテ携帶ニ便ス

内務省衛生局編纂

日本衛生法規大全

新版 全一册 定價貳圓八拾錢 內地送料金拾六錢

巖松堂書店編輯部編

新舊商法對照

五版 全一册 四六判金貳拾錢 郵送料金四錢
書入用金參拾錢 郵送料金六錢

改正法律ニ基ク商法全文ト改正條項ノ舊文トヲ對照シテ改正ノ主旨ヲ明瞭ナラシメタルモノニシテ一ハ四六判トシ、一ハ書入用トシテ菊判ニ印刷シタルモノ、何レモ好評嘖々タリ

法學士阿部文二郎譯

新譯獨逸六法刑事訴訟法

新版 全一册 定價金五拾錢 郵送料金六錢

法律ノ研究モ漸ク國內的ナル風ヲ脫シ彌々世界的ナラントスルノ勢ヲ成セリ本書ノ如キモ亦之等研究者ノ爲メニ獨逸刑事訴訟ノ規定ヲ飜譯シタルモノニシテ譯文妥當加フルニ日本刑事訴訟法ノ法條ヲ引照シタルヲ以テ斯法研究者必携ノ要書ナリ

法學士阿部文二郎譯

新譯獨逸六法商法

全一册

巖松堂書店編輯部編

官途受驗案內

全一册 定價金六拾錢 郵送料金八錢

本書ハ立身出世ノ一方向トシテ官途ニ入ラントスル人、及ヒ官途ニ在ル人ノ爲メニ其經路ヲ示スモノニシテ其內容ハ下ニ揭クル受驗提要四種ヲ全部包括シタルモノナリ

警視屬小田明次監修

警察官吏受驗提要

再版 全一册 定價金參拾錢 內地送料金四錢

內容（本書ノ巡査ノ地位待遇、巡査採用方法、巡査志願手續、巡査採用試驗、巡査部長採用方法、警部並ニ消防士ノ地位及待遇、警部消防士採用方法試驗等ニ關シ平暢ニ且ツ明快ノ筆ヲ以テ之レカ說明ヲ爲シ傍ラ試驗ニ課セラレタル實地試驗問題ヲ揭載シ之カ爲メニ極メテ親切ニ極メテ叮嚀ニ其應募準備並ニ心得ヲ說明セラレタルモノ也

組織（本書ハ其第一編ニ於テ警察官ノ地位、待遇、採用ノ方法並ニ應募ノ準備、心得ヲ詳述シ第二編ニ於テ警察官吏ニ關スル總テノ法規ヲ組織的ニ然モ各細則シテ最モ叮嚀ニ之ヲ揭載セルヲ以テ應募者ノ爲メニハ實ニ唯一ノ好指針タルヲ疑ハサル也

巖松堂書店編輯部編

外交官受驗提要

三版 全一册 定價金參拾錢 內地送料金四錢

外交官志望者ノ羅針盤タランコトヲ期シ外交官試驗合格者カ自己ノ經驗ニ徵シテ一切ノ準備及心得ヲ親切叮嚀ニ說述セラレタル筆記ニシテ累年ノ試驗問題及外交官ニ關係アル法令ヲモ輯錄シタレハ將ニ外交官タラント欲スル士ハ本書ニ依リテ學校ノ選擇其他ノ注意ヲ受クルコトヲ得ヘク又既ニ學校ヲ卒業シタル士ハ本書ニ依リテ受驗中ノ心掛及試驗程度其他ノ必要事項ヲ知ルコトヲ得ヘシ

辯護士　穗　苗代監修

高等官判檢事辯護士受驗提要

再版　全一册　定價金參拾錢　內地送料金四錢

本書ハ高等文官、判檢事、辯護士ノ諸試驗ニ應セント欲スル人ノ爲メニ受驗準備、受驗資格、志願手續、試驗規則ヲ細說シタルモノニシテ尙ホ參考書、同最近試驗問題、關係諸法令ヲ添ヘ完全ナル指針タラシメンコトヲ期ス

巖松堂書店編輯部編

普通文官裁判所書記受驗提要

新版　全一册　定價金參拾錢　郵送料金四錢

本書ハ普通文官、裁判所書記試驗ニ應セント欲スル人ノ爲メニ試驗規則ヲ解說シ、受驗資格、試驗ノ模樣受驗準備等ヲ叮嚀親切ニ說明セラレタルモノナリ

巖松堂書店編輯部編

增補法律經濟論題輯覽

再版　全一册　定價金壹圓貳拾錢　總革包製參拾錢增　內地送料金八錢

本書ハ六十餘種ノ專門雜誌ニ登載セラレタル論說ニ付キ題號ト筆者、雜誌名、年度、卷數號數ヲ揭ケ之ヲ學理的部門ノ下ニ分類蒐輯シタルモノニシテ既ニ篤學家ノ好評ヲ博シタル所、今復タ明治四十一年以後最近ニ至ル論題ヲ網羅シテ之ニ增補ヲ加ヘタリ、本書ノ如キハ眞ニ攻學家必携ノ寶典ナリト謂フ可シ

法典質疑會編

法典質疑錄

◉上卷（憲法、行政法、刑法、國際公法、國際私法）　定價金五拾錢　郵送料金六錢

◉中卷（民法）　定價金六拾錢　郵送料金六錢

◉下卷（商法、刑事訴訟法、民事訴訟法、破産法、競賣法、裁判所構成法）　定價金六拾五錢　郵送料金六錢

一、本書ハ法學志林第一號ヨリ四十二年中ニ至ル間登載ノ質疑問答ヲ編別輯錄シタルモノナリ

一、法學志林ノ質疑問答ハ法政大學校友及ヒ法典質疑會々員ノ提出シタル疑問ニ對シ各專門學者カ一々明快ナル答辯ヲ越ヘラレタルモノナリ

一、本書ノ解答者ハ梅、富井、富谷、岡村、岡野、岡田、仁井田、志田、加藤、川名、横田、寺尾、副島、中村、秋山、粟津、山田、清水、岡松、山口、織田、松本、豐島、上杉ノ二十四博士及ヒ牧野（菊之助）、牧野（英一）谷野、松岡、小疇、泉二、和仁、岩田（宙造）岩田（一郎）片山、佐竹、鈴木（英太郎）宮本、三瀦、岩本、清水其他數十ノ學士ナリ

犯罪論　日本立法資料全集　別巻 1181

平成30年 2 月20日　復刻版第 1 刷発行

著　者　甘　糟　勇　雄

発行者　今　井　　貴
　　　　渡　辺　左　近

発行所　信　山　社　出　版
〒113-0033　東京都文京区本郷 6-2-9-102
モンテベルデ第 2 東大正門前
電　話　03（3818）1019
F A X　03（3818）0344
郵便振替　00140-2-367777（信山社販売）

Printed in Japan.

制作／（株）信山社，印刷・製本／松澤印刷・日進堂

ISBN 978-4-7972-7296-3 C3332

別巻　巻数順一覧【950 ～ 981 巻】

巻数	書　名	編・著者	ISBN	本体価格
950	実地応用町村制質疑録	野田藤吉郎、國吉拓郎	ISBN978-4-7972-6656-6	22,000 円
951	市町村議員必携	川瀬周次、田中迪三	ISBN978-4-7972-6657-3	40,000 円
952	増補 町村制執務備考 全	増澤鐵、飯島篤雄	ISBN978-4-7972-6658-0	46,000 円
953	郡区町村編制法 府県会規則 地方税規則 三法綱論	小笠原美治	ISBN978-4-7972-6659-7	28,000 円
954	郡区町村編制 府県会規則 地方税規則 新法例纂 追加地方諸要則	柳澤武運三	ISBN978-4-7972-6660-3	21,000 円
955	地方革新講話	西内天行	ISBN978-4-7972-6921-5	40,000 円
956	市町村名辞典	杉野耕三郎	ISBN978-4-7972-6922-2	38,000 円
957	市町村吏員提要〔第三版〕	田邊好一	ISBN978-4-7972-6923-9	60,000 円
958	帝国市町村便覧	大西林五郎	ISBN978-4-7972-6924-6	57,000 円
959	最近検定 市町村名鑑 附 官国幣社 及 諸学校所在地一覧	藤澤衛彦、伊東順彦、増田穆、関惣右衛門	ISBN978-4-7972-6925-3	64,000 円
960	鼇頭対照 市町村制解釈 附 理由書 及 参考諸布達	伊藤寿	ISBN978-4-7972-6926-0	40,000 円
961	市町村制釈義 完　附 市町村制理由	水越成章	ISBN978-4-7972-6927-7	36,000 円
962	府県郡市町村 模範治績　附 耕地整理法 産業組合法 附属法令	荻野千之助	ISBN978-4-7972-6928-4	74,000 円
963	市町村大字読方名彙〔大正十四年度版〕	小川琢治	ISBN978-4-7972-6929-1	60,000 円
964	町村会議員選挙要覧	津田東璋	ISBN978-4-7972-6930-7	34,000 円
965	市制町村制 及 府県制　附 普通選挙法	法律研究会	ISBN978-4-7972-6931-4	30,000 円
966	市制町村制註釈 完　附 市制町村制理由〔明治21年初版〕	角田真平、山田正賢	ISBN978-4-7972-6932-1	46,000 円
967	市町村制詳解 全　附 市町村制理由	元田肇、加藤政之助、日鼻豊作	ISBN978-4-7972-6933-8	47,000 円
968	区町村会議要覧 全	阪田辨之助	ISBN978-4-7972-6934-5	28,000 円
969	実用 町村制市制事務提要	河邨貞山、島村文耕	ISBN978-4-7972-6935-2	46,000 円
970	新旧対照 市制町村制正文〔第三版〕	自治館編輯局	ISBN978-4-7972-6936-9	28,000 円
971	細密調査 市町村便覧(三府四十三県 北海道 樺太 台湾 朝鮮 関東州)　附 分類官公衙公私学校銀行所在地一覧表	白山榮一郎、森田公美	ISBN978-4-7972-6937-6	88,000 円
972	正文 市制町村制 並 附属法規	法曹閣	ISBN978-4-7972-6938-3	21,000 円
973	台湾朝鮮関東州 全国市町村便覧 各学校所在地〔第一分冊〕	長谷川好太郎	ISBN978-4-7972-6939-0	58,000 円
974	台湾朝鮮関東州 全国市町村便覧 各学校所在地〔第二分冊〕	長谷川好太郎	ISBN978-4-7972-6940-6	58,000 円
975	合巻 佛蘭西邑法・和蘭邑法・皇国郡区町村編成法	箕作麟祥、大井憲太郎、神田孝平	ISBN978-4-7972-6941-3	28,000 円
976	自治之模範	江木翼	ISBN978-4-7972-6942-0	60,000 円
977	地方制度実例総覧〔明治36年初版〕	金田謙	ISBN978-4-7972-6943-7	48,000 円
978	市町村民 自治読本	武藤榮治郎	ISBN978-4-7972-6944-4	22,000 円
979	町村制詳解　附 市制及町村制理由	相澤富蔵	ISBN978-4-7972-6945-1	28,000 円
980	改正 市町村制 並 附属法規	楠綾雄	ISBN978-4-7972-6946-8	28,000 円
981	改正 市制 及 町村制〔訂正10版〕	山野金蔵	ISBN978-4-7972-6947-5	28,000 円

別巻　巻数順一覧【915～949巻】

巻数	書名	編・著者	ISBN	本体価格
915	改正 新旧対照市町村一覧	鍾美堂	ISBN978-4-7972-6621-4	78,000円
916	東京市会先例彙輯	後藤新平、桐島像一、八田五三	ISBN978-4-7972-6622-1	65,000円
917	改正 地方制度解説〔第六版〕	狭間茂	ISBN978-4-7972-6623-8	67,000円
918	改正 地方制度通義	荒川五郎	ISBN978-4-7972-6624-5	75,000円
919	町村制市制全書 完	中嶋廣蔵	ISBN978-4-7972-6625-2	80,000円
920	自治新制 市町村会法要談 全	田中重策	ISBN978-4-7972-6626-9	22,000円
921	郡市町村吏員 収税実務要書	荻野千之助	ISBN978-4-7972-6627-6	21,000円
922	町村至宝	桂虎次郎	ISBN978-4-7972-6628-3	36,000円
923	地方制度通 全	上山満之進	ISBN978-4-7972-6629-0	60,000円
924	帝国議会府県会郡会市町村会議員必携 附関係法規 第1分冊	太田峯三郎、林田亀太郎、小原新三	ISBN978-4-7972-6630-6	46,000円
925	帝国議会府県会郡会市町村会議員必携 附関係法規 第2分冊	太田峯三郎、林田亀太郎、小原新三	ISBN978-4-7972-6631-3	62,000円
926	市町村是	野田千太郎	ISBN978-4-7972-6632-0	21,000円
927	市町村執務要覧 全 第1分冊	大成館編輯局	ISBN978-4-7972-6633-7	60,000円
928	市町村執務要覧 全 第2分冊	大成館編輯局	ISBN978-4-7972-6634-4	58,000円
929	府県会規則大全 附 裁定録	朝倉達三、若林友之	ISBN978-4-7972-6635-1	28,000円
930	地方自治の手引	前田宇治郎	ISBN978-4-7972-6636-8	28,000円
931	改正 市制町村制と衆議院議員選挙法	服部喜太郎	ISBN978-4-7972-6637-5	28,000円
932	市町村国税事務取扱手続	広島財務研究会	ISBN978-4-7972-6638-2	34,000円
933	地方自治制要義 全	末松偕一郎	ISBN978-4-7972-6639-9	57,000円
934	市町村特別税之栞	三邊長治、水谷平吉	ISBN978-4-7972-6640-5	24,000円
935	英国地方制度 及 税法	良保両氏、水野遵	ISBN978-4-7972-6641-2	34,000円
936	英国地方制度 及 税法	髙橋達	ISBN978-4-7972-6642-9	20,000円
937	日本法典全書 第一編 府県制郡制註釈	上條慎蔵、坪谷善四郎	ISBN978-4-7972-6643-6	58,000円
938	判例挿入 自治法規全集 全	池田繁太郎	ISBN978-4-7972-6644-3	82,000円
939	比較研究 自治之精髄	水野錬太郎	ISBN978-4-7972-6645-0	22,000円
940	傍訓註釈 市制町村制 並ニ 理由書〔第三版〕	筒井時治	ISBN978-4-7972-6646-7	46,000円
941	以呂波引町村便覧	田山宗堯	ISBN978-4-7972-6647-4	37,000円
942	町村制執務要録 全	鷹巣清二郎	ISBN978-4-7972-6648-1	46,000円
943	地方自治 及 振興策	床次竹二郎	ISBN978-4-7972-6649-8	30,000円
944	地方自治講話	田中四郎左衛門	ISBN978-4-7972-6650-4	36,000円
945	地方施設改良 訓諭演説集〔第六版〕	鹽川玉江	ISBN978-4-7972-6651-1	40,000円
946	帝国地方自治団体発達史〔第三版〕	佐藤亀齢	ISBN978-4-7972-6652-8	48,000円
947	農村自治	小橋一太	ISBN978-4-7972-6653-5	34,000円
948	国税 地方税 市町村税 滞納処分法問答	竹尾高堅	ISBN978-4-7972-6654-2	28,000円
949	市町村役場実用 完	福井淳	ISBN978-4-7972-6655-9	40,000円

巻数	書　名	編・著者	ISBN	本体価格
878	明治史第六編 政黨史	博文館編輯局	ISBN978-4-7972-7180-5	42,000 円
879	日本政黨發達史 全〔第一分冊〕	上野熊藏	ISBN978-4-7972-7181-2	50,000 円
880	日本政黨發達史 全〔第二分冊〕	上野熊藏	ISBN978-4-7972-7182-9	50,000 円
881	政党論	梶原保人	ISBN978-4-7972-7184-3	30,000 円
882	獨逸新民法商法正文	古川五郎、山口弘一	ISBN978-4-7972-7185-0	90,000 円
883	日本民法鼇頭對比獨逸民法	荒波正隆	ISBN978-4-7972-7186-7	40,000 円
884	泰西立憲國政治攬要	荒井泰治	ISBN978-4-7972-7187-4	30,000 円
885	改正衆議院議員選擧法釋義 全	福岡伯、横田左仲	ISBN978-4-7972-7188-1	42,000 円
886	改正衆議院議員選擧法釋義 附 改正貴族院令,治安維持法	犀川長作、犀川久平	ISBN978-4-7972-7189-8	33,000 円
887	公民必携 選擧法規ト判決例	大浦兼武、平沼騏一郎、木下友三郎、清水澄、三浦數平	ISBN978-4-7972-7190-4	96,000 円
888	衆議院議員選擧法輯覽	司法省刑事局	ISBN978-4-7972-7191-1	53,000 円
889	行政司法選擧判例總覽—行政救濟と其手續—	澤田竹治郎・川崎秀男	ISBN978-4-7972-7192-8	72,000 円
890	日本親族相續法義解 全	髙橋捨六・堀田馬三	ISBN978-4-7972-7193-5	45,000 円
891	普通選擧文書集成	山中秀男・岩本溫良	ISBN978-4-7972-7194-2	85,000 円
892	普選の勝者 代議士月旦	大石末吉	ISBN978-4-7972-7195-9	60,000 円
893	刑法註釋 卷一～卷四(上卷)	村田保	ISBN978-4-7972-7196-6	58,000 円
894	刑法註釋 卷五～卷八(下卷)	村田保	ISBN978-4-7972-7197-3	50,000 円
895	治罪法註釋 卷一～卷四(上卷)	村田保	ISBN978-4-7972-7198-0	50,000 円
896	治罪法註釋 卷五～卷八(下卷)	村田保	ISBN978-4-7972-7198-0	50,000 円
897	議會選擧法	カール・ブラウニアス、國政研究科會	ISBN978-4-7972-7201-7	42,000 円
901	鼇頭註釈 町村制　附 理由 全	八乙女盛次、片野続	ISBN978-4-7972-6607-8	28,000 円
902	改正 市制町村制　附 改正要義	田山宗堯	ISBN978-4-7972-6608-5	28,000 円
903	増補訂正 町村制詳解〔第十五版〕	長峰安三郎、三浦通太、野田千太郎	ISBN978-4-7972-6609-2	52,000 円
904	市制町村制 並 理由書　附 直接間接税類別及実施手続	高崎修助	ISBN978-4-7972-6610-8	20,000 円
905	町村制要義	河野正義	ISBN978-4-7972-6611-5	28,000 円
906	改正 市制町村制義解〔帝國地方行政学会〕	川村芳次	ISBN978-4-7972-6612-2	60,000 円
907	市制町村制 及 関係法令〔第三版〕	野田千太郎	ISBN978-4-7972-6613-9	35,000 円
908	市町村新旧対照一覧	中村芳松	ISBN978-4-7972-6614-6	38,000 円
909	改正 府県郡制問答講義	木内英雄	ISBN978-4-7972-6615-3	28,000 円
910	地方自治提要 全　附 諸届願書式 日用規則抄録	木村時義、吉武則久	ISBN978-4-7972-6616-0	56,000 円
911	訂正増補 市町村制問答詳解　附 理由及追輯	福井淳	ISBN978-4-7972-6617-7	70,000 円
912	改正 府県制郡制註釈〔第三版〕	福井淳	ISBN978-4-7972-6618-4	34,000 円
913	地方制度実例総覧〔第七版〕	自治館編輯局	ISBN978-4-7972-6619-1	78,000 円
914	英国地方政治論	ジョージ・チャールズ・ブロドリック、久米金彌	ISBN978-4-7972-6620-7	30,000 円

別巻　巻数順一覧【843 ～ 877 巻】

巻数	書　名	編・著者	ISBN	本体価格
843	法律汎論	熊谷直太	ISBN978-4-7972-7141-6	40,000 円
844	英國國會選擧訴願判決例 全	オマリー、ハードカッスル、サンタース	ISBN978-4-7972-7142-3	80,000 円
845	衆議院議員選擧法改正理由書 完	内務省	ISBN978-4-7972-7143-0	40,000 円
846	戇齋法律論文集	森作太郎	ISBN978-4-7972-7144-7	45,000 円
847	雨山遺稾	渡邉輝之助	ISBN978-4-7972-7145-4	70,000 円
848	法曹紙屑籠	鷺城逸史	ISBN978-4-7972-7146-1	54,000 円
849	法例彙纂 民法之部 第一篇	史官	ISBN978-4-7972-7147-8	66,000 円
850	法例彙纂 民法之部 第二篇〔第一分冊〕	史官	ISBN978-4-7972-7148-5	55,000 円
851	法例彙纂 民法之部 第二篇〔第二分冊〕	史官	ISBN978-4-7972-7149-2	75,000 円
852	法例彙纂 商法之部〔第一分冊〕	史官	ISBN978-4-7972-7150-8	70,000 円
853	法例彙纂 商法之部〔第二分冊〕	史官	ISBN978-4-7972-7151-5	75,000 円
854	法例彙纂 訴訟法之部〔第一分冊〕	史官	ISBN978-4-7972-7152-2	60,000 円
855	法例彙纂 訴訟法之部〔第二分冊〕	史官	ISBN978-4-7972-7153-9	48,000 円
856	法例彙纂 懲罰則之部	史官	ISBN978-4-7972-7154-6	58,000 円
857	法例彙纂 第二版 民法之部〔第一分冊〕	史官	ISBN978-4-7972-7155-3	70,000 円
858	法例彙纂 第二版 民法之部〔第二分冊〕	史官	ISBN978-4-7972-7156-0	70,000 円
859	法例彙纂 第二版 商法之部・訴訟法之部〔第一分冊〕	太政官記録掛	ISBN978-4-7972-7157-7	72,000 円
860	法例彙纂 第二版 商法之部・訴訟法之部〔第二分冊〕	太政官記録掛	ISBN978-4-7972-7158-4	40,000 円
861	法令彙纂 第三版 民法之部〔第一分冊〕	太政官記録掛	ISBN978-4-7972-7159-1	54,000 円
862	法令彙纂 第三版 民法之部〔第二分冊〕	太政官記録掛	ISBN978-4-7972-7160-7	54,000 円
863	現行法律規則全書（上）	小笠原美治、井田鐘次郎	ISBN978-4-7972-7162-1	50,000 円
864	現行法律規則全書（下）	小笠原美治、井田鐘次郎	ISBN978-4-7972-7163-8	53,000 円
865	國民法制通論 上卷・下卷	仁保龜松	ISBN978-4-7972-7165-2	56,000 円
866	刑法註釋	磯部四郎、小笠原美治	ISBN978-4-7972-7166-9	85,000 円
867	治罪法註釋	磯部四郎、小笠原美治	ISBN978-4-7972-7167-6	70,000 円
868	政法哲學 前編	ハーバート・スペンサー、濱野定四郎、渡邊治	ISBN978-4-7972-7168-3	45,000 円
869	政法哲學 後編	ハーバート・スペンサー、濱野定四郎、渡邊治	ISBN978-4-7972-7169-0	45,000 円
870	佛國商法復説 第壹篇自第壹卷至第七卷	リウヒエール、商法編纂局	ISBN978-4-7972-7171-3	75,000 円
871	佛國商法復説 第壹篇第八卷	リウヒエール、商法編纂局	ISBN978-4-7972-7172-0	45,000 円
872	佛國商法復説 自第二篇至第四篇	リウヒエール、商法編纂局	ISBN978-4-7972-7173-7	70,000 円
873	佛國商法復説 書式之部	リウヒエール、商法編纂局	ISBN978-4-7972-7174-4	40,000 円
874	代言試驗問題擬判録 全 附録明治法律學校民刑問題及答案	熊野敏三、宮城浩蔵 河野和三郎、岡義男	ISBN978-4-7972-7176-8	35,000 円
875	各國官吏試驗法類集 上・下	内閣	ISBN978-4-7972-7177-5	54,000 円
876	商業規篇	矢野亨	ISBN978-4-7972-7178-2	53,000 円
877	民法実用法典 全	福田一覺	ISBN978-4-7972-7179-9	45,000 円

別巻　巻数順一覧【810～842巻】

巻数	書　名	編・著者	ISBN	本体価格
810	訓點法國律例 民律 上卷	鄭永寧	ISBN978-4-7972-7105-8	50,000円
811	訓點法國律例 民律 中卷	鄭永寧	ISBN978-4-7972-7106-5	50,000円
812	訓點法國律例 民律 下卷	鄭永寧	ISBN978-4-7972-7107-2	60,000円
813	訓點法國律例 民律指掌	鄭永寧	ISBN978-4-7972-7108-9	58,000円
814	訓點法國律例 貿易定律・園林則律	鄭永寧	ISBN978-4-7972-7109-6	60,000円
815	民事訴訟法 完	本多康直	ISBN978-4-7972-7111-9	65,000円
816	物権法(第一部)完	西川一男	ISBN978-4-7972-7112-6	45,000円
817	物権法(第二部)完	馬場愿治	ISBN978-4-7972-7113-3	35,000円
818	商法五十課 全	アーサー・B・クラーク、本多孫四郎	ISBN978-4-7972-7115-7	38,000円
819	英米商法律原論 契約之部及流通券之部	岡山兼吉、淺井勝	ISBN978-4-7972-7116-4	38,000円
820	英國組合法 完	サー・フレデリック・ポロック、榊原幾久若	ISBN978-4-7972-7117-1	30,000円
821	自治論 一名人民ノ自由 卷之上・卷之下	リーバー、林董	ISBN978-4-7972-7118-8	55,000円
822	自治論纂 全一冊	獨逸學協會	ISBN978-4-7972-7119-5	50,000円
823	憲法彙纂	古屋宗作、鹿島秀麿	ISBN978-4-7972-7120-1	35,000円
824	國會汎論	ブルンチュリー、石津可輔、讃井逸三	ISBN978-4-7972-7121-8	30,000円
825	威氏法學通論	エスクバック、渡邊輝之助、神山亨太郎	ISBN978-4-7972-7122-5	35,000円
826	萬國憲法 全	高田早苗、坪谷善四郎	ISBN978-4-7972-7123-2	50,000円
827	綱目代議政體	J・S・ミル、上田充	ISBN978-4-7972-7124-9	40,000円
828	法學通論	山田喜之助	ISBN978-4-7972-7125-6	30,000円
829	法學通論 完	島田俊雄、溝上與三郎	ISBN978-4-7972-7126-3	35,000円
830	自由之權利 一名自由之理 全	J・S・ミル、高橋正次郎	ISBN978-4-7972-7127-0	38,000円
831	歐洲代議政體起原史 第一冊・第二冊／代議政體原論 完	ギゾー、漆間眞學、藤田四郎、アンドリー、山口松五郎	ISBN978-4-7972-7128-7	100,000円
832	代議政體 全	J・S・ミル、前橋孝義	ISBN978-4-7972-7129-4	55,000円
833	民約論	J・J・ルソー、田中弘義、服部徳	ISBN978-4-7972-7130-0	40,000円
834	歐米政黨沿革史總論	藤田四郎	ISBN978-4-7972-7131-7	30,000円
835	内外政黨事情・日本政黨事情 完	中村義三、大久保常吉	ISBN978-4-7972-7132-4	35,000円
836	議會及政黨論	菊池學而	ISBN978-4-7972-7133-1	35,000円
837	各國之政黨 全〔第1分冊〕	外務省政務局	ISBN978-4-7972-7134-8	70,000円
838	各國之政黨 全〔第2分冊〕	外務省政務局	ISBN978-4-7972-7135-5	60,000円
839	大日本政黨史 全	若林淸、尾崎行雄、箕浦勝人、加藤恒忠	ISBN978-4-7972-7137-9	63,000円
840	民約論	ルソー、藤田浪人	ISBN978-4-7972-7138-6	30,000円
841	人權宣告辯妄・政治眞論一名主權辯妄	ベンサム、草野宣隆、藤田四郎	ISBN978-4-7972-7139-3	40,000円
842	法制講義 全	赤司鷹一郎	ISBN978-4-7972-7140-9	30,000円